KB042407

통상의 정석 '

글로벌 기업의
경제 통상과 규제 대응

이 치 영

박영사

추천의 글

통상은 본질적으로 기업의 서바이벌(survival)과 관련된 핵심 이슈이다. 기존의 많은 책자들이 반덤핑, 세이프가드 등의 통상 이슈를 법률, 회계 등의 다분히 테크니컬한 측면에서 다룬 데 반해서, 이 책은 '기업이 어떤 제품을 어디서 어떻게 생산해야 하는가'의 문제에 대한 답을 구하는 과정을 제시함으로써 통상 문제를 그 주체인 기업의 시각에서 논하고 있다. 이 책의 일독을 권하는 이유이다.

LG전자 세무통상그룹 배두용 부사장/그룹장

우리 산업계에게 통상 문제는 사실 가장 중요하고 핵심적인 업무 분야임에도 불구하고 기업 차원에서 대응 체제나 전략은 항상 아쉬운 점이 많다. 그 핵심에는 기업의 통상 대응이 대부분 사후 약방문이나 숲에서 길을 찾는데 나무만 쳐다보고 가는 경우가 다반사이기 때문이다. 그러한 측면에서 통상의 최전선에서 일하는 기업의 실무 전문가가 통상 대응의 거시적인 길잡이를 제시하는 본 저서는 매우 큰 의의가 있다. 폭넓은 이해와 식견을 토대로 통상 현장을 조망한 본 저서가 통상 업무 종사자들에게 귀한 영감을 제공하리라 믿는다.

서울대학교 국제대학원 안덕근 교수

아주 오래된 사고에서 비급을 찾아 신공을 익힌 청년이, 각 문파 고수와 치열한 격전 끝에 절대 무림 고수가 되고 나서 체득한 모든 노하우를 독점하지 아니하고 A부터 Z까지 오픈 소스화한 느낌이다. 게다가, 회계학 및 법학의 영역으로서의 전문적인 통상을 역사, 경제, 정치, 철학의 영역으로서의 일반적인 통상으로 재해석해 누구나 책 한 권을 단숨에 읽을 수 있도록 흥미롭게 구성했다. 기업 통상의 미래를 고민하고 있는 조직의 리더와 실무자에게 사막에서 오아시스를 찾게 해 줄 나침반과 같은 책이 될 것이다.

삼정 KPMG 박원 상무/회계사

함께 해 주신 분들

대기업에서 통상 업무를 한다고 하면, 멋진 양복에 서류 가방을 들고 외국 정부나 변호사들을 만나 협상하는 모습을 그리는 경우가 많다. 하지만 기업에서 맞닥뜨리는 통상은 외국 정부가 요구하는 방대한 자료를 촉박한 시한 안에 논리적이면서도 정확하게 제출해야만 하는 무척이나 고된 행군의 연속이다. 저자는 이러한 고된 행군 속에서 통상이란 업무에 대해 끊임없이 고민했다. 그리고 그 결과로서 통상 업무의 큰 그림을 그려낸 이 책이 세상에 빛을 보게 되었다. 통상 업무의 선배이자 동료로서 격려와 찬사의 갈채를 보낸다. 이 책이 통상 업무에 몸담고 있는 업계 종사자나 통상에 관심이 있는 일반 독자들에게 큰 숲을 조망할 수 있는 길잡이가 되었으면 한다.

LG전자 세무통상그룹 통상관세담당 통상팀 박철우 부장/팀장

한국 기업에 대한 해외 시장의 규제 환경이 급격히 악화되고 있는 상황에서 기업의 효과적인 대응은 생존과 미래 번영을 위한 필수 요건이 되었다. 한국 기업이 직면하고 있거나, 선제적으로 고민해야 할 무역 분야에서의 주요 개별 규제 이슈는 물론, 이러한 이슈의 방향성을 결정하는 주요 국가의 정책 기조, 이슈를 규율하는 국제적 레짐 등 핵심적인 주제에 대해 저자가 10여 년간 실무를 통해 축적한 통찰과 디테일이 담겨 있다. 새로운 성장 동력 모색과 함께 불안정한 대외 환경에 대한 당면한 대응을 진지하게 고민하는 모든 기업들에게 값진 선물이 될 것이다.

산업통상자원부 통상분쟁대응과 장재량 서기관

글로벌 기업의 국제 통상 담당자로서 이론과 실무를 겸비한 저자의 보기 드문 저작이다. 실무자로서의 경험이 이론적인 배경 아래 잘 녹아 있다. 기업이 당면한 통상 현안이 반드시 비즈니스 논리로만 설명되지 않음을 국제정치/경제적 시각으로 설명하고 있다. 주로 학계와 법조계에서 논의되던 국제 통상 의제가 그 한 축인 수출 기업의 입장에서 잘 정리되어 있다. 우리나라 국제 통상의 중요한 축인 업계의 경험이 공유된다는 측면에서 의미가 크다. 계속되는 연작을 기대한다.

법무법인 광장 정기창 변호사

대화를 하다 보면 빨리 지나가기(옛날 카세트 플레이어의 Forward) 버튼을 누르고 싶어지는 때가 있다. 예상되는 이야기로 대화를 지루하게 만들어 버리기 때문이다. 저자와 대화하는 시간인 독서 역시 마찬가지다. 통상 분야에 종사해 온 사람으로서 이미 아는 부분은 건너뛰고 싶었다. 하지만, 기업의 미래를 걱정하는 저자의 진심 어린 고민, 경영－경제－법－정치－철학을 넘나들며 통상의 본질을 파헤치는 이 책을 대하면서는 그럴 수 없었다. <통상의 정석>은 진정성을 가지고 통상을 대하는 이들에게 값진 시간을 선사한다.

삼정 KPMG 심종선 이사/회계사

이 책에서 통상을 바라보는 저자의 시각과 무역 구제 제도에 대한 설명은 신선하다. 첫째, 지금까지 시중에 나와 있는 통상 관련 서적들은 모두 학술적 또는 실무적 설명(법, 제도, 절차 등)이라는 한계를 넘지 못한다. 그러나 저자는 그러한 한계를 뛰어 넘어 우리 사회의 다른 영역(특히 사상, 역사, 경제, 사회

등)에서의 사고와 시각으로 통상을 조망하고 있다. 이러한 시도를 감행한 사람
은 저자가 유일한 것 같다. 한편, 다양한 실제 Case를 통해 습득한 실무 경험에
더하여 다방면의 풍부한 지식으로 무장한 저자의 명쾌한 설명을 듣노라면, 우리
가 직면하고 있는 통상 이슈들의 배경, 원인, 문제점, 해결 방안까지 그야말로
통상의 실체가 더욱 입체적으로 다가오는 것 같은 느낌이 든다. 둘째, 무역 구
제 제도에 대해서 저자는 자신만의 독특한 체계를 바탕으로 설명하고 있다. 기
존 서적에서는 볼 수 없었던 저자만의 이해 방식과 설명 방식이 특이하면서 신
선하다. 통상에 관심은 있지만 난해한 개념에 대한 기초 지식이 없는 독자들의
이해에 많은 도움이 될 것 같다.

삼성전자 경영지원실 통상그룹 김승영 부장/美 변호사

이 책은 통상을 학문적으로 바라보는 시각과 실전 통상 경험과의 차이를
존중하고 서로 공감대를 이루기 위한 저자의 경험과 비법을 담고 있으며, 오늘
날 글로벌 기업이 날로 발전하는 무역 구제 패러다임에 맞설 수 있는 종국적인
솔루션을 제공하고 있다. 진정한 통상인 및 글로벌 기업에게 필독서로 추천하고
싶은 책이다.

DKC Global Trade Consulting 두성호 대표/회계사

소위 국제 통상이라는 업무 분야가 실무적으로 어떤 의미가 있는지 피부에
와 닿지 않는 분들이 많다. 이 책은 그러한 분들에게 통상 업무에 대한 훌륭한
소개서일 뿐만 아니라, 기존 통상 업무에 관여하고 있는 분들에게도 보다 구체
적이고 깊은 이해를 위한 초석을 제공하고 있다. 특히 여러 분야의 학문들을 실

무 관점에서 통합하는 데 있어, 필자의 지식적 경험에 기반한 통찰에 풍부한 철학적 감성까지 더해, 통상이라는 업무 분야를 알기 쉽고 명료하게 풀어낸 점이 인상적이다. 통상 업무에 관심을 두고 있는 모든 분들께, 흥미와 더불어 실증적 교훈을 줄 것이라 확신한다.

International Trade Consulting 홍덕화 이사

이론, 실무 경험, 최근 이슈를 모두 담은 이 책은 마치 우등생의 비밀 노트 같다. 수입 규제 및 통상 분쟁이 왜 발생하는지, 어떻게 진행되는지, 어떻게 대응해야 하는지 실무에서 궁금했던 점들을 어떤 사수도 이렇게 자세하고 명료하게 설명해 주지는 않을 것이다. 이 책을 읽고 나면 마치 그 과정을 한 차례 겪어본 것 같은 착각이 들 것이다. 통상 업무를 담당하기 전이나 담당하자마자 이 책을 만난 여러분은 행운아이다. 종합적인 관점과 맥락에서 국제학, 경제학, 법학 등 통상 관련 학문을 더 잘 이해할 수 있을 것이다. 관련 이론, 제도, 법에 대한 설명도 빠지지 않았고, 정치, 경제, 법, 철학, 역사 등을 총 망라해 통상이라는 틀로 정리한 주요국의 최근 상황들을 만날 수 있다.

한국전자정보통신산업협회 문소영 대리

보호무역주의 시대 흐름 속에 통상은 기업의 입장에서 능동적으로 대처해 나가야 할 생경한 장벽이다. 본 책은 실질적 통상 대응의 주체인 기업에서 저자가 경험하고 느꼈던 '과정'들을 통해, 문제에 대한 '답'이 아닌 스스로 통상에 대한 답을 찾아 나갈 '방법'을 제시한다. 특히 내용과 과정에 있어 복잡한 세이프가드, 반덤핑 등 무역 규제의 시작부터 종료까지의 과정을 피조사자의 입장에서

함께 해 주신 분들

다양한 사례를 통해 보여준 것이 인상적이다. 이 책을 통해 통상을 바라보는 새로운 시각을 많은 분들이 느꼈으면 한다.

LG전자 리빙 어플라이언스 기획 정재석 선임

프롤로그

"세상에는 피할 수 없는 두 가지가 있다. 첫째는 죽음이요, 둘째는 세금이다." 미국 건국의 아버지들 중 하나인 벤자민 프랭클린Benjamin Franklin (1706~1790)이 남긴 통찰력 있는 금언金言이다. 생물학적 유기체로서인 사람은 죽음이라는 숙명을 피할 수 없다. 또한 인간은 사회적 존재이기에 그가 속한 국가, 사회 공동체로부터 제공 받는 국방, 복지 등 사회적 편익들에 대한 대가로서 세금을 지불할 수밖에 없다.

사람들은 죽음과 세금을 피하기 위해 다양한 시도들을 해 왔지만 그 어떤 누구도 이를 피할 수는 없었다. 중국의 전국戰國 (BC 403~221) 시대를 통일한 후 무소불위의 권력으로 불로장생의 명약을 갈구했던 진秦(BC 221~206) 나라의 시황제始皇帝(BC 259~210)도 자신이 만든 지하 궁전인 여산酈山에 묻힐 수밖에 없었고, 로빈슨 크루소와 같은 무인도 생활이 주어지지 않는 이상은 그 누구도 국가, 사회 공동체 존립의 재정적 기초가 되는 세금을 거역할 수는 없었다.

피할 수 없다면 지혜로운 대처가 최선의 방책이다. 피할 수 없는 죽음에 직면한 인간은 종교와 같은 영혼의 보험에 기대어 올곧고 의미 있는 삶을 추구한다. 세금에 관해서는, 사회적 처단이 뒤따르는 탈세脫稅가 아니라 공동체의 컨센서스를 통해 용인된 범주 내에서의 절세節稅를 통해 값진 노고의 대가로서 축적된 부의 유출을 최소화하는 것이 현명한 처세일 것이다. 수입국 당국에 의한 통상 규제는 기업을 사망에 이르게 할 수 있는 관세 폭탄의 형태로 극화極化되는 경우가 전형적이라는 점에서 죽음과 세금의 공포를 모두 잉태하고 있다.

<통상의 정석A Ladder of Trade >에서 제공코자 하는 사업 대응의 단초 내지 통찰 또한 이와 궤를 같이 하고 있다. 세계 경제 안에 현존하는 여러 통상 장벽들에 직면한 글로벌 기업 입장에서는, 수입국 당국에 의해 갑작스레 발동되는 통상 규제는 풍전등화의 야전 상황에서 적기에 유효한 대응을 필요로 하는 긴급 사안인 것이다. 사외 유출을 최소화하면서 글로벌 사업을 영위할 수 있는 최선의 대안은 무엇인가라는 지적 화두 위에서 독자들이 다차원적으로 성찰할 수 있게끔 핵심 개념과 제도를 중심으로 직관적이면서도 실질적인 해법들이 제시될

수 있도록 노력했다.

통상은 법률과 회계가 복합, 중층적으로 상호 작용하는 업무 영역이다. 변호사, 회계사의 전문가적 지식과 소양이 전제되어야만 정상적인 업무 대응이 가능한 것이다. 하지만, 이러한 전문가 집단은 기업이 사수하려는 핵심 비즈니스를 지원하는 파트너 그룹일 뿐, 통상 대응의 주체가 기업이라는 본질적인 사실에는 변함이 없다. 그럼에도 불구하고, 하나의 지상명령至上命令으로 가지고 있어야 할 통상에 대한 핵심적인 시각 내지는 방향을 사업 주체인 기업의 관점에서 체계적으로 정리한 서적, 문헌은 찾을 수가 없다. 이것이 본서의 집필 배경이다.

<통상의 정석>은 저자가 민간 부문에서 통상 업무를 10년간 수행하면서 몸소 느낀 실전 경험과 고민의 결정체이다. 사업 주체인 기업의 입장에서 반드시 알고 있어야만 하는 통상의 코어core들만을 압축적으로 추렸고, 그 성격도 기존의 통상 도서들과는 달리 한다. 기존의 통상 서적들은 현란, 난해한 법률서 혹은 통상 업무를 위한 답변서 매뉴얼 중 하나의 형태로 출판되었고, 이는 그 저자들이 법학도 내지는 회계사였다는 사실에 기인한다. 본서는 사업 주체로서의 기업에 '통상 서바이벌 키트survival kit'를 제공한다는 취지에서 집필되었다.

이런 관점에서 <통상의 정석>은 '나무보다는 숲'을 보는 책이다. 법률적, 회계적 부연 설명들은 기업 입장에서 통상이라는 거대한 숲을 조망하는 데 도움이 되는 대목들에 국한해서 곁들였으며, 기술되는 용어 자체도 개념을 이해하는 데 가장 직관력을 갖는 표현으로 대체해 사용했다. 통상 업무에 있어 법률, 회계는 일반인들이 쉽게 접근할 수 없는 하나의 커다란 장벽과도 같다. 기업의 사업 영위라는 한쪽의 평지에서 법률, 회계라는 다른 한편의 통상 장벽을 기어 오르는 하나의 가교로서 본서가 '통상의 사닥다리ladder of trade'가 되었으면 하는 바람이다.

다양한 통상 경험과 업무에 대한 지적 토양을 제공해 준 LG전자, 통상팀과 이 책을 집필함에 있어 응원을 아끼지 않은 아내 장미선에게 감사한다.

2019년 12월 저자

차례

차례

2부　열린 경제와 그 적들

차례

표 차례

차례

통상의 정석 – 글로벌 기업의 경제 통상과 규제 대응

A Ladder of Trade

통상 서바이벌 게임

1장
자유 무역의 종언?

공산 진영의 붕괴에 따른 이데올로기의 종식은 국제 관계에 있어서 공동 시
장이 확대됨을 뜻하는 동시에, 국가 간의 대규모 갈등은 그 발생 가능성이
감소됨을 의미한다.
- 프랜시스 후쿠야마의 〈역사의 종언〉中 -

　　美 스탠포드 대학교의 교수이자 정치 경제학자인 일본계 미국인 프랜시스
후쿠야마Francis Fukuyama(1952~)는, 美 국무부 관리로 재직 당시 그의 논문 〈역
사의 종언The End of History?(1989)〉에서, 공산주의 경제의 이념은 패배했고 인류
사의 최종 승자는 자유 민주주의와 시장 경제 체제임을 선언했다. 1989년 베를
린 장벽의 붕괴로 상징되는 미국, 舊 소련 간의 냉전Cold War의 해체를 '역사의
종언'으로 규정하면서, 민주주의와 시장경제에 기초한 전 지구적 평화가 지속될
것이라는 낙관론을 제시한 것이다.
　　냉전의 종식을 역사의 종언으로 오해했다는 비판에 이르기까지 전 세계적
인 화제와 논란의 대상이 된 그의 주장은, 1991년 舊 소련의 붕괴와 민주주의
및 시장 경제 체제의 전 세계 확산으로 인해 정설로 굳어지는 듯했다. 공산 진
영이 붕괴됨에 따라 전 세계가 공동 시장화common marketization될 것이라는 그의
주장은, 전 지구적 차원의 자유 무역 제도화를 목표로 하는 WTOworld trade
organization, 세계무역기구가 1995년에 출범하면서 실증적으로 입증되는 듯 보였다.
　　그러나, 2001년 이슬람 국제 테러 조직인 알카에다Al-Qaeda 조직이 민간 항
공기 4대를 납치해 그 중 2대를 '쌍둥이 빌딩'으로 불리는 美 뉴욕시 세계 무역

센터에 충돌시켜 붕괴시킨 9.11 테러 사건은 수천 명 미국인의 인명을 앗아가면서 낙관적 평화론과는 다른 지적 성찰을 인류사에 요구하게 된다. 전 세계 자유 무역을 지향하는 WTO의 이념 역시도, 2017년 8월 미국의 對 중국 불공정 무역 조사로 촉발된 'G2' 간의, 즉 미국, 중국 사이의 통상 분쟁으로 위협받는 것처럼 보인다. 인류의 역사는 프랜시스 후쿠야마의 통찰과 같이 자유 무역 질서의 확립으로 종언을 고할 것일까? 아니면, 자국 중심의 보호 무역 체제로 다시금 회귀하면서 '역사의 종언'이라는 종말에 이르는 파국에 다다를 것일까?

자유 무역과 통상 게임

프랜시스 후쿠야마의 '역사의 종언'을 입증하는 듯 보였던 WTO 자유 무역 체제가 출범한 이후에도, 우리는 여전히, 신문의 경제·국제면, 텔레비전 방송, 인터넷 뉴스들이 다양한 통상 분쟁 혹은 갈등에 심각한 우려와 경종을 울리고 있는 것을 목도하고 있다.

한-미 자동차협상이 끝내 결렬, 미국이 한국 자동차 시장에 대해 미국의 통상 보복법인 슈퍼 301조를 발동했다.
— 1997년 10월 중앙일보 —

한국 정부가 중국산 마늘에 대해 긴급 수입 제한 조치를 시행한 데 대해, 중국은 한국산 휴대 전화기와 폴리에틸렌 수입을 잠정 중단키로 하는 통상 보복 조치를 취했다.
— 2000년 6월 매일경제 —

미-중 통상 분쟁의 본질은 지식 재산권 전쟁으로서, 양국은 핵심 산업 분야의 첨단 기술 패권을 놓고 힘겨루기 중이다.
— 2019년 1월 한국경제 —

WTO 출범 이후 25년이 지난 현 시점에서도 국가 간 경제 전쟁이 항구적으로 진행되고 있는 것처럼, 그리고 그 전쟁의 첨병으로 '통상'이 놓여 있는 것처럼 인지되고 있는 것이다. 국가 간 경제 갈등의 대표적인 상징으로 노출되고 있는 '통상'이라는 개념에 대한 온당한 자리매김은 어떤 것일까?

주지하는 것과 같이, '통상通商, trade'은 '국제통상國際通商, international trade'의 약어로서, 국경을 넘어 이루어지는 교역, 즉 국제적인 경제 활동으로서의 '상행위商'에 대해, 이를 정상적이면서도 막힘 없이 원활하게 '통通'할 수 있게 해 주는 일련의 행위, 합의, 준칙, 규범, 제도 및 분쟁 해결 절차이다. 영어권 국가의 'Trade'라는 용어가 국내에서 '통상' 혹은 '무역'이라는 표현으로 혼용되고 있는 까닭에, 많은 경우에 '무역貿易, trade' 혹은 '국제무역國際貿易, international trade'과 같은 의미로 사용된다.

영어식 표현이 동일함에도 불구하고, 국내 기업의 실무 관점에서 '통상'이라는 단어는 '무역'이라는 용어와는 성격을 달리 하는 고유 영역이 있다. '무역'이 기업의 일상적인 수출입 거래 전반을 지칭하는 것이라면, '통상'은 기업의 일상적인 수출입 거래에 어떤 제약 사항이 발생하는 경우 해당되는 이슈, 규제 혹은 분쟁에 대한 기업 대응의 과정과 영역이 상대적으로 강조된다. 국내에서 '통상'이라는 단어의 전형적인 용례는 '해외 당국의 수입 규제 및 이에 대한 대응 및 분쟁 해결'이다. 이에 본서는 '무역'은 일상적 상행위의 모습이 보다 강조된 뜻으로서의 'Commerce'로, '통상'은 수입 규제에 대한 대응 영역이 상대적으로 부각된 의미로서의 'Trade'로 나누어 설명하기로 한다.

'해외 당국의 수입 규제 및 이에 대한 대응 및 분쟁 해결'로서 통상을 살펴볼 때, 통상은 상대방이 있는 게임이라고 할 수 있고, 통상을 둘러싸고 이해 관계를 달리 하는 당사자들 사이의 여러 행위들은 '통상 게임game of trade'의 관점에서 바라볼 수 있다. 통상 게임은 통상이라는 게임에 참여하는 경기자들의 레벨 내지는 수준에 따라 세 가지 유형으로 개념화할 수 있다.

첫째는 하위 레벨인 '국가 vs. 기업'의 일방주의 게임, 둘째는 중위 레벨인 '국가 vs. 국가'의 쌍방주의 게임, 셋째는 상위 레벨인 '국제 기구 / 제도'에 의거한 다자주의 게임이다. 통상 게임의 영역을 '해외 당국의 수입 규제 및 이에 대한 대응 및 분쟁 해결의 장場'으로 개념화할 때, 시장을 선도하는 혁신 제품을 놓고 서로 힘을 겨루는 '기업 vs. 기업'의 시장 경쟁 게임competition game은 그 범주가 다른 '무역 게임game of commerce'의 영역으로 규정할 수 있다(다음의 [표 1.1]).

표 1.1 **통상 게임의 3대 레벨**

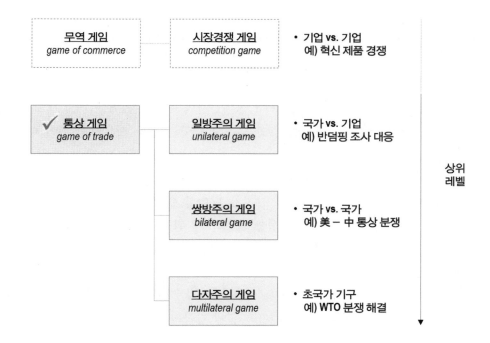

1차 레벨, 일방주의 게임: 국가 vs. 기업

첫번째 레벨은 '국가 vs. 기업'의 일방주의 게임unilateral game이다. 통상 영역에서 수입국 규제 당국과 수출 기업 간의 관계는 '창 vs. 방패' 혹은 '단단한 당구공 vs. 연약한 유리공' 사이의 그것이라고 할 수 있다.

제도적 권력institutional power을 가진 수입국 규제 당국은, 대내적으로는 제도를 입안, 집행하는 최고의 공권력인 동시에, 대외적으로는 다른 국가들과 협력, 경쟁하는 단단한 당구공hard-shelled billiard ball과도 같은 존재이다. 반면에, 해당 국가에 제품을 수출하는 민간 기업은 국가라는 단단한 당구공에 부딪히면 언제든지 부서질 수 있는 연약한 유리공과도 같다.

시장 경쟁 게임에서는 혁신 제품을 먼저 개발, 출시하는 기업이 시장 선도자market leader가 되고, 후발 업체들은 시장 순응자market follower가 된다. 그리고 선도 기업은 시장을 지배한다. 美 애플社의 前 CEO인 스티브 잡스Steven Paul Jobs(1955~2011)가 아이폰을 발표한 2007년 1월 9일은 휴대폰 경쟁사史에 지각 변동을 예고한 날이었다. 터치 스크린과 앱 스토어를 탑재한 애플社의 혁신적 휴대폰은 전 세계 시장을 점령했고 삼성, LG와 같은 후발 경쟁사들은 애플社의 독식에 순응할 수밖에 없었다. 선도자는 시장을 독식하고 나머지는 순응하거나 도태된다.

통상 영역의 일방주의 게임도 예외는 아니다. 무역, 통상 제도를 입안, 심사, 집행하는 수입국 규제 당국은 최고 권위로서의 제도적 권력을 가진 제도 선도자institutional leader이다. 반면에, 수입국 규제 당국의 불공정 무역 조사에 대응하는 수출 기업은 제도 순응자institutional follower일 수밖에 없고 수출 기업에게는 두 가지 선택지만이 존재한다. 규제를 따르거나 도태, 사망하는 것이다.

경우에 따라 연약한 유리공의 크기가 단단한 당구공의 크기를 압도할 수 있다. 하지만, 일방주의 게임의 속성상 그 크기에 관계 없이 단단한 당구공으로서의 수입국 규제 당국은 연약한 유리공인 해외의 수출 기업을 언제든지 산산조각낼 수 있는 공권력을 가지고 있다.

뒤에서 소개될 반덤핑anti-dumping(AD), 불공정 저가 수출 규제, 상계 관세countervailing duty(CVD), 불공정 정부 보조금 규제 등 수입국 규제 당국의 불공정 무역 조사 및 이에 대한 수출 기업의 답변서 제출 등의 조사 대응은 일방주의 게임의 전형적인 상황이다. 수입국 규제 당국에서 반덤핑, 상계 관세 등 불공정 무역 조사를 개시하는 경우, 그 조사의 배후에는 해당 수입국 내의 현지 제조사가 예외 없이 숨어 있다. 특단의 예외 상황이 아닌 이상은 불공정 무역 조사 자체가 현지 제조사의 제소 또는 청원에 의해 개시되기 때문이다. 현지 제조사의 공격적인 제소, 청원 성향은 수입국 규제 당국의 불공정 무역 조사의 빈도수와 정正,(+)의 상관 관계가 있다.

2차 레벨, 쌍방주의 게임: 국가 vs. 국가

통상 게임의 두번째 레벨은 '국가 vs. 국가'의 쌍방주의 게임bilateral game이다. 국익 극대화를 위해 쌍방주의 관점에서 전개되는 이해 당사국 간의 통상 정책 공조 혹은 갈등으로서, '단단한 당구공hard-shelled billiard ball'과 같은 국가들 사이의 통상 협력 내지는 경쟁인 것이다.

그 크기에 있어 차이가 있을 수는 있어도 단단한 당구공들끼리는 서로 부서지는 법이 없다. 큰 당구공으로서의 강대국과 작은 당구공인 약소국이 빛의 속도로 부딪치더라도, 큰 당구공에 의해 작은 당구공이 찌그러질 수는 있을지언정 작은 당구공 자체는 부서지지 않고 그 실체를 유지한다. '국경'이라는 국가 사회 공동체의 울타리가 약소국이라는 작은 당구공을 공동체의 내적 기둥으로 지지해 주고 있기 때문이다.

근대 정치 철학의 토대를 마련한 17세기 영국의 철학자 토마스 홉스Thomas Hobbes(1588~1679)는 그의 명저 <리바이어던Leviathan(1651)>에서 자연 상태state of nature의 인간을 정글 속의 '만인의 만인에 대한 투쟁struggle of everyone against everyone'에 처한 존재로 묘사했다. 그가 설파한 자연 상태의 투쟁 상황이 국가들 사이에서 극화極化된 형태로 전개되지 않는 한, 다시 말해 국가 간 전쟁으로 한쪽의 당구공이 다른 한쪽의 당구공을 부서질 때까지 공격하는 극한 상황이 아닌 이상은, 통상 영역에서 현존하는 국가 간의 쌍방주의 게임은 우리의 가시권 내에서 지속될 것이다.

쌍방주의 게임의 대표적인 사례는 2018년 공식화된 美－中 통상 분쟁이다. 美 트럼프Donald John Trump(1946~) 행정부는 中 시진핑習近平, Xi Jinping(1953~) 지도부의 전략 산업 육성 정책中國製造 2025, Made in China 2025 품목이 美 지적 재산권 침해와 美 기술의 불법 유출을 결과하면서 중국의 對 미국 불공정 무역의 근본 원인이 되고 있는 것으로 진단했다. 그리고, 이러한 인식 위에서, 美 통상법 301조라는 통상 보호 장치를 발동해 對 중국 관세 보복을 현실화했다.

美 트럼프 행정부가 미국으로 수출되는 중국의 전략 육성 품목 818개, 340억불에 대해 25%라는 고율의 관세 규제를 2018년 7월 6일부터 시작한 것이다. 이에 대해 같은 날 中 시진핑 지도부도 즉각적인 맞불tit-for-tat 전략으로 응수했다. 중국도 對 미국 수입 품목 545개, 340억불에 대해 25%의 보복 관세를 확정한 것이다. 미국, 중국이라는 거대 당구공끼리의 충돌이 美－中 관세 전쟁tariff war으로 표면화된 것이다.

2018년 7월 미국의 對 중국 1차 보복 관세가 도화선이 된 美－中 사이의 통상 보복전은, 이후 美 트럼프 행정부가 對 중국 2~4차 보복 관세를 검토, 발동하는 과정에서 확전과 협상을 오가며 줄다리기하게 된다. 관련된 내용은 본서 2부 8장의 「중국 제조 2025와 미국의 봉쇄 정책」에서 구체적으로 논의하기로 한다.

美 통상법 301조란?

美－中 통상 분쟁의 발단이 된 2018년 미국 트럼프 행정부의 美 통상법 301조 발동'17.8월 조사 개시 & '18.7월 규제 발효'과 관련, 일부 언론들이 이를 '슈퍼 301조', '스페셜 301조'로 언급하고 있으나, 그 어느 것도 아닌 '일반 301조' 발동임을 명확히 밝혀 둔다.

미국은 외국의 불공정 무역 행위act, 정책policy, 관행practice에 대해 美 행정부가 통상 차원에서 규제할 수 있는 법적 근거를 마련해 놓았고, 이를 美 통상법 301조로 통칭한다. 美 통상법 301조는 일반 301조, 슈퍼 301조, 스페셜 301조, 통신 301조로 4대별大別된다.

1. 일반 301조 *Regular 301*

美 1974년 통상법Trade Act of 1974 301~309조에 규정되어 있다. 일반 301조는, '청원 or 직권'에 의거, 외국의 불공정 무역 장벽을 제거하기 위해 美 행정부에 통상 협상 및 보복 권한을 부여하고 있다. 美 업체, 업계의 청원이 있거나 美 무역 대표부USTR, United States Trade Representative의 직권 결정이 있는 경우, 해당 불공정 무역 장벽을 조사, 규제한다.

2. 슈퍼 301조 *Super 301*

일반 301조의 바로 뒷 조항인 美 1974년 통상법Trade Act of 1974 310조에 명문화되어 있다. '연례 보고'에 의거, 외국의 불공정 무역 장벽을 제거하기 위해 美 행정부에 통상 협상 및 보복 권한을 부여하고 있다. 美 무역 대표부는 매년 美 의회 및 대통령에 불공정 무역 현황을 보고해야 하고, 同 보고에 기초해 불공정 무역국을 지정, 통상 협상 및 보복 조치를 취한다.

일반 301조가 규제 사안별로 그때그때 발동된다면, 슈퍼 301조는 매년마다 규제 검토, 협상 및 보복이 강제화되어 있다는 점에서 차이가 있다. 이런 까닭에 '슈퍼'라는 별칭을 갖게 되었지만, 2001년 이후 사문화된 상태이다.

3. 스페셜 301조 *Special 301*

美 1974년 통상법Trade Act of 1974 182조로 조문화되어 있다. 스페셜 301조는, '연례 보고'에 의거, 외국의 불공정 지재권intellectual properties, IPs 침해를 제거하기 위해 美 행정부에 통상 협상 및 보복 권한을 부여하고 있다. 슈퍼 301조와 마찬가지로, 美 무역 대표부는 매년 美 의회 및 대통령에 불공정 지적 재산권 침해 현황을 보고해야 하고, 同 보고에 기초해 불공정 지재권 침해국을 지정, 통상 협상 및 보복 조치를 취한다.

슈퍼 301조와 마찬가지로, 매년마다 규제 검토, 협상 및 보복이 의무화되어 있지만, 슈퍼 301조가 불공정 무역 전반을 검토 대상으로 한다면, 스페셜 301조는 그 검토 대상이 불공정 지재권 침해로 한정된다는 점에서 차별화된다.

4. 통신 301조 *Telecommunications 301*

美 1988년 종합통상법Omnibus Trade & Competitiveness Act of 1988 1371~1382조에 규정되어 있다. 통신 301조는, '연례 보고'에 의거, 외국의 불공정 통신 telecommunication 장벽을 제거하기 위해 美 행정부에 통상 협상 및 보복 권한을 부여하고 있다. 슈퍼 301조, 스페셜 301조와 마찬가지로, 美 무역 대표부는 매년 美 의회 및 대통령에 불공정 통신 장벽을 보고해야 하고, 同 보고에 기초해 불공정 통신 장벽국을 지정, 통상 협상 및 보복 조치를 취한다.

슈퍼 301조, 스페셜 301조와 마찬가지로, 매년마다 규제 검토, 협상 및 보복이 강제화되어 있으나, 검토 대상이 통신 장비, 통신 서비스 등 통신 산업에 국한된다는 점에서 차이가 있다.

美 통상법 301조와 관련된 체계화된 논의는 본서 2부 6장의 「미국의 통상 규제 체계와 美 통상법 301조」 및 그 안의 [표 6.4]에서 다루기로 한다.

3차 레벨, 다자주의 게임: 국제 기구 / 제도

'국제 기구 / 제도'에 의한 다자주의 게임multilateral game은 통상 게임의 최상위 레벨이다. 현대의 인류사는 '국수적 민족주의 → 약탈적 보호 무역 → 세계적 군사 충돌'이라는 악순환의 파국을 1, 2차 세계 대전1914~18 & 1939~45을 통해 두 차례나 경험했다. 그리고, 이러한 경험은 세계주의, 자유 무역에 토대를 둔 전 지구적 차원의 보편 규범을 수립코자 하는 노력으로 이어졌다. 2차 세계 대전 직후인 1947년 GATTgeneral agreement on tariffs & trade, 관세및무역에관한일반협정 (1947년 채택 & 1948년 출범)로 수립된 세계 자유 무역 질서는 47년간 그 소임을 다하고 1995년 WTOworld trade organization, 세계무역기구(1994년 채택 & 1995년 출범)의 출범으로 제도적으로 진화한다.

GATT가 국가들 사이의 느슨한 컨센서스인 '협정agreement'이라면, WTO는 현실적 실체로서의 '기구organization'이다. WTO는 국제 무역 질서에 있어서의 UNunited nations, 국제연합(1945년 채택 & 1945년 출범)인 것이다. WTO는 자유주의 무역 질서 하의 국가 간 무역 분쟁들을 공정하면서도 효율적으로 해결하기 위해 'DSBdispute settlement body'라는 분쟁 해결 기구와 'DSUdispute settlement understanding'라는 분쟁 해결 절차를 마련했다. 국가들 사이의 통상 분쟁이 보편 규범의 틀 내에서 합리적으로 해결될 수 있도록 '갈등의 문명화civilization of conflict'를 도모한 것이다. 결국 WTO는 통상 영역 다자주의 게임의 주춧돌이 되고 있다.

세계 안의 여러 국가들을 색깔과 크기가 서로 다른 당구공들로 상정할 때, WTO의 분쟁 해결 메커니즘은 당구공들의 크기를 서로 같게 만들 뿐만 아니라 당구대 안에서 당구공들이 움직이는 게임의 규칙rules of the game도 제공한다고 할 수 있다. 즉 WTO 분쟁 해결 절차는 서로 다른 색깔을 가진 국가라는 단단한 당구공들이 WTO라는 당구대의 테두리 안에서 같은 크기, 같은 규칙으로 서로 부서지지 않고 게임이 계속될 수 있도록 제도적인 틀을 제공하고 있는 것이다.

대표적인 사례로는 2013년부터 2019년까지 6년이라는 기간에 걸쳐 진행된 WTO 한—미 세탁기 분쟁이 있다. 미국으로 수출되는 한국산 세탁기에 대한 美 상무부의 반덤핑, 상계 관세 판정에 대해 한국측에서 이의를 제기하면서 WTO 분쟁 해결 절차로 쟁송화된 同 사례에서, 한국은 미국을 상대로 실질적으로 완전 승소의 결과를 얻어 냈다. 소규모 개방 경제국인 한국이 세계 제1의 경제 패권국인 미국을 상대로 다자주의 통상 게임의 승자가 된 것이다. WTO 통상 분쟁사史에서도 기념비적인 사건으로 기록될 本 사안에 관해서는, 본서 2부 5장의 「WTO 한—미 세탁기 분쟁과 제로잉의 세대별 진화」에서 상세히 다루기로 한다.

지금까지 언급된 통상 게임의 3차원적 접근은, 그 범주가 다름에도 불구하고, 상호 연계된 형태로 중첩되어 나타나기도 한다. 수입국 규제 당국과의 1차원 일방주의 게임에서 패자가 된 수출 기업은, 수출국 정부에 통상 규제의 부당함을 토로하며 수출국 vs. 수입국 당국 간의 통상 협상을 요구할 수 있고, 이 경우 1차원 게임은 통상 게임의 다음 단계인 2차원 게임의 국면으로 진입한다. 또한 수출국 vs. 수입국 사이의 통상 협상이 결렬되어 분쟁 상태로 답보하는 경우, 분쟁 당사국 중 일방—方에 의해 WTO 제소 및 다자주의 분쟁 해결 절차라는 3차원 게임의 영역으로 옮겨 가기도 한다.

결국, 민간 기업이 글로벌 통상 환경에서 맞닥뜨리는 다차원 레벨의 통상 게임은, 외국 정부의 수입 규제에 직면해 최선의 대응을 모색, 실행하고 본국 정부의 도움을 받아 외국 정부를 상대하며 국제 기구를 활용해 글로벌 시장에서의 사업 활동이 지속될 수 있도록 도모하는 일련의 과정과 활동의 집합체로 압축할 수 있다.

통상 이슈와 공정, 인권, 환경

민간 기업이 맞닥뜨리게 되는 통상 이슈의 코어core는 해당 기업에서 수출하는 제품에 대한 수입국 정부의 각종 통상 규제로 압축할 수 있고, 이러한 통상 규제는 관세 장벽 또는 비관세 장벽의 형태로 나타나게 된다.

먼저 '관세 장벽tariff barrier, TB'은 말 그대로 해외 정부 당국에서 국경을 넘어오는 수입품에 대해 고율의 관세를 부과해 수입 자체가 제한되도록 규제하는 장치이다. 이에 반해 '비관세 장벽non-tariff barrier, NTB'은 수입 관세 이외의 형태로 주어지는 각종의 수입 제한 조치이다.

수출 기업의 입장에서 볼 때, '관세 장벽tariff barrier, TB'은 고율이더라도 관세를 추가로 지불할 의사만 있다면 그 장벽을 넘어 수입국 내로 진입할 수 있는 반면에, '비관세 장벽non-tariff barrier, NTB'은 그 규제의 취지, 형태나 규제와 관련된 이해 당사자 간의 가치 혹은 이익 관계가 중층적으로 얽혀 있어 수출 기업의 금전적인 추가 지불 용의와는 관계 없이 수입국 내로의 진입 자체가 봉쇄된다는 측면에서 본질적인 차이가 있다. 관세 장벽이 금전적인 유인 체계incentive system로 설명 가능한 순수 경제 영역이라면, 비관세 장벽은 수입국의 공동체적 가치가 반영된 정치 경제 영역이라고 할 수 있다.

수입품에 대해 높은 수준의 기술 표준이나 인증, 검사 등을 의무화해 이를 준수하지 못하는 제품에 대해 수입 자체를 금지시키는 '무역 기술 장벽technical barrier to trade, TBT'이나, 인권 유린, 아동 착취를 통해 채굴되어 반정부 단체의 군자금으로 활용되는 광물이 사용된 제품에 대해 그 수입을 금지시키는 '분쟁 광물conflict mineral' 수입 규제가 비관세 장벽의 대표적인 사례이다. 1995년부터 가동되기 시작한 전 지구적 차원의 WTO 자유 무역 체제는, 자유 무역free trade 과 시장 접근market access을 그 기본 골격으로 하고 있는 까닭에, 관세 장벽에 대해서는 점진적인 관세 인하 및 철폐를, 비관세 장벽에 대해서는 필요 최소한의 범위 내에서 공정, 투명하게 제도를 운영할 것을 그 회원국들에게 주문하고 있다. 달리 말해, 민간 섹터의 국제 교역에 걸림돌이 되는 보호주의적 무역 장벽들이 국가들 간의 협상 및 컨센서스를 통해 지속적으로 제거되고 있는 것이다.

그럼에도 불구하고, 우리는 여전히 "우리의 수출 기업이 외국 정부로부터 관세 폭탄을 두들겨 맞았다"는 취지의 기사나 뉴스를 접하게 된다. 이것은 어떤 이유에서일까? 그것은 WTO라는 지구상에 현존하는 자유 무역 체제의 중요한 다른 가치들에 대한 체계화된 시각이 있어야만 종합적으로 이해할 수 있다.

주지하는 것과 같이, WTO 자유 무역 체제는 기본적으로 18세기 영국의 정치 경제 학자이자 윤리 철학자인 아담 스미스Adam Smith(1723~90)가 <국부론The Wealth of Nations(1776)>에서 '보이지 않는 손invisible hand'으로 은유한 것과 같은 시장 기구의 자동 조절 메커니즘, 즉 자유 시장주의에 그 사상적 기초를 두고 있다. 데이비드 리카도David Ricardo(1772~1823)는 1817년 그의 비교우위론comparative advantage theory에서 국제 교역이 국가 상호 간의 이익을 창출하게 됨을 논증하면서 아담 스미스의 사상을 근대적인 시각에서 체계화한 바 있다.

하지만, 지구라는 하나의 경제 공동체의 지속적인 번영을 위해서는 지나친 자유 방임laissez-faire으로 인해 훼손될 수 있고, 동시에 포기할 수 없는 중요한 가치들이 있다. '공정, 인권, 환경'이 바로 그것이다. 관세 및 비관세 장벽을 지속적으로 제거해 가는 자유화, 갈등의 제도화의 여정 속에서도 선의의 피해자가 생기지 않게끔 공정한 게임의 규칙rules of the game은 준수되어야 하고 인권으로 상징되는 인류의 인본적인 가치와 인류 공동 유산으로서의 지구를 지키기 위한 환경 보호 노력도 지속적으로 경주되어야만 하는 것이다.

통상 이슈를 논의하는 데 "뜬금 없이 웬 공정, 인권, 환경?"이라고 생각할 수도 있지만 사실은 그렇지 않다. 2017년 8월 미국이 중국의 전략 육성 품목에 대해 추가 관세 부과를 위한 수입 규제를 조사함에 따라 공식화된 미국, 중국 사이의 관세 전쟁만 보더라도 그렇다. 미국이 보기에, 중국은 미국의 지적 자산 intellectual properties, IPs을 절취하고 있고, 또한 절취한 지적 자산을 상업화하는 과정에 있어서도 생산 원가를 낮추기 위해 반인권적으로 교도소 노동력을 착취하고 있으며 지구 환경을 훼손시키는 중국 도처의 오염 공장을 묵인하고 있는 것이다.

미국의 시각에서 중국은 자국의 경제 성장과 발전을 위해 다른 국가들의 정당한 이익과 인본적인 가치, 더 나아가 지구 전체의 생태계를 희생시키고 있는 것이며, 미국이 중국을 상대로 불공정 무역 관행unfair trade practice의 시정을 지속적으로 촉구하고 있는 것도 바로 이런 맥락에서 이해되어야 할 것이다.

美-中 통상 분쟁의 경우에 있어서도 통상 규제가 공정, 인권, 환경의 이슈를 모두 내포하고 있는 것이다.

자유 무역의 기초, 아담 스미스로부터 폴 크루그먼까지

앞에서 WTO 자유 무역 체제의 사상적 기초로서 아담 스미스와 데이비드 리카도가 언급되었다. 그렇다면 이들의 사상은 어떤 논리적 토대를 가지고 있고 그 내용은 무엇일까? 그들의 이론을 계승하면서 이를 체계화, 정교화시켜 20세기에 노벨 경제학상을 수상한 헥셔-오린과 탈脫 고전 무역론의 시각을 제공한 공로로 21세기에 노벨 경제학상을 수상한 폴 크루그먼은 아담 스미스, 데이비드 리카도와 같은 시각의 연장선 위에서 논리를 전개하고 있다.

1. 아담 스미스의 절대 우위론 absolute advantage theory

스코틀랜드 출신의 영국 정치 경제 학자이자 윤리 철학자였던 아담 스미스가 <국부론The Wealth of Nations (1776)>을 출간할 당시 18세기 유럽 내에는 국내 산업 보호와 해외 식민지 건설을 주된 내용으로 하는 중상주의mercantilism 사고가 팽배해 있었다.

중상주의 정책을 채택하고 있던 유럽의 각국 정부들은 관세나 쿼터에 의해 수입은 제한하고, 보조금 지급을 통해 수출을 장려했다. 중상주의는 무역을 통해 한 나라가 이익을 보게 되면 다른 나라는 손해를 볼 수밖에 없다는 제로섬 게임zero-sum game의 논리를 가지고 있었기 때문이다.

아담 스미스는, 이러한 중상주의적 사고를 비판하면서, 한 나라의 어떤 재화에 대한 생산 비용이 다른 나라보다 낮을 때 그 나라는 국제 분업상 절대 우위absolute advantage의 위치에 있고, 각각의 나라들은 절대 우위에 있는 재화의 생산에 특화해 이것을 수출함으로써 그렇지 않은 경우보다 더 많은 재화를 획득할 수 있음을 주장했다. 절대 우위의 생산비를 강조했다는 점에서 그의 이론은 '절대 생산비설'로 명명되기도 한다.

2. 리카도의 비교 우위론 *comparative advantage theory*

아담 스미스의 <국부론>을 읽고 경제학 연구에 뜻을 둔 19세기 유대계 영국인 경제학자였던 데이비드 리카도는 아담 스미스의 이론을 계승, 발전시키게 된다. 아담 스미스의 절대 우위론의 경우 모든 상품에 절대 우위가 있는 나라와 모든 상품에 절대 열위에 놓여 있는 나라 간의 무역 현상을 설명할 수 없다는 논리적 한계가 있었다. 이에 대해 리카도는 생산비의 상대적 차이, 즉 '상대 생산비'라는 개념에 착안해 아담 스미스의 이론이 가지고 있던 한계를 보완하게 된다(상대 생산비설).

즉 A라는 나라의 X, Y재라는 상품의 생산비가 B라는 나라의 X, Y재의 생산비에 비해 모두 절대적으로 불리하다고 하더라도, A국에서는 'X재 생산비 / Y재 생산비 < 1'인 반면에 B국에서는 'Y재 생산비 / X재 생산비 < 1'이라면, A라는 나라는 X재 생산비가 상대적으로 저렴해 X재 생산에 비교 우위가 있고, B라는 나라는 Y재 생산비가 상대적으로 저렴해 Y재 생산에 비교 우위가 있다는 것이다. 이 경우에, A라는 나라는 X재 생산에 특화해 B국에 수출하고 B라는 나라는 Y재 생산에 특화해 A국에 수출한다면, 양국은 비교 우위가 있는 상품을 상호 교환함으로써 그렇지 않은 경우에 비해 더 많은 재화를 획득할 수 있다는 것이다.

3. 헥셔-오린의 요소 부존도론 *factor endowment theorem*

아담 스미스의 절대 생산비설이나 이를 계승, 발전한 데이비드 리카도의 상대 생산비설이나 모두 재화의 생산에 투입되는 생산 요소로서 '노동labor'만을 가정하고 있었다. 노동만이 가치를 창출한다는 노동 가치론에 입각하고 있었던 것이다. 이런 까닭에 나라마다 생산 비용에 차이가 나타나는 구체적인 결정 요인에 대해서는 침묵할 수밖에 없었다. 이에 스웨덴의 경제학자인 헥셔E. F. Heckscher(1879~1952)와 이를 발전시킨 오린B. Ohlin(1899~1979)은 노동 외에 '자본capital'을 생산 요소로 끌어들임으로써 기존의 고전 경제학 이론을 개량, 보완하게 된다(노동, 자본의 2개 생산 요소설).

1933년 최초로 발표되어 1977년에는 노벨 경제학상을 수상하기에 이른 헥셔 － 오린 모형에서는 노동과 자본이라는 2개의 생산 요소를 바탕으로 국가 간의 교역을 설명하고 있다. 즉 노동이 풍부한 나라는 노동 집약적인 재화에 상대적인 우위가 있어 노동 집약적인 재화를 수출해 무역의 이익을 얻고, 자본이 풍부한 나라는 자본 집약적인 재화에 상대적인 우위가 있어 자본 집약적인 재화를 수출해 무역의 이익을 얻는다는 것이다.

4. 폴 크루그먼의 규모의 경제 *economies of scale*

아담 스미스, 데이비드 리카도, 헥셔-오린의 무역 이론은 나라 사이에 '산업 간 inter-industry' 무역이 이루어진다는 가정에 기초하고 있다. 다시 말해, 어떤 국가들은 밀가루만을 수출하고 다른 국가들은 자동차만을 수출하는 것과 같이 서로 다른 산업 사이의 무역 패턴에 한정된 논의였던 것이다. 하지만, 현실 세계에는 '산업 내intra-industry' 무역도 존재하고 있다. 한국은 미국에 현대 자동차를 수출하지만, 동시에 미국으로부터 포드 자동차를 수입하기도 하는 것이다.

이에, 폴 크루그먼Paul R. Krugman(1953~)은 기존의 전통 무역 이론에 '경제 지리학 economic geography'을 통합한 신新 무역 이론을 주창했다. 그리고, 이에 대한 학문적 공과로 美 프린스턴 대학 교수 시절이던 2008년에 노벨 경제학상을 수상했다. 그는 경제 지리학economic geography을 접목한 '규모의 경제economies of scale'의 틀로써 국가 사이의 산업 내intra-industry 무역을 설명하고 있다.

국가 간 무역이 자유화되면 기업의 입장에서는 내수뿐만 아니라 해외도 판매 시장으로 확대된다. 따라서 대규모 생산이 가능해져, 대규모 생산에 따라 생산 원가가 절감된다는 '규모의 경제economies of scale'의 혜택을 향유할 수 있게 된다. 폴 크루그먼은 이에 주목하면서 세계 시장을 무대로 한 현실 세계의 경쟁 체제 내에서는 규모의 경제를 앞세운 각국의 기업들이 서로 다른 브랜드를 개발, 다른 나라에 수출하게 된다는 지적 통찰을 제공했다.

WTO 자유 무역 체제는 '무역의 이익gains from trade'에 관한 이와 같은 다양한 사상적 기초 및 지적 성찰들 위에서 태동했다.

공정 vs. 불공정 무역의 줄다리기

'통상'을 세상을 바라보는 하나의 안경이라고 할 때, 앞서 언급된 공정, 인권, 환경이라는 개념적 렌즈를 통상이라는 하나의 안경에 끼워 넣는다고 해도 다음과 같은 의문은 여전히 남는다. 2018년 불거진 美-中 통상 분쟁의 한쪽 당사자인 중국과 경제 여건이나 체력이 다른 '소규모 개방 경제small open economy'로서의 우리 나라는 무슨 이유에서 외국 정부로부터 고율의 관세 폭탄이 투척되는 상황에 직면하게 되는 것일까? 우리 기업들은 딱히 불법적으로 수출하는 것도 없어 보이고 인권 침해나 환경 훼손 이슈는 더더욱 없어 보임에도 불구하고 말이다. 이를 위해서는 WTO 자유 무역 체제에서 추구하고 있는 '공정 무역fair trade'의 개념에 대해 명확히 이해해야 한다.

주지하는 것과 같이, 우리 나라는 국무총리 산하에 준사법 기관인 공정거래위원회(이하 '공정委')를 두고 있다. 위원회의 영문명인 'Korea Fair Trade CommissionKFTC'에서 확인할 수 있듯이, 그 소관 업무는 공정 거래fair trade를 위반하는 행위를 규제하고 경쟁을 촉진하는 것이다. WTO나 우리 공정委나 모두 '공정 무역 / 거래fair trade'를 관장하는 기관이라는 측면에서는 동일하다. 다만, WTO에서는 국제 거래의 공정성 측면이, 우리 공정委에서는 국내 거래의 공정성 측면이 좀더 강조되고 있다는 정도의 차이만 있다고 할 것이다.

이러한 측면에서 우리 수출 기업들이 외국 정부로부터 온당치 않게 관세 폭탄으로 공격받는 것처럼 보이는 극한 상황들도, 국제 거래의 공정성 측면에서 따져 보면, 우리 공정委에서 불공정 거래를 위반한 기업들에 대해 추징금을 부과하는 것과 기본적으로는 동일한 맥락에 놓여 있다고 할 수 있다. 그렇다면 국제 거래에서 공정성이 결여된 것으로 간주되는 불공정 무역unfair trade이란 어떤 의미를 담고 있는 것일까?

불공정 무역의 개념과 그에 대한 규제에 관한 논의에 앞서, 우리는 먼저 통상 게임에 대한 객관적인 이해를 위해, 우리 마음 속에 존재하는 '민족주의' 혹은 '국수주의의 망령ghost of nationalism'을 걷어 내야 한다. 많은 사람들이 월드컵 경기에 열광한다. 그리고 자국의 국가 대표들이 상대국 선수들을 압도, 승리하는 장면을 목도하면서 대리 만족을 느끼거나 자신의 정서를 투영한 승리감에 도

취되곤 한다. 통상 게임이 펼쳐지는 경기장 상황도 크게 다르지 않다. 각국의 대표 기업들이 시장에서 각축하는 무역 게임game of commerce이 통상 이슈화되면서 통상 게임game of trade의 영역에서 분쟁화되는 까닭에, 통상 게임의 결과가 마치 월드컵 경기와 같은 국가 간 대항전에서의 승패와 같은 맥락에서 인식될 수 있기 때문이다.

물론 통상 게임의 다른 편에 서 있는 상대 기업 및 수입국 당국이 공정치 않은 시각과 행태를 보일 수는 있다. 어느 조직이나 실적, 성과의 압박이 있기 마련이고, 통상 규제를 주장하는 수입국 제소 업체는 '제소 성과'라는 압박이, 규제 여부를 판단하는 수입국 규제 당국은 '업체 보호'라는 압력이 존재한다. 공정 vs. 불공정 무역의 여부를 떠나, 수입 규제를 최대화하려는 다차원적인 조직 관성organizational inertia이 수입국 내에 현실적으로 존재할 수밖에 없는 것이다.

하지만, 상대편 선수들이 반칙을 범할 개연성이 높다는 이유만으로 우리측 선수들의 반칙이 정당화되지는 않는다. 그리고, 통상 게임에는 경기의 반칙 여부를 판정해 줄 'WTO'라는 심판관도 있다. 결국, 통상 규제에 직면한 수출 기업은, 통상 게임이 요구하는 규칙rules of the game은 준수해 가면서 상대방에 의한 최악의 반칙, 수출 기업의 최악의 시나리오를 염두에 둔 현실적인 대응만이 가능하다. '개념적인 최선first best'은 아닐지라도 '현실적인 차선second best'을 고려할 수밖에 없는 것이다. 민족주의의 망령을 걷어내지 않는 이상 '공정 vs. 불공정 무역의 줄다리기'에 대한 올바른 시각은 확보될 수 없다.

스타벅스와 공정 무역

지구라는 경제 공동체의 지속적인 번영을 위해서는 국제 교역에 있어서도 공정, 인권, 환경의 가치가 준수되어야 함은 명백한 사실이다. 이와 관련해, <만약 한국에서 커피를 재배할 수 있었다면>이라는 제목으로 게재된 매일경제 이덕주 기자의 2018년 10월 3일자 기사는 많은 시사점을 제공해 주고 있다. 통상과 관련된 내용을 발췌, 소개하면 다음과 같다.

"… 세계적인 차원의 커피 서플라이 체인은 커피 산업이 만들어진 후 크게 바뀌지 않고 유지되어 왔습니다. 개발 도상국에서 농민과 노동자들의 저렴한 인건비를 바탕으로 커피를 키우고 (농업), 선진국 기업인 커피 전문 무역 회사들이 이를 전 세계에 유통시키고(무역), 커피 전문 제조사들이 자본을 통해 이를 대량 생산하고, 선진국 국민이 커피를 소비하는 구조입니다.

하지만 이런 시스템은 어딘가 불편합니다. 지구 어딘가에서 가난한 사람들이 나의 커피 한 잔을 위해 힘든 노동을 하고 있고 그들에게 돌아가는 돈이 미미하다는 사실은 선진국의 사람들이 죄의식을 느끼게 만듭니다. 역사적으로 볼 때도 이런 시스템은 제국주의 국가들과 식민지 사이의 착취적인 관계에서부터 만들어졌습니다. 식민지 시대가 끝난 이후에도 여전히 아프리카와 중남미 농민들은 가난과 고된 노동에서 벗어나지 못하고 있습니다.

그래서 1960년대부터 소위 '공정 무역fair trade' 운동이 시작됩니다. 커피, 코코아, 바나나 등 농작물을 구매할 때 가난한 농민에게 더 많은 이득이 돌아가게 하고 각종 노동 착취 등을 막자는 운동입니다. 공정 무역 운동가들은 생산 국가에서 농민들이 협동 조합을 구성하게 하고 이 협동 조합을 통해 기업들이 커피를 구매하도록 촉구합니다. 커피를 구매할 때 최소 가격을 보장하거나 시장 가격의 몇 배를 준다거나 하는 방식을 사용합니다.

커피와 관련된 또 다른 운동 중 하나가 '열대 우림 동맹Rainforest Alliance' 인데요. 커피의 산업화가 이뤄지면서 커피 농사에서 크게 변한 것이 하나 있습니다. 낮은 지대에서 커피는 원래 열대 우림 속 그늘에서 자라는 나무였습니다. 그러나 커피를 더 많이 생산하기 위해 우림을 자르고 커피 나무만 남기는 경우가 많았습니다. 이는 필연적으로 우림 생태계를 파괴합니다. 열대 우림 동맹은 공정 무역뿐 아니라 커피나 코코아, 홍차 등이 친환경적인지를 인증해 주고 있습니다. 열대 우림 동맹도 큰 범주에서 공정 무역 커피의 범주에 들어갑니다.

열대 우림 동맹은 다른 공정 무역의 커피와 달리 농민들에게 최저 가격을 보장하지는 않고 있습니다. 공정 무역 커피는 그래도 여러 공정 무역 중에서도 큰 성과를 내고 있습니다. 2009년 한 통계에 따르면 다양한 형태의 공정 무역 인증 커피는 전체 커피의 8% 정도를 차지하고 있습니다.

스타벅스 같은 커피 기업들이 공정 무역 인증을 받은 커피 사용을 늘리고 있기 때문이라고 합니다..."

위의 기사는, 우리가 일상에서 애용하는 커피 사례를 통해, 공정 무역이 인권, 환경의 가치와 어떤 지점에서, 어떤 방식으로 연결되는지를 잘 보여주고 있다.

통상의 쟁점 영역과 무역 구제

공정 무역에 대한 이해를 위해서는 '무역 구제'란 용어를 먼저 살펴보아야 한다. 1995년에 출범한 WTO에서는 세계 무역 자유화를 이행, 고도화하는 과정에서 발생할 수 있는 WTO 회원국 내의 산업 피해를 구제remedy하기 위한 제도적 장치를 마련해 놓았고, 이러한 제도적 장치를 '무역 구제trade remedy' 제도라고 한다.

산업 피해 보호를 위한 무역 구제 제도는 자유 무역으로 인해 피해를 입은 수입국 입장에서 보면 '무역 구제trade remedy'이지만, 피해를 입힌 수출국 입장에서 보면 '무역 규제trade restriction'가 된다. 신문이나 잡지에서 '무역 구제'라는 용어를 처음 접한 많은 분들이 '무역 구제trade remedy'를 '무역 규제trade restriction'의 오탈자 정도로 생각하는 경우가 종종 있다. '무역 구제'라는 용어의 생경함과 '무역 구제'를 '무역 규제'의 오기誤記로 해석하더라도 전체 문맥상 이해에 아무런 무리가 없기 때문이다. 하지만, 통상과 관련된 각종 기사나 칼럼에서 사용되고 있는 '무역 구제'라는 용어는 결코 오탈자가 아님을 분명히 알고 있어야 할 것이다.

자유 무역에 따른 산업 피해를 구제하기 위한 이러한 무역 구제 제도는 크게 반덤핑anti-dumping, AD, 상계 관세countervailing duty, CVD, 세이프가드safeguards, SG의 3대 영역으로 대별大別할 수 있다.

자유 무역에 따른 수입국 내의 산업 피해는 한편으로는 수출 기업의 잘못에 의해 야기될 수 있고'저가 수출', 다른 한편으로는 수출국 정부, 국가의 잘못에 의해 유발될 수도 있다'수출 보조금'. 한편, 수출 기업이나 수출국 정부, 국가는 모두 아무런 잘못이 없지만 수입국 자체의 산업 기반이 취약해 발생하는 산업 피해도 있다'수입국 경제 취약'.

반덤핑anti-dumping, AD, 상계 관세countervailing duty, CVD, 세이프가드safeguards, SG 제도는 이와 같은 각각의 상황에 대한 수입국 내의 피해를 구제하기 위해 고안된 글로벌 차원의 산업 피해 구제 제도이다.

표 1.2 통상 규제의 글로벌 스탠다드: WTO 무역 구제 제도

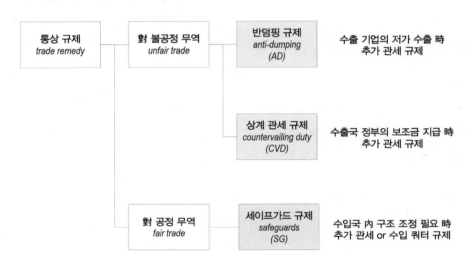

앞의 [표 1.2]에는 통상 규제의 글로벌 스탠다드global standard로서의 WTO 무역 구제 제도가 도식화되어 있다. WTO는 '국제적 가격 차별 행위international price discrimination'를 불공정 무역으로 간주, 수입국 정부 당국에 이를 조사 및 규제할 수 있는 권한을 부여했다. 글로벌 차원의 불공정 가격 규제라고 할 수 있는 것이다. 이러한 국제적 가격 차별 행위는 수출국 내의 민간 부문이나 정부 부문 모두에서 나타날 수 있다.

먼저, 민간 섹터 내의 수출 기업은 국내 내수 시장은 고가로, 해외 수출 시장은 저가로 가져가 국내 vs. 해외 판가를 차별적으로 운영할 수 있다. 이 경우 해외 시장 개척을 위해 '저가 수출의 출혈을 감수'함으로써 발생한 손실은 내수 시장에서 고가로 판매해 벌어들인 수익으로 상쇄된다. 불공정 무역인 것이다.

이에 수입국 정부는 이러한 불공정 저가 수출에 대해 반덤핑anti-dumping, AD 조사를 통해 저가 수출분만큼 반덤핑 관세를 부과할 수 있는 권한을 가지게 된다.

다음으로, 공공 섹터로서의 수출국 정부도 수출 기업의 저가 수출과 연계된 정책을 시행할 수 있다. 중상주의적 시각에서 수출 촉진 및 외화 획득을 국부 wealth of nation의 원천으로 생각하면서, 수출 주요 기업 혹은 수출 육성 산업에 대해 정부 차원의 '특혜성 보조금'을 지원해 주는 것이다. 정부 보조금은 수출 기업이 수출 제품의 가격을 낮춰 운영할 수 있는 숨쉴 수 있는 공간breathing space을 제공해 주기 때문에, WTO는 정부에서 공여되는 특혜성 보조금 또한 국제적 가격 차별 행위, 즉 불공정 무역으로 간주하고 있다. 수입국 당국은 이러한 불공정 정부 보조금에 대해 상계 관세countervailing duty, CVD 조사를 통해 보조금 공여분만큼 상계 관세를 추징할 수 있는 법적 권한이 있다.

마지막으로, 수출국 내의 기업이나 정부에는 아무런 잘못이 없음에도 불구하고, 수입국 정부 당국이 예외적인 상황에서 수입 규제를 할 수 있는 법적 근거가 WTO 협정 체계로 마련되어 있다. 수입국 경제의 태생적인 문제로 인해 '산업 구조 조정 등'이 필요한 경우에 예외, 한시적으로 공정 무역을 제한하는 것이다. 수입국 정부는 경제 위기 타개를 위해 세이프가드safeguards, SG 조사를 통해 국내 산업 구조 조정 등에 필요한 수준만큼 세이프가드 관세나 세이프가드 쿼터를 설정할 수 있다.

이상의 세 가지 통상 규제 영역에 대해서는 별도의 장에서 후술하기로 한다.

2장
수출 기업의 저가 수출?
반덤핑 규제 대응

진리를 사상 체계의 제1덕목이라고 한다면 정의는 사회 제도의 제1덕목이다. 이론이 아무리 정치하고 간명하다 할지라도 그것이 진리가 아니라면 배척되거나 수정되어야 하듯이, 법이나 제도가 아무리 효율적이고 정연하다 할지라도 그것이 정당하지 못하면 개선되거나 폐기되어야 한다 … 우리가 결함 있는 이론을 그나마 묵인하게 되는 것은 그보다 나은 이론이 없을 경우인데, 이와 마찬가지로 부정의는 그보다 큰 부정의를 피하기 위해 필요한 경우에만 참을 수 있는 것이다.

- 롤즈의 〈정의론〉 中 -

반덤핑anti-dumping, AD 규제는 저가 판매 혐의가 있는 해외의 수출 기업을 상대로 반덤핑 관세라는 형태로 수입국 내에서의 사업 활동을 제한한다는 측면에서 경제적 가치를 재분배하는 효과가 있다. 규제를 받는 수출 기업은 수입국 내에서 창출 가능했던 경제적 이득이 반덤핑 관세라는 형태로 수입국 정부의 국고로 이전, 환수되는 사외社外 유출을 경험하게 된다. 반면에, 반덤핑 규제라는 보호 우산 아래에 있는 국내 기업은 해당 수입국 내에서 판매되는 역외域外 수출 기업의 제품 가격이 반덤핑 관세액만큼 인상됨에 따라 상대적으로 판가 우위를 점할 수 있게 되고 이를 통해 경제적 이득도 확대할 수 있다. 그렇다면 반덤핑 관세를 통한 이와 같은 경제적 이득의 재분배는 과연 정당한 것일까?

반덤핑과 사회 후생, 그리고 기업 대응

이와 관련, 美 하버드 대학교의 정치 철학 교수이자 윤리학자였던 존 롤즈 John Rawls(1921~2002)는 사회적 가치의 재분배와 관련된 논의의 좋은 출발점을 제공하고 있다. 분배의 정의distributive justice에 관한 현대적 논의의 시작이자 끝 이라고 말할 수 있을 정도로 막강한 영향력을 행사해 온 롤즈는, 그의 <정의론 A Theory of Justice(1971)>에서, 최저 수혜자의 후생을 극대화하는 방향으로 사회 적 가치가 재분배되어야 한다는 '최소 극대화 원칙maximin principle'을 주장했다. 어떤 사회 내의 최저 빈곤층의 생활 수준을 가능한 범위 내에서 최대 한도로 개 선시키는 것이 사회적으로 정의로우면서도 최우선 과제라는 것이다.

사회의 기본 구조, 구성원 사이의 서열에 대한 어떤 합의, 원칙도 없는 '원 초적 상황original position' 또는 '무지의 장막veil of ignorance'의 상황에서, 사람들은 위험을 기피하는 태도를 보일 수밖에 없고, 결국 그 밑으로는 더 이상 떨어질 수 없는 일종의 안전망safety net에 합의하게 된다. 롤즈의 최소 극대화 원칙을 자 유주의와 양립 가능한 범위 내에서의 사회 안전망의 극대화로 요약한다면, 반덤 핑 규제도 같은 시각에서 이해될 수 있다.

자유 무역의 전 세계적 확대는 국경의 장벽을 허물며 시장 내 경쟁을 글로 벌화한다. '국가'라는 우산과 '국경'이라는 울타리 아래에서 보호받던 기업들은 더 이상 생존의 확실성을 담보할 수 없게 된다. 일국一國의 폐쇄 경제closed economy 안에서 고가高價의 가격 정책을 유지하면서 시장을 지배했던 강자, 일류 기업들이 글로벌 무한 경쟁의 개방 경제open economy 아래에서는 저가의 수입 제품들에 의해 언제든지 약자, 파산 기업으로 전락할 수 있기 때문이다. 반덤핑 규제는, 이러한 국제적 '원초적 상황' 혹은 '무지의 장막'의 상황에서, 국가 공동 체 내의 대표적인 경제적 행위 주체인 기업을 보호하는 일종의 안전망safety net 역할을 하고 있다고 할 수 있다.

이렇듯 반덤핑 규제가 국내 생산자에 대한 하나의 안전망으로서 역할하고 있다면, 국내 소비자에 대한 고려는 없어도 되는 것일까? 한 나라의 사회적 후생 social welfare은 생산자 후생producer welfare과 소비자 후생consumer welfare으로 구 성된다. 그리고, 경쟁력 있는 저가 수입 제품들은 국내 생산자에게는 생존의 위협으로 다가오지만, 국내 소비자에게는 더 좋은 제품을 더 싼 가격에 살 수 있는 선택 가능성의 확대를 의미한다. 그러나 WTO는 '반덤핑 무역 구제 제도 vs. 소비자 선택 가능성의 제한' 사이의 관계에 대해 명시적으로 결론을 내리지 못하고 있다. 인류는 현재까지 생산자 후생뿐만 아니라 소비자 후생의 증대도 도모할 수 있는 더 나은 안전망 체계를 고안해 내지 못한 것이다.

소비자 후생과 EU의 'EU 이익' 심사

WTO 반덤핑 협정은 협정이 규율하는 '이해 당사자interested parties'로 소비자, 소비자 단체를 포함하고 있지 않다. 협정이 명시적으로 규정하고 있는 '이해 당사자'는, 민간 부문에서는 생산 / 수출 / 수입 업체, 유관 협회이고, 공공 부문에서는 정부 당국이다(협정 6.11조同 6.11조의 '이해 당사자' 정의가 예시적 성격임에는 유념). 단지, 수입국 내 소비자, 소비자 단체가 반덤핑 조사 절차에서 의견을 제시할 수 있음만을 규정하고 있다(협정 6.12조). 결국 WTO 반덤핑 협정은 반덤핑 규제에 따른 소비자 선택 가능성의 제한 및 소비자 후생 저하에 대해 침묵하고 있는 것이다. 이와 관련된 미국 및 EU의 입법례立法例를 살펴 보면 다음과 같다.

1. 미국: 美 관세법Tariff Act of 1930 771(9)조

미국은 美 관세법 771(9)조에서 '이해 당사자'를 정의하고 있다. 큰 틀에서 보면, 美 법령은 WTO 반덤핑 협정에 규정된 '이해 당사자' 개념과 같은 견지에 서 있다. 즉 소비자, 소비자 단체를 이해 당사자로 보지 않는 것이다. 반면에, 美 국내 산업과 관련된 '노조 또는 노동자 단체union or group of workers'를 이해 당사자 중의 하나로 정의하고, 이들에게 반덤핑 제소 자격도 부여하고 있는 것은 특징적이라고 하겠다(美 관세법 771(9)(D)조).

2. EU: EU 규정 2016 / 1036EU Regulation 2016 / 1036 21조

EU는, 미국과는 달리, '이해 당사자'를 일원적으로 정의하는 별도의 규정이 없다. 따라서, EU의 반덤핑 절차에서 '이해 당사자'는 WTO 반덤핑 협정 6.11조의 '이해 당사자' 조문에서 제시하고 있는 예시적 정의와 같은 맥락에서 이해될 수 있을 것이다. 반면에, 총 28개의 회원국'19.9월말 현재으로 구성된 초국가 통합체로서의 특성상, EU는 반덤핑 규제 시행 시의 'EU 이익union interest' 침해 여부를 별도로 종합 심사할 것을 주문하고 있다.

EU 규정 2016 / 1036^{Regulation 2016 / 1036} 21조에 따르면, EU 관할 당국이 'EU 이익'의 침해 여부를 반덤핑 규제 발동과 관련해 판단하는 경우, 생산자, 생산자 단체의 이익뿐만 아니라 소비자, 소비자 단체의 이익도 고려해야 한다("…determination as to…Union's interest…shall be based on…all the various interests taken as a whole, including the interests of the domestic industry and users and consumers…"). 그렇지만, 소비자, 소비자 단체의 이익을 어느 정도까지 고려할 것인지는 여전히 EU 규제 당국의 재량 사항이라고 할 것이다.

결국 WTO 협정이나 주요국들의 입법은 국내 생산자 이익의 보호에 집중하고 있고 국내 소비자의 이익은 상대적으로 경시되고 있다고 할 수 있다. 반덤핑 규제가 시행되는 경우, 그 규제되는 제품의 역내 판가는 상승하고 이에 따라 소비자의 선택 가능성도 제한된다. 이것은 역외 수출자가 아닌 수입국 내 소비자가 반덤핑 규제의 최대 피해자가 될 수 있음을 뜻한다. 이런 까닭에, 최저 수혜자의 후생을 극대화하는 방향으로 사회적 가치가 재분배되어야 한다는 롤즈의 '최소 극대화 원칙^{maximin principle}' 처방은 현재의 반덤핑 무역 구제 제도에 많은 시사점을 제공하고 있다.

현재의 반덤핑 무역 구제 제도가 최선^{first best}의 규범은 아닐지라도 최선의 이정표를 찾아가는 차선^{second best}의 규범이라는 냉철한 인식 속에서, 반덤핑 조사 및 규제와 관련해 민간 대응 영역에서 전개되는 일련의 과정, 절차들을 '반덤핑 조사 절차도'라는 개념적 프레임^{frame}을 논의의 기초로 삼아 살펴 보기로 하자.

다음의 [표 2.1]에는 반덤핑 조사 절차가 총 9단계로 구분되어 있다. 반덤핑 조사 및 규제를 위해서는, 먼저 수입국 내 현지^{local} 업체에 의한 제소 또는 청원이 있어야 한다(1단계^{규제 당국의 직권 조사에 대해서는 후술}). 수입국 내 규제 당국은 해당 업체의 제소 내지 청원의 적정성을 심사한 후 법적인 하자가 없고 그 타당성이 인정되는 경우에 한해 조사를 개시하게 된다(2단계). 이후, 수입국 규제 당국은 불공정 저가 수출 여부 및 이에 따른 역내 피해 여부에 대한 심사를 위해 역외 수출 업체들에게 질문서를 교부하고(3단계), 질문서를 수취한 역외 수출 업체들은 규제 당국의 질문 사항들에 대해 답변서를 제출해야 한다(4단계). 역외 수출 업체가 제출한 同 답변서를 기초로, 수입국 규제 당국은 현장 실사 및 공청회 절차를 거쳐 제출된 답변서의 적정성을 검증하고 제 / 피소 이해 당사자들의 의견을 수렴, 불공정 수출 여부 및 이에 따른 역내 피해 여부를 종합 심사하게 된다(5단계).

표 2.1 반덤핑 조사 절차도

이러한 1차 종합 심사 결과는 수입 규제 여부에 대한 수입국 당국의 잠정 결론인 예비 판정으로 나타나게 되고(6단계), 同 예비 판정에 따라 예비적 관세 추징으로 대표되는 잠정 조치가 시행된다(7단계). 예비 판정 및 잠정 조치에 대해 이의가 있는 제/피소 이해 당사자들은 추가적인 자료 제출 및 의견 소명을 하게 되고5단계 현장 실사/공청회 절차의 연속, 규제 당국은 반덤핑 규제와 관련된 역 내외 수출입 물동, 산업 내 구조 및 이해 당사자 의견을 2차 종합 검토해 최종적으로 판정을 내리게 된다(8단계). 그리고 이러한 최종 판정 결과는 확정적인 통상 규제인 반덤핑 관세 추징으로 귀결된다(9단계). 반덤핑 조사 및 규제를 받는 수출 기업으로서는 예비 과세인 7단계 잠정 조치와 확정 과세인 9단계 최종 규제가 사외 유출 및 손익 악화를 결과하는 까닭에 다른 어떤 조사 단계들보다 실질적인 의미를 갖게 된다.

누가, 무엇을? 제소 적격과 위반 입증

표 2.2 반덤핑 제소 Frame

　　앞의 반덤핑 조사 절차도에서 살펴본 것과 같이, 반덤핑 규제의 단초가 되는 도화선은 수입국 내 현지local 제조사의 제소이다. 국가 간 갈등에 있어서 일방 국가의 타방 국가에 대한 '선전 포고declaration of war'가 전쟁의 개시를 알리는 것과 마찬가지로, 기업 간 경쟁에 있어서도 수입국 내 현지 업체의 역외 수출 기업에 대한 반덤핑 제소는 피소되는 업체의 입장에서 볼 때 글로벌 사업 경쟁에 있어서의 하나의 '선전 포고'로 인식된다. 현지 업체에 의한 제소장 제출은 기업 간 전쟁의 서막을 알리는 악의적 신호vicious signal로 받아들여지는 것이다.

　　이러한 현지 업체에 의한 반덤핑 제소와 관련, 앞의 [표 2.2]에는 반덤핑 조사 절차의 첫 단계인 반덤핑 제소AD petition에 관련된 법적 골격이 도식화되어 있다. 결론적으로, 반덤핑 무역 구제를 청원하기 위해서는, '누가by whom', '무엇을for what' 제소할 것인가의 문제가 개재된다.

먼저, '누가by whom' 제소할 것인지의 문제이다. 반덤핑 조사를 위해서는 반덤핑 제소를 청원하는 주체가 있어야 하고, 그러한 청원권자는 반덤핑 제소를 위한 법적 요건을 갖추어야 한다. 이는 형식적formal 측면에서의 '제소 적격 eligibility of petition or standing'의 문제라고 할 수 있다. 이와 관련, WTO 반덤핑 협정은 역내 업체의 신청에 의한 조사 개시를 명문화하고 있지만협정 5.4조, 조사 당국의 직권에 의한 조사도 배제하지는 않고 있다협정 5.6조. 반덤핑 절차는 신청 조사 개시를 원칙으로 하되, 별단의 사유가 있는 한 직권 조사도 예외적으로 인정된다고 할 수 있다. 신청 조사, 직권 조사와 관련된 상세화된 논의는 후술하기로 한다.

다음으로, '무엇을for what' 제소할 것인가의 문제이다. 반덤핑 청원권자는 구체적인 피해 상황을 적시해 관할 당국에 제소장을 제출해야 하고, 피해 사실을 입증하지 못한다면 반덤핑 제소는 유산될 것이고 제소장 제출 자체도 무의미해질 것이다. 이는 실질적substantial 측면의 '위반 입증proof of violation'의 문제로 압축된다. 이에 대해, WTO 반덤핑 협정은 세 가지의 법적 요건을 요구하고 있다. 제1요건으로는 저가 수출, 즉 덤핑이 존재해야 하고(existence of dumping협정 2조), 제2요건으로는 수입국 내에 산업 피해가 있어야 하며(material injury협정 3조), 제3요건으로는 저가 수출 vs. 산업 피해 사이에 인과 관계가 있어야 한다(causal link협정 3 & 5조). 이러한 제1~3요건은 반덤핑 위반 입증의 3대 요소라고 할 수 있다. 同 위반 입증의 3대 요소에 대한 구체적인 내용에 대해서는 뒤에서 상술하기로 한다.

반덤핑 제소와 관련된 이러한 '제소 적격eligibility of petition or standing', '위반 입증proof of violation'의 이슈는 제소 업체측이나 피소 업체측에게 모두 중요하다. 이 둘은 반덤핑을 둘러싼 기업 간 전쟁의 현실화 가능성, 다시 말해 반덤핑 전쟁의 잠재 리스크를 가늠할 수 있는 핵심적인 판단의 기준이 되기 때문이다. '제소 적격'을 충족하지 못할 경우에 해당 제소는 형식 요건의 흠결, 즉 '각하제소의 법적 흠결' 영역에서 좌초될 것이고, '위반 입증'을 충족하지 못할 경우에도 실체 요건의 하자, 즉 '기각제소의 이유 없음' 영역에서 유산될 것이다. 반덤핑 제소가 수입국 관할 당국에 의해 정상적으로 인용, 조사 및 규제화되기 위해서는 '제소 적격', '위반 입증'의 이슈가 사전적으로 거세되어야 한다.

제소 적격을 위한 25 & 50% 준칙

앞서 약술된 것과 같이, WTO 반덤핑 협정은 반덤핑 조사를 개시하기 위한 선행 절차로서 '역내 업체의 신청'과 '조사 당국의 직권'이라는 두 가지 방식을 명문화하고 있다. 첫째는, 역내 업체의 신청에 의한 조사, 즉 신청 조사이다.

다음의 [표 2.3]의 우측에는 반덤핑 조사의 두 가지 방식이 요약되어 있다. 전통적으로 혹은 원칙적으로, 반덤핑 조사는 수입국 내의 역내 업체의 신청 내지 청원, 다시 말해 현지 제조사의 제소에 근거해 후속 절차가 진행된다. 그렇다면 현지 제조사란 무엇이고, 현지 제조사가 법적 흠결 없이 제소하기 위해서는 어떤 요건을 충족해야만 하는 것일까?

WTO 반덤핑 협정상 현지 제조사는 '국내 산업domestic industry'을 뜻하고, 여기서 국내 산업은 '국내 생산자 전체domestic producers as a whole' 또는 '상당 부분을 점하는 국내 생산자들major proportion of total domestic production'을 지칭한다(협정 4.1조). 이러한 법적 개념 위에서, 실무적으로 반덤핑 제소는 세 가지 레벨에서 이루어진다. 지배적인 현지 제조사가 '단독'으로 제소하는 경우를 1차 레벨이라고 한다면, 그 2차 레벨은 현지 제조사들이 연합해 '공동' 제소하는 것이다. 3차 레벨은 현지 제조사들의 공동 의견 창구인 제조사 '협회' 혹은 이에 준하는 단체를 통한 제소이다. 요약하면, 1차 레벨은 단독 방식인 단독 명의 제소, 2차 레벨은 연합 방식인 공동 명의 제소, 3차 레벨은 단체 방식인 협회 명의 제소라고 할 수 있다.

이러한 1~3차 레벨의 제소 방식 중에서 어떤 대안을 선택할 것인지는 현지 제조사들의 이해 관계 및 이익 상황에 따라 달라진다. 현지 제조사들 모두가 반덤핑 제소에 찬성한다면 어떤 방식을 선택하더라도 반덤핑 제소 의지를 관철하는 데에는 차이가 없다. 그러나 반덤핑 제소에 대한 현지 제조사들의 입장이 일부는 찬성, 일부는 반대, 일부는 기권으로 나뉘는 경우에는 어느 수준까지를 '상당 부분을 점하는 국내 생산자들major proportion of total domestic production'로 볼 것인가라는 법적 이슈가 쟁점화된다. 이런 까닭에, WTO 반덤핑 협정은 '25 & 50% 준칙rule'을 명문화하고 있다.

현지 제조사들이 덤핑 수출이 의심되는 역외 경쟁사들을 제소하기 위해서

표 2.3 **신청 조사 vs. 직권 조사**

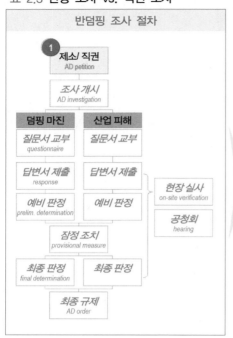

반덤핑 조사 절차

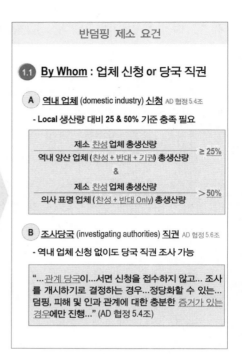

반덤핑 제소 요건

는 현지 생산량 대비 25 & 50%라는 요건의 충족이 필요하다. 먼저, 앞의 [표 2.3]의 우측 상단에 수식화되어 있는 것과 같이, 반덤핑 제소에 찬성하는 업체, 그에 반대하는 업체, 의사를 표명하지 않는 기권 업체를 모두 포함한 수입국 내 현지 제조사들의 총 생산량 대비 제소에 찬성하는 업체들의 생산량 비중이 '25% 이상not less than 25 percent'이어야 한다(25% Rule, WTO 반덤핑 협정 5.4조). 또한 반덤핑 제소에 찬성하는 업체와 그에 반대하는 업체의 총 생산량 대비로는 제소에 찬성하는 업체의 생산량 비중이 '50% 초과more than 50 percent'이어야 한다(50% Rule, WTO 반덤핑 협정 5.4조). 그리고 이러한 현지 생산량 대비 '25% 준칙'과 '50% 준칙'은 동시에 충족되어야 한다(양자 택일인 'OR'가 아닌 병행 충족인 'AND' 요건, WTO 반덤핑 협정 5.4조).

좀더 간명하게 보면, WTO 반덤핑 협정에 명문화된 '25 & 50% 준칙'은, 현지 총 생산량의 1/4 이상은 되어야 반덤핑 제소를 위한 현지 제조사로서의 대표성representativeness을 인정할 수 있다는 것이고, 반덤핑 찬반 투표에서, 기권 업체의 총 생산량은 제외하고, 찬성 업체의 총 생산량이 반대 업체의 총 생산량보다 조금이라도 더 많아야 한다는 것이다. 19세기 독일의 법학자인 예링Rudolf von Jhering

(1818~92)이 남긴 널리 알려진 법언法諺이 있다. "권리 위에 잠자는 자는 보호받지 못한다those who sleep on their rights are not protected". WTO 반덤핑 협정에서 '50% 준칙'을 규정함에 있어서, 의사를 표명하지 않는 기권 업체의 총 생산량을 제외하고 있는 것도 그들이 권리 위에 잠자는 자이기 때문이라고 할 수 있다.

반덤핑 제소를 의도하는 어떤 현지 제조사가 반덤핑 제소장을 제출하기 위해서는 이와 같은 역내 의견 교환 및 수렴 과정이 선행되어야 한다.(1단계 제소 적격). 그러나 이러한 의견 협의 절차를 통해 역내 제조사들 사이에 반덤핑 제소에 대한 컨센서스consensus가 이루어졌다고 하더라도, 반덤핑 제소장 내에는 제소자측 주장 덤핑 마진율 등 불공정 수출에 대한 공신력 있는 입증이 별도로 문서화되어야 한다 (2단계 위반 입증). 때문에, 반덤핑 제소 및 조사 개시는 피소 업체 입장에서 보면 예상치 못한 갑작스런 사건으로 인지될 수 있을지라도, 반덤핑 제소 업체 입장에서 보면 제소장 제출을 위해 상당한 인적, 물적 자원의 투입이 필요하다. 반덤핑 제소장 제출을 위해서는 통상 약 1년 안팎의 사전 준비 기간이 필요하다.

이런 맥락에서, 해외 현지 영업 채널 및 통상 로펌 네트워크를 통한 정기적인 통상 동향 정보 입수는 글로벌 사업을 영위하는 수출 기업 입장에서 여러모로 유용하다. 현지 경쟁사가 약 1년 동안 반덤핑 제소를 준비하는 과정에서, 반덤핑 제소와 관련된 각종 정보 및 루머rumor들이 해외 현지 시장, 통상 로펌 업계 내에서 유통되는 경우를 종종 발견할 수 있기 때문이다. 정보의 사전 포착은 대응에 필요한 인적, 물적 자원의 확보를 가능하게 한다. 뿐만 아니라, 반덤핑 규제가 현실화되는 경우 기업 차원에서 전략적으로 어떻게 대응할 것인지에 대해서도 충분히 고민하고 준비할 수 있는 숨쉴 수 있는 공간breathing space을 제공해 준다.

앞의 [표 2.3]의 우측 하단으로 돌아가 보면, 지금까지 논의된 '신청 조사' 외에 '직권 조사'가 명기되어 있음을 확인할 수 있다. 전통적으로 반덤핑 조사의 발의는 현지 업체의 고유 영역이라고 할 수 있지만, 현지 업체의 신청이 없다는 것 자체가 불공정 규제의 사각 지대blind spot를 용인하는 것일 수는 없다. 이런 까닭에, WTO 반덤핑 협정은 역내 업체의 신청이 없더라도 관할 당국에서 직권으로 조사할 수 있음을 명문화했다(협정 5.6조). 이 경우 직권 조사는 그것을 개시할 충분한 증거sufficient evidence of dumping, injury & causal link가 있는 경우로 한정된다.

이와 관련, 2017년 1월 美 트럼프 행정부가 출범하면서 美 상무부 장관에 취임한 윌버 로스Wilbur Ross(1937~)의 취임 前 인터뷰 기사는 많은 생각할 거리를 시사해 주고 있다. 그는 본서 2부 6장의 「트럼프 4두 마차 체제와 피터 나바로 위원장」에서 별도로 소개될 美 국가무역委NTC, national trade council의 초대 위원장이자 무역 제조 정책 사무국장OTMP(office of trade & manufacturing policy) director인 피터 나바로Peter Navarro(1949~)와 함께 트럼프 대통령의 '美 우선주의America First' 통상 공약을 작성한 인물이다.

우리에게 글로벌 신용 평가 기관으로 널리 알려진 S&PStandard & Poor's, 스탠다드앤푸어스社의 2017년 1월 18일자 기사에 따르면(다음의 [표 2.4]), 윌버 로스는 그의 상무부 장관 취임 前 인터뷰에서 반덤핑, 상계 관세와 관련된 美 상무부의 직권 조사 권한ability to self-initiate을 능동적으로 사용proactive stance할 계획임을 선언했다. 對 미국 교역에 있어서의 불공정 교란자들cheaters에 대해 美 정부 차원에서 강력한 메시지를 전하는 동시에 미국의 국익이 정당하지 않은 방식으로 훼손되는 것을 좌시하지 않겠다는 것이다.

그리고 그의 이러한 단언은 10개월 뒤에 현실화되었다. 2017년 11월 28일

표 2.4 **美 상무부의 직권 조사 강화**

윌버로스(Wilbur Ross) 美 상무부 장관
* 출처: 美 백악관(https://www.whitehouse.gov/)

US Commerce **Secretary-nominee Ross** says to be proactive against dumping
Pittsburgh (Platts) -18 Jan 2017 504 pm EST/2204 GMT

...President-elect Donald Trump's nominee for commerce secretary, Wilbur Ross, Wednesday said he ✓planned to use the department's ability to self-initiate antidumping and countervailing duty investigations to send a message to foreign manufacturers - a proactive stance that steel industry executives have long encouraged.

"I like the idea of occasionally using self-initiation by the Department of Commerce to bring these cases," Ross said at his televised confirmation hearing. "We're not going to self-initiate every case. We don't have the staffing to do it, but I think by picking strategic cases and initiating cases them it will ... send a message to the other side that we're getting more serious about this. Second, it would definitely accelerate the process."

Ross, 79, is an investor known helping to restructure companies, including steel companies, and has operated businesses in 23 countries.

At the hearing, Ross called himself "an activist," and said self-initiating antidumping and countervailing duty investigations would help small companies that have a harder time gathering the funding and data to bring forth a case. Self-initiating trade cases would send a message that the US government will more aggressively combat cheaters....

- Estelle Tran, estelle.tran@spglobal.com
- Edited by Richard Rubin, richard.rubin@spglobal.com

* 출처: S&P社(https://www.spglobal.com/)

美 상무부는 미국으로 수출되는 중국산 알루미늄판aluminum sheet에 대해 반덤핑, 상계 관세 조사를 직권으로 발의, 조사 개시했다. 이러한 美 상무부의 직권 조사 개시는 반덤핑 영역에서는 32년만에 처음, 상계 관세 영역에서는 26년만에 처음이다. 반덤핑 영역에서는 1985년 일본산 반도체semiconductor에 대한 직권 조사 이후 처음이고, 상계 관세 영역에서는 1991년 캐나다산 연목재softwood에 대한 직권 조사 이후 처음인 것이다세이프가드 영역에 있어서는 2002년 美 부시(George W. Bush, 1946~) 행정부의 철강 세이프가드 규제 이후 16년만에 처음으로 2018년 美 트럼프(Donald John Trump, 1946~) 행정부에서 세탁기 / 태양광 세이프가드 규제를 발동.

　　산업계의 청원 없이 진행되는 수입국 당국의 직권 조사는 특정 국가, 특정 기업을 대상으로 하는 '기획企劃 조사', '하명下命 조사'라는 정치성을 내포하고 있어, 국가 간 통상 분쟁을 더욱 악화시키는 역逆기능을 잉태하고 있다. 앞의 [표 2.4]에서 제시된 S&P社의 기사에서, 윌버 로스 자신도 '전략적인 견지에서 직권 조사를 활용할 것by picking strategic cases'임을 공언했다. 직권 조사에 직면하게 되는 역외 수출 기업으로서는 성실하게 최선을 다해 해당 조사에 참여, 대응해야 하겠지만, 조사 당국 재량에 의한 직권 조사는 규제의 형평성 측면에서 또다른 불공정을 야기할 수 있다는 점을 명확히 인지하고 있어야 할 것이다.

위반 입증의 제1요건, 저가 수출로서의 덤핑의 존재

　　본서 2장에서는 「누가, 무엇을? 제소 적격과 위반 입증」이란 제목 아래에, 반덤핑 제소를 위해서는, 형식적 측면의 '제소 적격eligibility of petition or standing'의 요건 외에도 실질적 측면의 '위반 입증proof of violation'의 요건이 충족되어야 함을 소개한 바 있다. 그리고 그 제1요건으로는 저가 수출, 즉 덤핑이 존재해야 하고 (existence of dumping협정 2조), 제2요건으로는 수입국 내에 산업 피해가 있어야 하며(material injury협정 3조), 제3요건으로는 저가 수출 vs. 산업 피해 사이에 인과 관계가 있어야 한다(causal link협정 3 & 5조)는 내용도 간략히 언급되었다. 그리고 이러한 제1~3요건을 반덤핑 위반 입증의 3대 요소로 규정지었다. 이하에서는 '제소 적격'에 관한 앞 절의 「제소 적격을 위한 25 & 50% 준칙」의 논의의 연장선 위에서, '위반 입증'의 제1~3요건을 '제소 업체의 공격 vs. 피소 업체의 방어'의 관점에서 관련 사례를 포함해 살펴 보기로 한다.

반덤핑 위반 입증의 제1요건: 덤핑의 존재 existence of dumping

먼저, 반덤핑 위반 입증의 제1요건으로서의 '덤핑의 존재 existence of dumping'이다. 덤핑, 즉 저가 수출 혐의를 주장하려면 판단의 준거가 되는 '기준 제품 basis product'과 '기준 가격 basis price'이 있어야 한다. 덤핑에 대한 공방은 어떤 제품을 어떤 판가에 수출했느냐의 문제인 까닭에, 우선 '덤핑 제품'이 있어야 하고, 다음으로 그 덤핑 제품의 '덤핑 판가'가 있어야 하는 것이다. 기준 제품과 기준 가격이 설정되고 나면 기준 제품의 기준 가격을 상회해 수출된 제품은 정상 판매가 될 것이고, 기준 제품의 기준 가격을 하회해 수출된 제품은 덤핑 판매가 될 것이다.

이에 대해, WTO 반덤핑 협정은 '덤핑 제품'에 대한 기준 제품 basis product으로는 '동종 제품 like product'을, '덤핑 판가'에 대한 기준 가격 basis price으로는 '정상 가격 normal value, NV'을 제시하고 있다. WTO 반덤핑 협정은 수출 가격이 '동종 제품 like product'의 정상 거래에서의 in the ordinary course of trade 비교 가능한 가격 comparable price보다 낮은 경우, 즉 수출 가격이 '정상 가격보다 낮은 경우 less than normal value, LTNV' 덤핑이 있는 것으로 간주하고 있다(협정 2.1조).

수출 가격의 '덤핑 수준 degree of dumping'은 기준 제품으로는 '동종 제품 like product'을, 기준 가격으로는 '정상 가격 normal value'을 사용해 산정된다. 그리고 그 결과는 '덤핑 마진 dumping margin, DM'의 형태로 나타난다. 덤핑 마진은 저가 수출의 정도를 계량화한 것으로서, 역외 수출자가 수입국 내 시장 확대를 위해 불공정하게 희생한 기업 이윤을 뜻한다. WTO 반덤핑 협정은 덤핑 마진 2% 미만인 경우 less than 2 percent를 무혐의 de minimis, 미소로 간주하고 있다(협정 5.8조).

이러한 '덤핑 무혐의 기준 de minimis criteria, 미소 기준'과 관련해, WTO 반덤핑 협정은 '가격' 무혐의 기준과 '물량' 무혐의 기준을 모두 규정하고 있다. '가격' 무혐의 기준은 전술된 것과 같이 '덤핑 마진 2% 미만 less than 2 percent'이고, '물량' 무혐의 기준은 '수입 물량 3% 미만 less than 3 percent'이다단, 수입 물량 3% 미만국이 다수인 경우에는 그 다수국의 총 비중이 수입 물량의 7% 이하(not more than 7 percent)여야 한다(협정 5.8조). 그러나, 이 두 가지 무혐의 기준 중에서 글로벌 기업의 입장에서 실질적인 의미를 갖는 것은 '가격' 무혐의 기준뿐이다.

특정 제품의 특정 국가 내 수입 비중이 물량 기준 3% 미만이라는 것은 해당 제품의 해당 국가에서의 시장 점유율market share, MS도 3% 미만임을 뜻하는 것이고, 이는 글로벌 전체 사업의 관점에서 매력적이지도, 유의미하지도 않다. 뿐만 아니라, WTO 반덤핑 협정은 '물량' 무혐의 기준에 대해 법문法文상 단서를 달고 있다. 수입 물량 3% 미만은 '통상적으로normally' 무혐의로 간주된다는 것이다(협정 5.8조). 이는 규제 당국의 재량권 행사가 있는 경우에 '물량' 무혐의 기준 자체가 변경될 수 있음을 의미하는 것이다. 이런 까닭에, 실무상 유의미한 덤핑 무혐의 기준은 '가격' 무혐의 기준인 '덤핑 마진 2% 미만' 뿐이라고 하겠다.

이상의 논의는 다음의 [표 2.5]로 요약된다.

표 2.5 위반 입증의 제1요건: 덤핑 존재

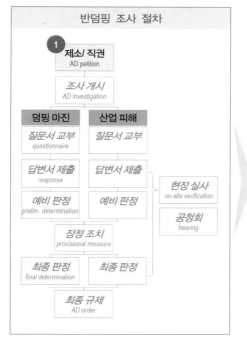

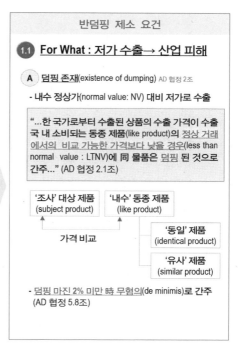

기업의 상거래 가격은 판매 채널channel of distribution별로 다양하게 형성된다. 이 판매 채널channel of distribution은 판매 흐름의 관점에서 크게 4개의 거래 당사자를 포함하고 있는데, '제품 제조사manufacturer → 도매 유통사wholesaler or distributor → 소매 유통사retailer → 최종 소비자end user'가 그것이다.

그런데, 앞선 논의에서 덤핑dumping은 '수출 가격'이 '정상 가격normal value'보다 낮은 경우로 정의되었다. 그렇다면, 이 '수출 가격'과 '정상 가격normal value'은 판매 흐름의 관점에서 어떤 거래 당사자가 어떤 거래 당사자에게 공급하는 가격을 그 출발점으로 하는 것일까? 이에 대한 답을 얻기 위해서는, 상거래 가격의 3대 유형인 Sell−in / Sell−thru / Sell−out 가격에 대한 이해가 선행되어야 한다.

1. Sell-in 가격Sell-in Price: 제품 제조사 → 도매 유통사

Sell−in 가격sell-in price은 제품 제조사manufacturer가 도매 유통사wholesaler or distributor에게 공급하는 판가이다. 글로벌 기업의 해외 사업 영역에서 발견되곤 하는 것이 일반적이다. 글로벌 기업이 자체적으로 설립한 판매 법인 없이 어떤 해외 판매국 내에서 사업을 영위하게 되는 경우에, 해당 현지의 지배적인 도매 유통사wholesaler or distributor로 하여금 현지 판매를 대행케 하는 것이 유리하기 때문이다.

2. Sell-thru 가격Sell-thru (through) Price: 도매 유통사 → 소매 유통사

Sell−thru 가격sell-thru (through) price은 도매 유통사wholesaler or distributor가 소매 유통사retailer에게 공급하는 판가이다. 도매 유통사wholesaler or distributor가 판매 권역 내 거점을 모두 확보할 수 없거나 확보하기 어려운 경우에 발생하고, 도매 유통사wholesaler or distributor의 영세성이 가장 큰 원인 중의 하나라고 할 수 있다. 유통 채널channel of distribution이 거대화, 선진화되지 못한 개도 / 후진국에서 많이 발견된다.

3. Sell-out 가격Sell-out Price: 소매 유통사 → 최종 소비자

Sell−out 가격sell-out price은 소매 유통사retailer가 최종 소비자end user에게 공급하는 판가이다. 우리 나라의 하이마트Hi-Mart 매장에서 일반 소비자를 대상으로 판매하는 삼성이나 LG 전자 제품의 '소비자가retail price'가 이에 해당된다.

위에서 세 가지 범주로 개념화된 Sell – in / Sell – thru / Sell – out 가격은 비즈니스의 세계에서는 복합, 중층적인 형태로 나타난다. 예컨대, 제품 제조사manufacturer가 온라인on-line 채널 등 새로운 판매 채널을 통해 소매 유통사retailer 없이 최종 소비자end user에게 직접 공급할 수도 있다. 그러나, 이러한 경우에도 최종 소비자end user 앞으로 판매되는 '소비자가retail price'라는 점에 있어서는 변함이 없다. 결국 Sell – in / Sell – thru / Sell – out 가격을 현실 비즈니스의 관점에서 본다면 그 구체적인 분할 기준dividing criteria은 해당 거래에 있어서 '구매자purchaser'가 누구인가에 있다고 할 것이다.

이제 덤핑dumping 판단에 있어서 '수출 가격'과 '정상 가격normal value'이 Sell – in / Sell – thru / Sell – out 가격 가운데 어떤 판가를 그 출발점으로 하는지 답해 보자. 무엇일까? 정답은 Sell – in / Sell – thru / Sell – out 가격 모두 가능하다. 좀더 구체적으로는 '구매자purchaser'가 누구인지에 따라 달라진다. 주어진 내수 / 수출 거래의 구매자purchaser가 제품 제조사로서의 반덤핑 피소사와는 아무런 관계가 없는 '독립 고객independent customer'이라면 이 독립 고객independent customer에게 판매된 가격이 덤핑 판단의 출발점이 된다. 반면에, 주어진 내수 / 수출 거래의 구매자purchaser가 제품 제조사로서의 반덤핑 피소사와 관련된 '관계 회사affiliated company'라면 독립 고객independent customer이 구매자purchaser로 등장하는 거래가 나타날 때까지 거래 단계를 연쇄 추적하게 된다.

결국, 덤핑dumping 판단에 있어서 '수출 가격'과 '정상 가격normal value'의 출발이 되는 가격은 '독립 고객independent customer'에게 판매된 가격이다. 그리고, 우리 나라 대기업에 있어서 '관계 회사affiliated company'란 공정委공정거래위원회, Korea Fair Trade Commission(KFTC)가 지정하고 있는 '기업 집단 및 계열 회사'로 이해하면 간명할 것이다. 다시 말해, '삼성 그룹', 'LG 그룹' 등의 계열 집단이 '관계 회사affiliated company'인 것이다. 따라서, 덤핑 판단의 출발 가격은 '삼성發 판가('Out of Samsung' Price)', 'LG發 판가('Out of LG' Price)' 등으로 명명될 수 있다. 단, 호주 등 일부 국가들에 있어서는 제품 제조사manufacturer의 공급 판가인 'Sell – in' 가격만을 덤핑 판단의 출발점으로 삼고 있음에 유념할 필요가 있다.

덤핑 대상 제품의 범위와 그 대표성

앞 절의 [표 2.5]의 우측 하단에는 덤핑 마진 산정에 사용되는 '기준 제품 basis product'으로서의 '동종 제품like product'에 대한 이해를 돕기 위해 약식 도표가 제시되어 있다. 同 도표에 제시되어 있는 것과 같이, 덤핑 혐의 제품, 즉 조사 대상 제품subject product의 덤핑 여부 판단을 위한 기준 제품은 원칙적으로 '내수' 동종 제품'domestic' like product이다예외적 비교 방식에 대해서는 후술. 예컨대, 한국에서 양산되어 미국으로 수출되는 세탁기에 대해 덤핑 혐의가 주장되었다면, 同 혐의 대상 세탁기에 대한 기준 제품, 다시 말해 내수 동종 제품은 한국에서 양산되어 한국 내수로 판매되는 세탁기가 된다.

이 경우, 내수 동종 제품은 다시 '동일 제품'과 '유사 제품'으로 양대별兩大別된다. '동일 제품identical product'은 제품의 물리적 특성physical characteristics이 완벽하게 같은 제품을, '유사 제품similar product'은 그 물리적 특성이 동일하지는 않지만 비슷한 제품을 뜻한다. 미국으로 수출되는 세탁기와 한국 내수로 판매되는 세탁기가 그 물리적 특성에 있어서 완벽하게 같다면 '동일 제품identical product'으로 간주되고, 덤핑 여부 판단을 위한 1순위의 기준 제품으로 고려된다. 하지만, 미국으로 수출되는 세탁기는 건조 기능이 없는 세탁 전용인 반면에, 한국 내수로 판매되는 세탁기는 건조 기능이 포함된 세탁 / 건조 겸용이라면, '동일 제품identical product'은 없는 것이 되고, 이 경우 한국의 세탁 / 건조 겸용 세탁기가 미국의 세탁 전용 세탁기의 '유사 제품similar product'으로 덤핑 판단을 위해 차순위로 선택된다.

'조사 대상 제품 vs. 내수 동종 제품'을 둘러싼 반덤핑 제 / 피소 양측의 공방은 반덤핑 조사 과정에서 뜨거운 감자 중의 하나이다. 반덤핑 제소 업체는 역외 경쟁사의 현지 사업력을 거세하기 위해 어떤 범위로 '조사 대상 제품subject product'을 청원할 것인지에 대해 전략적으로 접근한다. 우선 반덤핑 제소장 안에 포함되는 제소자측 주장 덤핑 마진율을 극대화할 수 있는 제소 제품 범위는 무엇일지에 대해 고민하고, 더 나아가 시장 지배가 예상되는 역외 경쟁사의 신제품도 반덤핑 규제로 묶어 놓을 수 있도록 제소 제품 범위를 조정하게 된다. 제소 업체 관점에서 우선적인 관심 대상은 '조사 대상 제품'인 것이다.

반면에, 반덤핑 피소 업체들은 역내 현지 제조사가 청원한 '조사 대상 제품 subject product'은 기정 사실화한 채, 덤핑 마진을 최소화하는 '내수 동종 제품like product'과 관련된 가격 비교 체계comparison hierarchy를 최적화하는 데 집중하는 경향이 있다. 제소 업체가 청원한 '조사 대상 제품'의 범위가 변경될 가능성이 거의 없다고 보기 때문이고, '조사 대상 제품'의 판가, 물량이 확정된 상태에서 비교 대상이 되는 '내수 동종 제품'이 무엇인지에 따라 상상을 뛰어 넘는 고율의 덤핑 마진율이 결과될 수도 있기 때문이다. 하지만, '조사 대상 제품'의 범위에 자의성이 내포되어 있다고 판단되면 조사 당국에 정상적인 제품 범위에 대해 적극적으로 의견을 개진하고 합리적인 대안을 지속적으로 제시할 수 있어야 한다.

덤핑 대상 범위에 관한 게리맨더링

'게리맨더링gerrrymandering'이란 단어가 정치권에서 회자되곤 한다. 주지하는 것과 같이, 게리맨더링은 자기 정당에 유리하도록 선거구를 구획하는 것을 뜻한다. 선거구를 어떻게 획정하느냐에 따라 정당별 의석수가 달라질 수 있기 때문에 선거구 개편 논의가 있을 때마다 단골 메뉴로 등장하곤 하는 용어이다. 이 게리맨더링 이슈는 통상 영역에서도 발견된다. 제소 제품 범위의 구획과 관련된 게리맨더링이 바로 그것이다.

역내 현지 제조사가 반덤핑으로 제소하는 경우 해당 현지 업체는 청원 대상 제품을 특정한다. 그렇다면 관할 당국은 이를 주어진 사실로 받아들이고 해당 청원 제품에 대응되는 동종 제품을 찾아 덤핑 마진, 산업 피해를 심사하기만 하면 되는 것일까? 그렇지 않다. 조사의 '대상 범위product scope'는 덤핑 마진 및 산업 피해를 심사함에 있어 가장 기초적인 문제 중의 하나이고 이슈 사항이 발생하는 경우 재검토를 거쳐 수정될 수도 있다. 그러나 '조사 대상 범위'에 대해 WTO 반덤핑 협정은 명시적으로 이를 규율하고 있지 않다. 뿐만 아니라, 조사 당국에게 폭넓은 재량권discretion이 주어져 있고 반덤핑 절차상의 시간적 제약도 있다.

제소 업체가 청원한 '제소' 대상 범위product scope 'under petition'가 그대로 조사 당국에 의해 '조사' 대상 범위product scope 'under investigation'로 확정되는 경우, 해당 조사 대상 범위가 일반적인 시장 구획 기준market segment criteria에 부합되지 않는다면 조사 대상 범위의 변경을 위해 조사 당국에 지속적으로 합리적인 의견을 제시할 필요가 있다. 이와 관련된 미국 및 EU에서의 실제 사례를 살펴 보기로 하자.

먼저 美 세탁기 반덤핑 사례이다. 다음의 [표 2.6]의 좌측 상단에는 2012년 조사 개시된 한국 / 멕시코산 세탁기 반덤핑 Case'11.12월 월풀社 제소의 조사 대상 범위가, 그리고 그 우측에는 2016년과 2017년에 각각 조사 개시된 중국산 세탁기 반덤핑 Case'15.12월 월풀社 제소 및 세탁기 세이프가드 Case'17.6월 월풀社 제소의 조사 대상 범위가 비교되어 있다.

표 2.6 美 세탁기 반덤핑 Case의 조사 대상 범위

2012년 한국 / 멕시코산 세탁기 반덤핑 Case 당시 월풀Whrilpool 美 본사는 한국 / 멕시코산 세탁기를 반덤핑 제소하면서 벨트형 세탁기를 제소 대상에 포

함시켰고 이는 최종적으로 규제 대상 제품에 '포함'되었다. 하지만, 4년 뒤인 2016년 중국산 세탁기 반덤핑 Case에서 월풀社는 벨트형 세탁기를 제소 대상에서 제외했고, 이는 1년 뒤인 2017년 세탁기 세이프가드 Case에서도 동일하게 이어졌는 바, 관할 당국도 월풀社의 제소 제품 범위를 받아들여 규제 대상 제품에서 벨트형 세탁기를 '제외'했다. 이를 어떻게 이해할 수 있을까?

널리 알려진 것과 같이, 삼성 및 LG의 세탁기는 모터의 구동력을 직접 전달해 세탁통을 회전시키는 '직접 방식direct drive'이 주축이다([표 2.6]의 좌측 하단 그림). 반면에, 월풀, GE General Electric社 중국산 세탁기 반덤핑 Case가 조사 중이던 '16년에 중국 하이얼(Haier) 그룹이 인수 및 他 중국 가전사 세탁기의 상당수는 모터의 구동력을 벨트를 통해 간접 전달해 세탁통을 회전시키는 '벨트 방식belt drive'이다([표 2.6]의 우측 하단 그림 참조). 그리고 '직접 방식'이 '벨트 방식'보다 기술적으로 우위에 있기 때문에 '직접 방식' 세탁기로 판매되던 시장을 '벨트 방식' 세탁기로 전환하는 것은 사실상 불가능하다. 소비자의 희생을 강요하면서 기술적으로 열위인 제품으로 판매를 전환할 수는 없기 때문이다.

2016년 중국산 세탁기 반덤핑 Case 당시, 삼성과 LG 양사兩社는 모두 '벨트 방식' 세탁기를 '직접 방식' 세탁기와 경쟁 관계에 있는 대체 제품으로 주장했다. 그리고, 이런 까닭에 '직접 방식' 세탁기에 대한 규제는 유지한 채 '벨트 방식' 세탁기만을 규제에서 제외하는 것은 부당하다고 항변했다. 하지만 조사 당국은 월풀社의 손을 들어 주었고, 이러한 결과는 2017년 세탁기 세이프가드 Case에서도 변함이 없었다. 다윗과 골리앗의 싸움이었던 것이다.

결국 삼성, LG 양사가 중국에서 양산해 미국으로 수출해 온 세탁기는 고율의 반덤핑 및 세이프가드라는 이중 규제로 사실상 봉쇄되었다 고율의 반덤핑 관세가 부과될 수밖에 없는 중국산 반덤핑 Case에 대해서는 후술. 반면, 삼성, LG를 제외한 他 중국 가전사들은 자신들의 벨트형 세탁기를 어떤 반덤핑 규제와 세이프가드 규제도 없이 정상적으로 미국에 수출할 수 있었다.

지금까지 논의된 美 세탁기 반덤핑 사례에서 볼 수 있듯이, 역내 제조사에 의해 최초로 제소된 제품 범위를 변경하는 것은 불가능에 가깝게 느껴진다. 덤핑 제품 유입으로 인해 이러저러한 제품 영역에서 피해가 있었다고 현지 제조사가 호소 내지는 읍소하는 상황에서, 관할 당국이 청원된 제품 범위를 무시하고 이를 재량 변경하는 것 자체가 현실적으로 쉽지 않기 때문이다. 그러나, 쉽지 않다는 것이 전적으로 불가능한 것은 아니다. EU 냉장고 반덤핑 Case가 그 좋은 사례이다.

월풀社 이태리 생산 법인의 제소'05.4월로 한국산 양문형 냉장고에 대한 반덤핑 조사가 EU에서 2005년 개시될 당시, 글로벌 시장에서 유통되던 냉장고는 다음의 [표 2.7]과 같았다. 2 Door 제품인 '냉동고 상단형top freezer'과 '냉동고 하단형bottom freezer' 냉장고는 '냉동고 측면형side freezer'인 '양문형side by side' 냉장고로 그 수요가 고급화, 이전되고 있었고, '프렌치 도어french door'로 불리는 '세문형3 Door' 냉장고가 하이엔드high-end 제품으로 새로운 시장을 개척하고 있었다.

표 2.7 냉동고 위치에 따른 냉장고 유형('05년 당시)

이런 글로벌 시장 상황에서, 월풀社 이태리 생산 법인은 한국산 양문형side by side 냉장고를 반덤핑 제소했고, 세문형3 door 냉장고도 '양문형' 조사 대상 범위에 포함되어야 함을 주장했다. 다음의 [표 2.8]의 기사에 언급된 것과 같이, 당시 삼성 전자는 세문형 냉장고를 출시, 운영하고 있지 않은 상태였기 때문에 세문형 냉장고에 대해 직접적인 이해 관계가 없었다. 결국 세문형 냉장고가 규제 대상에 포함되는지 여부를 둘러싼 논쟁은 '월풀 vs. LG' 간 양자 대결의 양상을 띠게 되었다.

당시 월풀社는 세문형 냉장고의 경우 그 도어door가 양문형과 동일하게 좌우로 병렬 배치되어 있어 '양문형side by side' 냉장고로 보아야 한다고 주장했다. 반면에, LG 전자는 세문형 냉장고의 경우 그 냉동고freezer가 하단에 위치에 있기 때문에 양문형이 아닌 '냉동고 하단형bottom freezer'으로 보아야 한다는 논리를 전개했다. 최종적으로, 다음의 [표 2.8]의 기사 제목과 같이, 조사 당국인 EU 집행委Commission는 LG측의 손을 들어 주었다.

표 2.8 3 Door 냉장고 반덤핑 규제 제외

결국 '조사 대상 범위'를 둘러싼 '월풀 vs. 삼성/LG' 간의 공방은 현재까지 무승부라고 할 수 있다. 美 세탁기 반덤핑 Case에서 월풀社가 한국 경쟁사를 상대로 승리했다고 한다면, EU 냉장고 반덤핑 Case에서는 한국 경쟁사가 월풀社를 상대로 승리했기 때문이다.

이와 관련, 글로벌 가전사들의 인수 및 합병M&A, merger & acquisition 시점에 있어서 눈길을 이끄는 대목이 하나 있다. 먼저 美 세탁기 반덤핑 Case의 경우, 월풀社는 2015년 12월 중국산 세탁기를 반덤핑 제소하면서 삼성/LG는 양산하지 않고 他 중국 가전사만이 양산해 미국에 수출하는 벨트형 제품을 제소 대상에서 제외시켰다 그리고, 그 이듬 해인 2016년에 중국의 대표적 가전사인 하이얼Haier社는 미국의 GEGeneral Electric社를 인수하게 된다'16.6월. 이와 유사한 맥락은 EU 냉장고 반덤핑 Case에서도 발견된다. 월풀社는 2005년 4월 한국산 양문형 냉장고를 제소하면서 LG 전자의 세문형 냉장고를 제소 대상에 포함시켰다. 그리고, 그 이듬 해인 2006년에 월풀社는 글로벌 시장에서 LG 전자 외에 유일하게 세문형 냉장고를 양산, 판매하고 있던 메이택Maytag社를 인수하게 된다'06.4월.

반덤핑 제소에 있어서의 '제소 대상 범위product scope under petition' 게리맨더링 vs. 산업 내 '인수 및 합병M&A, merger & acquisition' 간에 보이는 이러한 선후 관계는, 반덤핑 제소 경쟁사의 전략적 선택의 결과일 수도, 아니면 단순하게 시점상의 우연의 일치일 수도 있다. 그러나 반덤핑 피소 리스크를 상시 왓칭watching해야 하는 글로벌 수출 기업들로서는, 이와 같은 선후 관계가 반덤핑 제소 경쟁사의 의도된 전략적 포석일 수 있다는 점에 유념해야 할 것이다.

🔍 부품도 덤핑 대상? CKD vs. SKD

역내 제조사가 역외 경쟁사를 상대로 반덤핑 제소를 진행하는 경우, 수입국 시장에서 경쟁 중인 '완제품finished goods'뿐만 아니라 '관련 부품들related parts'도 묶어 제소하는 사례를 적지 않게 접할 수 있다. 그 까닭은 무엇일까? 그것은 역외 경쟁사가 반덤핑 규제를 우회하기 위해 관련 부품들을 역외에서 조달해 수입국 역내에 '단순 조립 공장screw driver factory'을 운영할 수 있기 때문이다. 이런 까닭에, 반덤핑 제소 업체는 역내 '단순 조립 공장screw driver factory'을 통한 반덤핑 규제 우회를 원천 봉쇄하기 위해 '완제품finished goods' 외에 '관련 부품들related parts'도

묶어 제소하게 된다. 그렇다면, 역내 제조사는 반덤핑 제소에 어떤 부품들을 포함시킬 것인가?

일반적으로 부품에 대한 무역 거래는 두 가지 형태로 이루어진다. 첫째, 'CKD complete knock down'이다. CKD complete knock down는 온전한 의미에서의 개별 부품을 뜻한다. 나사, 철판 등의 단위 부품이 이에 해당한다. 둘째, 'SKD semi(or semi complete) knock down'이다. SKD semi(or semi complete) knock down는 일정 범위 내에서 가공, 조립이 이루어진 부품을 뜻한다. 모터, 엔진 등의 조립 부품이 이에 해당한다.

반덤핑 제소 업체의 입장에서 볼 때, 'CKD complete knock down'는 제소 대상에 포함시키기 어렵다. 제소 업체 자신이 역외 수입하는 개별 부품의 소싱 sourcing에도 문제가 발생할 수 있기 때문이다. 그렇다면, 남는 것은 'SKD semi(or semi complete) knock down'뿐이다. SKD semi(or semi complete) knock down를 반덤핑 제소 대상에 포함시키면, 반덤핑 당국의 규제 조치가 취해질 때에 완제품 finished goods과 동일한 고율의 반덤핑 관세가 SKD semi(or semi complete) knock down 부품에 대해서도 추징된다. 때문에, 역외 경쟁사가 '단순 조립 공장 screw driver factory'을 통해 반덤핑 규제를 회피하려는 시도는 실익을 잃게 된다.

본 절에서 소개된 앞의 [표 2.6]의 상단 '규제 대상 제품'의 범위에서 확인할 수 있는 것과 같이, 미국의 월풀社가 삼성 / LG 전자의 세탁기를 상대로 반덤핑 제소할 때에도 세탁기 완제품 finished goods뿐만 아니라 관련 부품들 related parts을 묶어 제소했다. 그리고 반덤핑 제소에 포함된 부품은 'Cabinet / Tub / Basket Assembly'라는 SKD semi(or semi complete) knock down였다.

위반 입증의 제2요건, 산업 피해의 원칙과 요소

지금까지 반덤핑 위반 입증의 제1요건으로서의 덤핑의 존재existence of dumping 및 덤핑의 범위를 둘러싼 제 / 피소 업체 간의 규제 대상 범위product scope 이슈에 대해 살펴 보았다. 이하에서는 반덤핑 위반 입증의 제2요건인 산업 피해material injury에 대해 논의하기로 한다.

반덤핑 위반 입증의 제2요건: 산업 피해material injury

다음의 [표 2.9]에 요약되어 있는 것과 같이, WTO 반덤핑 협정이 규정하고 있는 '산업 피해material injury'란, 첫째, 역내 업체가 불공정한 저가 수출로 인해 '실질적으로 피해를 입었거나material injury', 둘째, 불공정한 저가 수출로 인해 '실질적으로 피해가 우려되거나threat of material injury', 셋째, 불공정한 저가 수출로

표 2.9 **위반 입증 제2요건: 산업 피해**

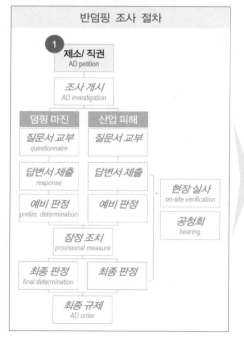
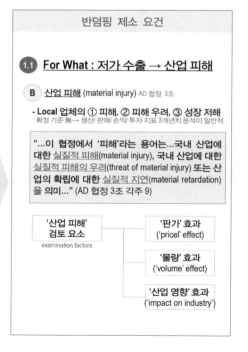

인해 '산업 성장이 실질적으로 저해되는material retardation' 경우를 모두 포함한다 (협정 3조 각주 9). 이러한 '실질적 피해material injury', '피해의 우려threat of material injury', '성장의 저해material retardation'라는 WTO 반덤핑 협정상의 '산업 피해'에 대한 정의는 곧 반덤핑 조사 절차에 있어서 피해 판단을 위한 '기본 원칙guiding principle'을 뜻한다고 하겠다.

이러한 산업 피해 판단의 '기본 원칙guiding principle'은, 그것을 구성하는 '검토 요소들examination factors'로 골격화된다. WTO 반덤핑 협정은 그 검토 요소들을 세 가지 영역에서 규정짓고 있다(앞의 [표 2.9]의 우측 하단). 同 협정은, 산업 피해 판단을 위해, (1) 먼저, '판가price' 측면에서는, 역외산 판가 자체가 저가인지price undercutting, 역외산 저가 판매로 인해 역내산 판가가 하락되었거나price depression('to depress price') 판가 상승이 억지되었는지price suppression('to prevent price increase') 여부를 검토할 것을 주문하고 있다(협정 3.2조). (2) 다음으로, '물량volume' 측면에서는, 역외산 수입이 절대적, 상대적으로 증가했는지를 고려할 것을 의무화하고 있다(협정 3.2조). (3) 마지막으로, 역외산 수입에 따른 '역내 산업 영향impact on domestic industry' 측면에서, 생산, 판매, 손익, 투자 등 주요 경제 지표들을 종합 검토할 것을 요구하고 있다(협정 3.4조). 협정이 언급하고 있는 주요 경제 지표들 안에 '덤핑 마진의 규모magnitude of dumping margin'가 포함되어 있는 점은 특징적이라고 하겠다(협정 3.4조).

요약컨대, 이상의 논의는, 산업 피해의 판단을 위해서는, (1) '판가 효과price effect', (2) '물량 효과volume effect', (3) '역내 산업 영향impact on domestic industry'이 검토 대상으로 종합 고려되어야 함을 뜻한다. 반덤핑 실전 대응 과정에서 산업 피해를 둘러싼 제 / 피소 업체들의 서면 공방들을 바라볼 때, 목도하게 되는 공통적인 논리 구조들 중의 하나가 있다. 이해 당사자로서의 모든 업체들이 예외 없이 '물량 효과', '판가 효과', '역내 산업 영향'이라는 '세 가지 기둥three pillar'을 세워 놓고 서로 각자의 논리를 전개하는 것이다. 큰 틀에서는 동일한 기둥을 세워 놓고, 그 안에서는 상반되는 주장들을 펼치면서 공방하는 것이다. 이런 맥락에서, WTO 반덤핑 협정에 명문화된 산업 피해의 3대 검토 영역, 다시 말해 '판가 효과price effect', '물량 효과volume effect', '역내 산업 영향impact on domestic industry'이라는 '3대 기둥 체계three pillar system'는 반덤핑 실무상 유의미하게 활용되고 있다고 하겠다.

그럼에도 불구하고, WTO 반덤핑 협정은 산업 피해 유무有無를 판단하는 확정적인 기준은 제공하고 있지 않는다. 즉 위에서 언급된 물량volume, 판가price, 역내 산업 영향impact on domestic industry 검토와 관련된 여러 요소들 중 일부만으로는 산업 피해를 결정적으로 판단decisive guidance할 수 없음을 명시적으로 규정하고 있는 것이다(협정 3.2 & 3.4조). 고려해야 할 변수들이 너무나도 많고 법적 문언만으로는 그것들을 모두 담아낼 수 없기 때문이다.

주요국들의 관행practice 및 실무례實務例는, 앞서 언급된 '판가 효과price effect', '물량 효과volume effect', '역내 산업 영향impact on domestic industry'에 대한 3개년 추이 분석이 일반적이다. 덤핑 마진 영역은 최근 1년치를 대상 구간으로 가격 자료를 심사한다. 반면에, 산업 피해 영역은 최근 3년치를 그 대상 구간으로 산업 자료를 심사한다는 점에서 차이가 있다.

위반 입증의 제3요건, 인과 관계의 실무상 실익은?

지금까지 반덤핑 위반 입증의 제1요건인 '덤핑의 존재existence of dumping' 및 제2요건으로서의 '산업 피해material injury'에 대해 논의했다. 이제 반덤핑 위반 입증의 제1~3요건 중 마지막에 해당하는 '인과 관계causal link'에 대해 살펴 보기로 하자.

반덤핑 위반 입증의 제3요건: 인과 관계causal link

WTO 반덤핑 협정은 '덤핑 수출 vs. 산업 피해' 간에 인과 관계가 있는 경우에 한해서만 반덤핑 규제가 가능함을 명문화하고 있다(협정 3 & 5조). 역내 현지 업체가 사업 실적 악화, 도산 내지는 부도의 위기에 직면해 있다고 하더라도, 그 원인이 경쟁사의 덤핑 수출이 아니라 업체 내부의 경영 관리상의 이슈들로 인한 것이라면, 해당 업체의 피해 주장 및 반덤핑 제소는 '불공정 무역의 처단'이라는 껍데기 명분을 가진 '자유 무역의 제한'이 될 수 있기 때문이다.

이런 까닭에 WTO 반덤핑 협정은 '덤핑 수출 vs. 산업 피해' 간의 연결 고

표 2.10 **위반 입증 제3요건: 인과 관계**

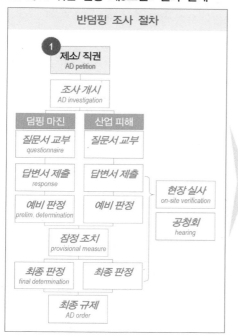

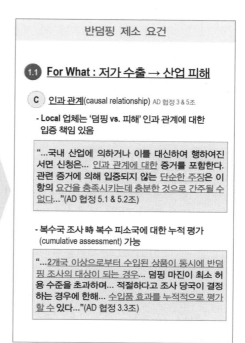

리인 '인과 관계'의 1차적인 입증 책임을 반덤핑 제소 업체에게 지우고 있다. 앞의 [표 2.10]에 제시된 것과 같이, 반덤핑 제소 업체는 '덤핑 수출 vs. 산업 피해' 사이에 존재하는 인과 관계를 제소장 안에서 객관적인 증거로써 입증해야 하고, 同 증거로써 입증되지 못하는 단순한 주장은 조사 당국에 의해 기각되어야 한다(협정 5.1 & 5.2조).

　　주지하는 것과 같이, 법률 체계를 관통하는 일반 원칙들 중에는 '무죄 추정의 원칙principle of innocence'이란 것이 있다. 피고인이 유죄로 판결이 확정될 때까지는 무죄로 추정한다는 원칙이다. WTO 규범 체계나 WTO 반덤핑 협정도 예외는 아니다. 반덤핑 피소 업체는 반덤핑 '유有혐의' 판정이 있기 전까지는 불공정 저가 수출에 대해 '무無혐의'로 추정되어야 한다. 이런 까닭에, 불공정 저가 수출로 인해 역내 피해가 있었음을 주장하는 업체는 반덤핑 위반 입증의 제1~3 요건에 대해 우선적으로 입증 책임을 부담하게 된다. 다시 말해, 역내 업체의 제소장 안에는, 반덤핑 위반 입증의 제1~3요건, 즉 덤핑 존재, 산업 피해, 인과 관계에 관한 객관적인 증거들이 모두 포함되어 있어야만 한다는 것이다. 이런 견지에서, 반덤핑 조사 절차에 있어서의 위반 입증에 대한 1차적인 책임은 제소 업체가, 2차적인 책임은 피소 업체가 부담하는 것으로 이해할 수 있다.

그런데, 반덤핑 위반 입증의 제3요건으로서의 '인과 관계causal link'는 어떤 '실무적 함의practical implication'를 갖는 것일까? 간단한 논리 게임으로부터 설명의 틀을 잡아 보기로 한다. '인간은 생각하는 갈대man is a thinking reed'라는 명언으로 유명한 17세기 프랑스의 천재 철학자, 수학자인 파스칼Blaise Pascal(1623~62)은 그의 명상집 <팡세Pensées, 생각>에서 아래와 같은 또다른 명언을 남겼다.

> 크리스천이 되기로 선택한 사람들이 손해볼 것은 무엇인가? 설사 그가 죽어서 하나님도 없고, 그의 믿음이 헛된 것이었다라고 판명되더라도 그는 잃을 것이 없다. 사실상, 그는 믿지 않는 친구들보다 더 행복하게 산 사람이다. 그러나 만약 하나님도 계시고, 천당과 지옥이 있다면 그는 천국을 얻을 것이고, 그의 무신론자 친구들은 지옥에서 모든 것을 잃을 것이다.
> − 파스칼의 <팡세> −

위의 구절은 '기독교의 변증론'으로도 일컬어지는 '파스칼의 내기Pascal's wager'이다. '신의 존재'와 관련해, 신앙의 관점에서는 '신이 있다고 생각'하는 경우와 '신이 없다고 생각'하는 두 가지 경우만이 있게 된다. 한편, 존재론적 관점에서는 '신이 실제로 있는' 경우와 '신이 실제로 없는', 두 가지 경우만이 존재한다. 결국 확률 영역에서 상정 가능한 '모든 경우의 가짓수'는 총 네 가지이다. 그리고 각각의 논리적인 확률은 모두 25%이다.

Case 1: '신이 있다'고 생각했는데 '신이 있는' 경우(확률 25%)
Case 2: '신이 있다'고 생각했는데 '신이 없는' 경우(확률 25%)
Case 3: '신이 없다'고 생각했는데 '신이 있는' 경우(확률 25%)
Case 4: '신이 없다'고 생각했는데 '신이 없는' 경우(확률 25%)

먼저, 신이 있다고 생각했는데 실제로도 신이 있는 경우는 '최선first best'의 경우이다(Case 1). 신이 있다고 생각해 경건하고 이타적인 신앙 생활을 했고 그에 따라 신의 구원도 받을 것이기 때문이다. 다음으로, 신이 있다고 생각했는데 실제로는 신이 없는 경우는 '차선second best'의 경우이다(Case 2). 비록 신은 없을지라도 경건하고 이타적인 삶이 가능했기 때문이다. 한편, 신이 없다고 생각했는데 실제로는 신이 있는 경우는 '최악first worst'의 경우이다(Case 3). 신이 없다고 생각해 방탕하고 이기적인 삶을 살았고 그에 따라 신의 구원도 받지 못하고 지옥으로 떨어질 것이기 때문이다. 마지막으로, 신이 없다고 생각했는데 실제로도 신이 없는 경우는 '차악second worst'의 경우이다(Case 4). 실제로는 신이 없기 때문에 지옥으로 떨어질 일도 없겠지만, 신이 없다고 생각해 방탕하고 이기적인 삶을 살았을 것이기 때문이다.

구원의 문제를 확률 게임으로 접근한 파스칼의 논법은, 의심, 불신으로 가득차 신을 거부하던 17세기의 유럽인들에게 신앙을 권고한 하나의 종교적 방편이었다. 논리적, 확률적 관점에서 '영혼의 보험spiritual insurance'으로서의 신앙 생활을 권고한 것이다. 그러나, 이러한 확률 게임적 접근은 '덤핑 수출 vs. 산업 피해' 사이에 존재하는 '인과 관계causal link'의 실무상 실익을 판단함에 있어서도 동일한 논리적 구조를 가지고 있다.

> Case 1: '덤핑이 없었는데' '피해가 없는' 경우(확률 25%)
> Case 2: '덤핑이 없었는데' '피해가 있는' 경우(확률 25%)
> Case 3: '덤핑이 있었는데' '피해가 없는' 경우(확률 25%)
> Case 4: '덤핑이 있었는데' '피해가 있는' 경우(확률 25%)

'덤핑 수출', '산업 피해' 영역에서 상정 가능한 반덤핑 판정의 가짓수도 위의 총 네 가지이다. 덤핑 영역은 '덤핑이 있는' 경우와 '덤핑이 없는' 두 가지 경우만이 있게 되고, 피해 영역은 '피해가 있는' 경우와 '피해가 없는' 두 가지 경우만이 존재하기 때문이다. 그리고 각각의 논리적인 확률도, '파스칼의 내기' 논증에서와 동일하게, 모두 25%이다.

반덤핑 피소된 수출 기업의 입장에서 볼 때, 먼저, 덤핑이 없었는데 피해도 없는 경우는 '최선first best'이다(Case 1). 덤핑, 피해의 모든 영역에서 어떤 규제도 없이 Case가 정상 종결될 것이기 때문이고, 이 경우 '덤핑 vs. 피해' 사이의 인과 관계는 논의 자체가 원천적으로 불가능하다. 다음으로, 덤핑이 없었는데 피해는 있는 경우는 '차선second best'이다(Case 2). 비록 역내 업체의 피해는 있었지만, 그러한 피해가 반덤핑 피소 업체의 덤핑 때문이라는 오명, 즉 '브랜드 이미지brand image의 훼손'으로부터 자유로울 수 있고, '피해 있음'으로 공식화되는 역내 제조사의 실적 악화는 역외 수출 업체 입장에서는 수입국 내 시장에서의 상대적인 경쟁력 강화를 뜻하기 때문이다. 이 경우에도 덤핑 자체가 없었기 때문에 '덤핑 vs. 피해' 사이의 인과 관계에 관한 논의는 있을 수 없다.

한편, 덤핑이 있었는데 피해는 없는 경우는 '차악second worst'이라고 할 수 있다(Case 3). 덤핑이 있었다는 불공정 행위에 대한 비난, 다시 말해 '브랜드 이미지의 훼손'은 일부 있을 수 있지만 그러한 덤핑이 역내 업체에 피해를 야기할 수준으로까지는 도달하지 않았기 때문이다. 경쟁사의 덤핑 수출에도 불구하고 역내 업체가 건재하게 사업을 지속적으로 전개하고 있는 경우라고 하겠다. 이러한 경우에 있어서도 피해 자체가 없었기 때문에 '덤핑 vs. 피해' 사이의 인과 관계에 대한 논의는 불가능하다. 마지막으로, 덤핑이 있었는데 피해도 있는 경우는 '최악first worst'이다(Case 4). 반덤핑 피소 업체는 덤핑, 피해 영역 모두에서 불공정한 무역을 결과했다는 비난, 즉 총체적인 '브랜드 이미지의 훼손'을 감당해야 할 뿐만 아니라 수입국 내에서 사업력을 악화시키는 고율의 반덤핑 관세 규제 아래에도 놓이기 때문이다. 이상의 논의를 좀더 간명한 형태로 재구성하면 아래와 같다.

Case 1: '덤핑 無' & '피해 無' → <u>'인과 無 Only'</u> → <u>'규제 無 Only'</u>
Case 2: '덤핑 無' & '피해 有' → <u>'인과 無 Only'</u> → <u>'규제 無 Only'</u>
Case 3: '덤핑 有' & '피해 無' → <u>'인과 無 Only'</u> → <u>'규제 無 Only'</u>
Case 4: '덤핑 有' & '피해 有' → <u>'인과 有 or 無'</u> → <u>'규제 有 or 無'</u>

위의 네 가지 논리적 경우의 가짓수를 놓고 볼 때, 덤핑 영역이나 피해 영역 중 하나라도 '무혐의'인 경우에는, '덤핑 수출 vs. 산업 피해' 간 인과 관계 자체가 존재할 수 없어 반덤핑 규제도 있을 수 없다(Case 1, 2, 3). 결국 '덤핑 수출 vs. 산업 피해' 간 인과 관계가 쟁점화되는 경우는 덤핑도 존재하고 피해도 존재하는 상황일 수밖에 없다(Case 4). 그러나, 앞 절인 「위반 입증 제2요건, 산업 피해의 원칙과 요소」에서 약술되었듯이, WTO 반덤핑 협정은 '산업 피해'의 검토 요소examination factors로서 '판가 효과price effect', '물량 효과volume effect', '역내 산업 영향impact on domestic industry'을 요구하고 있다, 그리고, 이 중 '역내 산업 영향impact on domestic industry' 평가를 위한 주요 경제 지표들 안에는 '덤핑 마진의 규모magnitude of dumping margin'가 이미 예정되어 있다(협정 3.4조). 환언하면, '산업 피해' 검토 단계에서 이미 덤핑 수출의 산업 피해에 대한 상관 관계가 고려된다는 것이다. 그렇다면 반덤핑 제3요건으로서의 '인과 관계causal link'는 반덤핑 실무상 어떠한 실천적인 의미도 갖지 못하는 것처럼 보인다. 그러나, '인과 관계causal link' 개념은 반덤핑 규제 수준을 최종화하는 매개체 혹은 확정자로서 역할하게 된다.

덤핑도 있고 피해도 있는 상황에서(Case 4), 덤핑 영역에서는 역외 업체의 불공정 저가 수출율이 10%, 피해 영역에서는 역내 업체의 실적 악화율이 20%였다고 가정해 보자. 이 경우, 역내 업체의 실적 악화율 20%는 '역외 업체의 덤핑으로 인한 피해 10% + 역내 업체 자체의 사업력 약화로 인한 실적 악화 10%'로 구성된다. 여기서, '역내 업체 자체의 사업력 약화로 인한 실적 악화 10%'는 덤핑 수출과는 무관하다. 덤핑 수출과의 인과 관계가 없는 것이다. 따라서, 관할 당국은 '덤핑 vs. 피해' 사이의 인과 관계가 인정되는 10%에 대해서만 반덤핑으로 규제가 가능하다이와 관련된 최소 부과 원칙(lesser duty rule, LDR)에 대해서는 후술.

이와 같이 '인과 관계causal link' 개념은, 덤핑 마진, 산업 피해 영역에서 각각 산정된 규제 수준의 정도를 비교 형량balancing해 반덤핑 규제율을 최종 확정하는 가교자bridger로서 기능하게 된다. 널리 알려진 것과 같이, '화룡점정畫龍點睛'이라는 고사성어故事成語가 있다. 화룡점정은 용을 그린 다음 마지막으로 눈동자를 그린다는 뜻으로 가장 요긴한 부분을 마치어 일을 끝내는 것을 뜻한다. 6세기 중국 남북조南北朝(420~589) 시대의 양梁 나라에 전설 속의 화백 장승요張僧繇가 있었다. 그는 지금의 남경南京인 금릉金陵 안락사安樂寺에 용 두 마리를 그렸는데 눈동자는 그리지 않았다. 왜 그리지 않았느냐는 말에 눈동자를 그리면 용이 하늘로 날아가 버리기 때문이라 했고, 그 말을 믿지 않자 실제로 눈동자를 그렸다. 그랬더니 그림 속의 용은 하늘로 날아가고 눈동자를 그리지 않은 용은 남아 있었다고 한다.

화룡점정의 고사故事에서, 반덤핑 규제가 눈동자를 달고 승천한 용이라면 인과 관계 검토는 그림 속의 용을 하늘로 날려 올리기 위해 눈동자를 그리는 과정이라고 할 수 있다. '인과 관계causal link'는 '용의 눈eyes of dragon'이다.

복수국 피소 시의 산업 피해와 인과 관계

앞에서, 반덤핑 위반 입증의 제1요건으로서 '덤핑의 존재'를 설명하면서 규제 대상 제품에 대한 '범위 획정product scoping'을 둘러싼 제 / 피소 업체 간의 공방을 소개한 바 있다. 이하에서는 반덤핑 위반 입증의 제2, 3요건인 '산업 피해', '인과 관계'에 있어서 쟁점 영역인 '누적 평가cumulative assessment'에 대해 논의하기로 한다.

이를 위해, 앞 절에 제시된 [표 2.10]의 우측 하단으로 돌아가 보자. WTO 반덤핑 협정에서는 2개국 이상으로부터 수입된 상품이 동시에 반덤핑 조사의 대상이 되는 경우 해당 2개국 이상으로부터의 수입 효과를 누적적으로 평가cumulative assessment할 수 있다고 규정하고 있고(협정 3.3조), 이는 글로벌 기업 사이의 반덤핑 전쟁에 있어 중층적인 갈등 관계를 잉태한다.

글로벌 기업은 좀더 좋은 제품을 보다 좋은 가격에 공급하기 위해 생산지를 다변화한다. 원자재나 인건비 측면에서 소비자에게 좀더 많은 가치를 제공할 수 있는 원가 절감cost saving의 기회가 다른 생산지국에 존재할 수 있기 때문이다. 반면에 수입국 내에서의 시장 경쟁market competition은 '기업 브랜드corporate brand' 레벨에서 이루어진다. 예컨대, 애플社의 아이폰 매니아, 즉 충성 고객의 입장에서 구매의 결정적인 요소는 그것이 제공하는 높은 품질과 사용 만족감에 있는 것이지, 애플社의 아이폰이 어느 나라에서 생산되었는지에 있는 것은 아니기 때문이다.

이런 까닭에, 글로벌 기업들 간의 반덤핑 전쟁은 '국제화' 양상을 띠게 된다. 다시 말해, 글로벌 역내 제조사가 글로벌 역외 경쟁사를 상대로 반덤핑 제소를 하는 경우, 그 피소국은 역외 경쟁사의 '동일 브랜드 제품'이 공급되는 '복수의 원산지국'이 될 개연성이 높다. 이 경우 '복수의 원산지국'에서 수입되는 '동일 브랜드 제품'의 수입 효과를 어떻게 적정하게 평가할 것인지의 문제가 개재된다.

이와 관련, 美 세탁기 반덤핑 Case는 복수국 피소 상황에서 산업 피해, 인과 관계가 어떤 지점에서 어떤 맥락으로 연계되는지를 이해할 수 있는 좋은 사례이다. 2012년 1월에 조사 개시된 美 세탁기 반덤핑 원심original investigation Case는 월풀社의 한국 / 멕시코산 병행 제소'11.12월로 개시되었다. 同 Case에서 美 무역委

ITC, international trade commission는 한국 / 멕시코산 세탁기가 美 산업에 피해를 초래했는지 여부를 '누적 평가cumulated assessment'하면서 한국 / 멕시코산이 모두 美 세탁기 산업에 피해를 야기한 것으로 판정했다. '국별 평가decumulated assessment'가 산업 피해를 반덤핑 피소국별로 판단하는 것이라면, '누적 평가cumulated assessment'는 산업 피해를 국가별로 평가하지 않고 하나로 묶어, 즉 '번들링bundling' 해 판단하는 것이라고 할 수 있다.

원심 당시 美 무역委가 한국 / 멕시코산을 누적 평가할 것인지를 결정하기 위해 검토한 접근법은 미국 내에서 가장 일반적으로 사용되는 방식이었다. 바로 미국 내 '경쟁 관계overlap of competition' 분석이다. 이 경쟁 관계 분석은 네 가지 요소로 구성된다. 첫째는 '대체 가능성degree of fungibility', 둘째는 '판매 채널channel of distribution', 셋째는 '판매 지역geographic market', 넷째는 '판매 시점simultaneously present'이다. 일반적인 상거래의 맥락은 '어떤 제품'을 '어떤 고객'에게 '어떤 장소'와 '어떤 시점'에 판매하느냐에 있다. 美 무역委가 경쟁 관계의 분석 도구analysis tool로 삼고 있는 위의 네 가지 요소 중에, '대체 가능성degree of fungibility'은 이 '어떤 제품'을, '판매 채널channel of distribution'은 '어떤 고객'을, '판매 지역geographic market'은 '어떤 장소'를, '판매 시점simultaneously present'은 '어떤 시점'을 뜻한다고 하겠다.

同 원심 Case에서 美 무역委는, 한국 / 멕시코산이 美 세탁기 시장에서 서로 대체 가능성degree of fungibility이 있고, 판매 채널channel of distribution, 판매 지역geographic market, 판매 시점simultaneously present에 있어서도 특별히 고려해야 할 차이가 없는 것으로 결론지었다. 그리고, 누적 평가 방식을 적용해, 한국 / 멕시코산으로 인한 산업 피해 관련 요소들을 하나로 묶고 한국 / 멕시코산 모두에 대해 산업 피해 '유혐의'로 판정했다. 2013년 2월의 일이다.

그리고 5년이 흘렀다. 뒤에서 별도의 주제로 다루겠지만, WTO 반덤핑 협정상 반덤핑 규제 기간은 원칙적으로 5년이다. 규제 발효 후 5년이 경과된 시점에서 별도의 심사 절차를 거쳐 규제는 종료되거나 지속된다미국은 자동 심사, EU는 신청 심사. 이에 따라 2018년 1월에 한국 / 멕시코산 美 세탁기에 대해 반덤핑 종료 재심sunset review(일명 '일몰 재심'), EU의 경우 'Expiry Review'라는 용어로 통칭이 개시되었다. 종료 재심 심사에서 반덤핑 규제 종료라는 결론을 얻지 못하면 규제 기간은 추가로 5년 연장된다. 그리고 그 5년 뒤의 종료 재심 심사에서도 반덤핑 규

표 2.11 **美 세탁기 반덤핑 Case의 산업 피해 판정**

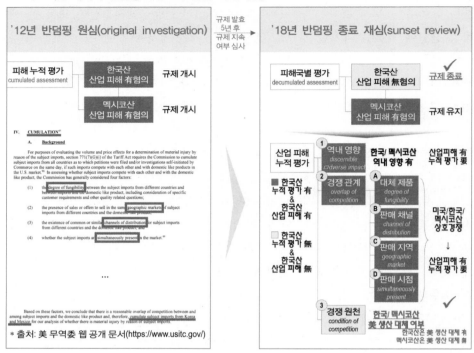

* 출처: 美 무역委 웹 공개 문서(https://www.usitc.gov/)

제 종료로 매듭짓지 못하면 규제 기간은 또다시 5년 연장된다. 개념상으로는 무한대 규제도 가능한 것이다. 때문에, 반덤핑 제소자인 월풀社와 반덤핑 피소자인 삼성, LG 간의 규제 종료 여부를 둘러싼 공방은 예견된 일이었다. 제 / 피소 양측 사이의 사투는 1년 동안 이어졌고, 최종 결과는 '한국산은 규제 종료', '멕시코산은 규제 유지'였다. '한국 vs. 멕시코산' 세탁기의 산업 피해 누적 평가가 적정한 것으로 이미 결론 내려진 사안에서, 어떻게 이런 일이 가능했을까? 앞의 [표 2.11]의 우측 하단을 살펴 보자.

결론적으로 그것은 美 관할 당국ITC, international trade commission이 美 세탁기 시장 내 경쟁사들 사이에 존재하는 '경쟁의 원천condition of competition'에 주목했기 때문이었다. 2018년 美 세탁기 반덤핑 종료 재심 Case에서, 美 무역委ITC, international trade commission는 한국 / 멕시코산으로 인한 산업 피해를 누적적으로 평가할 것인지를 판단하는 기준으로 세 가지를 제시했다. 첫째는 '역내 영향discernible adverse impact', 둘째는 '경쟁 관계overlap of competition', '셋째는 '경쟁 원천condition of competition'이다. 먼저, 첫번째 기준인 '역내 영향discernible adverse impact'에 대해서 美 무역委는 한국 / 멕시코산 세탁기는 모두 美 산업에 부정적 영향을 끼칠 수 있음을 인정했다. 산업 피해, 누적 평가를 모두 긍정한 것이다. 두번째 기준인 '경쟁 관계overlap of competition'에 있어서도 2012년 원심 당시의 결정 요지를 유지했다. 즉 한국 / 멕시코산이 美 세탁기 시장에서 서로 대체 가능성degree of fungibility이 있고, 판매 채널channel of distribution, 판매 지역geographic market, 판매 시점simultaneously present에 있어서도 특별한 차이가 없다는 것이다. 두번째 기준에서도 산업 피해, 누적 평가를 모두 인정한 것이다. 그런데, 세번째 기준인 '경쟁 원천condition of competition'에서, 한국 / 멕시코산으로 인한 산업 피해는 별도로 판단해야 하고 한국 / 멕시코산에 대한 누적 평가도 적절치 않은 것으로 판단했다. 그리고 이것이 '한국산은 규제 종료', '멕시코산은 규제 유지'라는 결론으로 이어졌다.

美 무역委가 세번째 기준인 '경쟁 원천condition of competition'을 판단함에 있어서 주목한 부분은 역외 수입 물동의 '美 생산으로의 대체 여부'에 있었다. 여러 기사들과 판정 공개본을 통해 널리 알려진 것과 같이, 삼성이나 LG나 모두 미국에서의 세탁기 사업력 강화를 위해 '세탁기 美 양산 체제'를 구축했다. 삼성전자는 美 사우스 캐롤라이나South Carolina 州의 뉴베리Newberry에 세탁기 공장을 설립, 양산을 시작했고'18년, LG 전자도 美 테네시Tennessee 州 클락스빌Clarksville에 세탁기 공장을 건립, 양산을 개시했다'18년. 반면에, 스웨덴에 본사를 두고 멕시코에서 미국향 세탁기를 양산, 판매해 온 일렉트로룩스Electrolux社는 그 어떠한 美 현지 양산 계획도 발표하지 않았다. 결국 '美 역외 수입 → 美 현지 생산'으로의 현지 양산 체제 구축 여부가 누적 평가를 포함해, 산업 피해 및 인과 관계 판정의 결정적인 가늠자가 된 것이다.

반덤핑 규제에 노출된 모든 수출 기업들이 삼성, LG처럼 반덤핑 규제국 내에 현지 양산 체제를 구축할 수는 없다. 거액의 투자가 수반되기 때문이다. 기사 및 판정을 통해 알려진 것과 같이, 삼성, LG 모두 美 세탁기 공장 구축을 위해 약 4억불 수준의 현지 투자가 있었다. 그러나, 앞서 살핀 것과 같이, 산업 피해에 대한 '국별 평가decumulated assessment'가 반덤핑 피소국의 '산업 피해 없음no injury'을 도출하는 첫 단추가 된다는 점에서, 2개국 이상이 반덤핑 피소되는 Case에서는 '누적 평가cumulated assessment'의 적용 제외를 지속적으로 주장할 필요가 있다고 하겠다.

반덤핑 조사, 미국 vs. EU 방식

이상에서 반덤핑 조사 절차의 1단계인 반덤핑 제소와 관련된 쟁점들, 즉 제소 적격신청 조사 or 직권 조사 및 위반 입증덤핑 존재 / 산업 피해 / 인과 관계의 이슈들을 살펴 보았다. 지금까지의 논의가 반덤핑 총론에 해당된다면, 2단계인 조사 개시부터 9단계인 최종 규제까지의 주제들은 반덤핑 조사 단계별로 전개되는 반덤핑 각론에 해당된다고 할 수 있다반덤핑 조사 절차에 대한 전체 조감은 본서 2장의 「반덤핑과 사회 후생, 그리고 기업 대응」의 [표 2.1] 참조.

반덤핑 원론에 해당하는 논의들이 개념적, 추상적이라면, 반덤핑 각론에 포함되는 내용들은 실용적, 구체적이다. 그리고 반덤핑 실무 대응은 이 가운데 반덤핑 각론에 밀접하게 닿아 있다. 사실 반덤핑 각론 영역은 상상할 수 없을 정도로 복잡, 난해하다. 이런 까닭에 통상 업무를 처음 접하는 많은 실무진들은 반덤핑 실전을 경험하면서 충격과 좌절을 느끼곤 한다. 심지어는 적성에 맞지 않음을 토로하며 통상 업무를 시작한 지 얼마 되지 않아 회사 생활을 접는 극단적인 선택을 하기도 한다. 인간의 덕목德目, virtues을 유가儒家, Confucianist에서 제시하는 것과 같이 '인仁, humaneness', '의義, righteousness', '예禮, propriety', '지智, knowledge'라고 한다면, 반덤핑 실전은 이 가운데 '지智, knowledge'가 극단화되는 업무이다. 공자孔子, Confucius(BC 551~479)의 가르침을 계승하며 중국의 전국戰國(BC 403~221) 시대를 대표한 기원전 4세기의 사상가 맹자孟子, Mencius(BC 372~289)의 사단四端, four sprouts 관점에서 보면, 인仁, humaneness의 발현인 '측은지심惻隱之心, sprout of compassion', 의義, righteousness의 발현인 '수오지심羞惡之心, sprout of shame', 예禮, propriety의 발현인 '사양지심辭讓之心, sprout of propriety', 지智, knowledge의 발현인 '시비지심是非之心, sprout of what's right & wrong' 가운데, 지智, knowledge의 발현인 '시비지심是非之心, sprout of what's right & wrong'이 극대화되는 업무라고 할 수 있다. 반덤핑 법령에 대한 정확한 이해, 규제 당국의 조사 관행에 대한 철저한 검토, 재무·회계적으로 완결적인 답변서 제출이 필수적이기 때문이며, 사소하지만 잘못된 업무상 과실 하나가 규제 검토 수입국 내에서의 조사 대상 제품에 대한 상상할 수 없는 고율의 반덤핑 규제로 귀착될 수도 있다. 주지하는 것과 같이, '나비 효과butterfly effect'라는 것이 있다. 초기의 미세한 차이에 의해 결과가 완전히 달라지는 현상을 뜻한다. 이러한 나비 효과는 여러 수출 기업들의 반덤핑 실무에서 흔히 발견된다. 반덤핑 대응은 '나비 효과의 場field'이다.

이하에서는 '숲'의 관점에서 반덤핑 각론을 접근하기로 한다. 숲 속의 '나무'의 관점에서 바라본 반덤핑 각론은 실제로 업무를 담당해 본 실무진이 아니라면 사실상 정확한 이해가 불가능하다. 그러나, 반덤핑 각론에서도 항시적으로 숙지해야만 하는 '큰 그림big picture'이 존재한다. 이 큰 그림의 시각에서, 반덤핑 조사 절차의 2단계인 조사 개시부터 살피기로 한다.

다음의 [표 2.12]의 우측에 도식화된 것과 같이, 반덤핑 조사 방식은 미국 방식과 EU 방식으로 양대별된다. 미국 방식은 덤핑 마진 심사와 산업 피해 심사가 분리되어 있는 것이 가장 큰 특징이다. 미국의 경우 덤핑 마진 영역은 美 상무부DOC, department of commerce에서 관할하고 산업 피해 영역은 美 무역委ITC, international trade commission에서 담당한다. 이와 같이 심사 기관이 이원화되어 있기 때문에, 반덤핑 조사 개시 이후 교부되는 질문서 또한 독립적이다. 美 상무부는 덤핑 마진 심사를 위한 덤핑 질문서questionnaire를 역외 수출 업체에 발송해 수취된 답변서response to questionnaire 내용을 검토하고, 美 무역委는 산업 피해

표 2.12 반덤핑 조사 방식

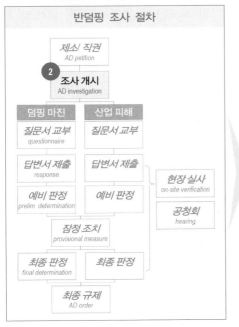

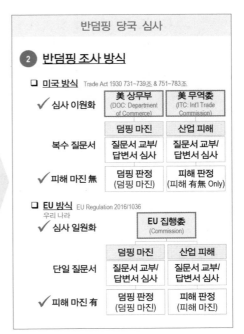

심사를 위한 피해 질문서를 역외 수출 업체에 교부해 제출된 답변서를 심사한다. 덤핑 마진, 산업 피해 관장 기관이 이원화된 까닭에 덤핑 마진 판정, 산업 피해 판정도 美 상무부, 美 무역委가 각각 수행한다. 美 반덤핑 조사의 또다른 특징 중의 하나는, 덤핑 심사 영역에서는 덤핑 마진dumping margin을 산정하는 반면에, 산업 피해 영역에서는 산업 피해 유무有無만을 판단할 뿐 피해 마진injury margin은 별도로 계량화하지 않는다는 것이다. 美 반덤핑 근거 법령은 '1930년 관세법Trade Act of 1930'의 731~739조 및 751~783조이다. 구글링을 통해 손쉽게 찾아볼 수 있다.

이에 반해, EUEuropean Union, 유럽연합는 덤핑 마진 심사와 산업 피해 심사가 EU 집행委Commission로 일원화되어 있다. 반덤핑 심사 기관이 일원화되어 있기 때문에 덤핑 마진 항목과 산업 피해 항목이 모두 포함되어 있는 단일 질문서가 반덤핑 피소 업체에 교부되고, 질문서를 교부받은 역외 수출 업체도 단일 답변서를 EU 집행委에 제출하면 된다. 덤핑 마진 판정, 산업 피해 판정도 모두 EU 집행委에 의해 통합화되어 수행된다. 미국 방식과 대별되는 가장 큰 특징 중의 하나는, 산업 피해 영역에서 피해 유무有無만을 결정하는 미국과는 달리, EU는 산업 피해 영역에 있어서의 피해 마진injury margin을 별도로 산정한다는 것이다. 결국 美 반덤핑 Case의 경우에는 정량화된 지표로서 덤핑 마진만이 존재하는 반면에, EU 반덤핑 Case에 있어서는 계량화된 지표로서 덤핑 마진과 피해 마진이 모두 존재하는 것이다. EU의 반덤핑 조사 절차가 'EU 집행委Commission'로 일원화되어 있기는 하지만, EU 회원국으로 구성된 'EU 자문委Advisory Committee'가 반덤핑 조사 개시EU 집행委(Commission) 결정 → EU 자문委 의결, 잠정 조치EU 집행委(Commission) 결정 → EU 자문委 의결, 최종 규제EU 이사회(Council) 결정 → EU 자문委 의결 단계에서 투표voting를 통해 조사 개시 및 규제 시행을 통제할 수 있는 구조로 열려 있는 것은 주목할 만하다. 우리 나라는 EU 방식을 채택해, 무역委KTC, Korea Trade Commission에서 덤핑 마진과 피해 마진을 모두 정량화해 통합 심사하고 있다. EU의 반덤핑 근거 법령은 'EU 규정 2016 / 1036EU Regulation 2016 / 1036'이다. 이 역시 구글링을 통해 어렵지 않게 확인할 수 있다.

일견一見으로는, 반덤핑 Case를 경험하지 못한 수출 기업 입장에서 볼 때 미국 반덤핑 Case보다는 EU 반덤핑 Case가 그 대응에 있어 좀더 수월하게 보일 수 있다. 단일 답변서를 한 차례만 제출하면 되기 때문이다. 단일 수출국 내에서 생산, 판매 등 모든 사업 기능들이 운영되는 기업이라면 그렇다고 할 수도 있다. 하지만 글로벌 기업이라면 이익 상황이 전적으로 달라진다. 다국적 사업 활동을 전개하는 글로벌 기업의 경우 해외 주요 국가별로 판매 거점, 즉 해외 판매 법인을 운영한다. 그런데 미국은 단일 국가인 반면에, EU는 유럽 총 28개국'19. 9월 말 현재의 통합체이다. 이런 까닭에, 만약 서울 전자라는 회사가 EU 사업력 강화를 위해 EU 총 28개 회원국 내에 모두 판매 법인을 운영 중에 있다면, EU 반덤핑 Case가 발생하는 경우 서울 전자는 EU 28개 회원국 내의 모든 판매 법인들이 반덤핑 답변서를 제출해야 한다. 모든 수입 규제 당국들이 예외 없이 생산 / 수출자 답변서뿐만 아니라 수입자 답변서를 별도로 요구하기 때문이다. EU 반덤핑 Case는 규제 대응을 위한 상상치 못한 재앙이 될 수 있다.

🔍 반덤핑 조사 참여와 美 APO / JPO 제도

반덤핑 조사가 개시되면 반덤핑 Case 대응을 결정한 수출 기업은 해당 조사 절차에 참여, 대응하게 된다. 이 때, 두 가지 법적 절차가 필요하다. 첫째는 '이해 당사자 등록'registration as interested party' or 'entry of appearance'이고, 둘째는 '법적 대리인 지정designation of legal proxy'이다.

우선, 해당 수출 업체가 조사 개시된 반덤핑 Case의 '이해 당사자interested party'로 등록되어 있어야만 반덤핑 질문서의 수령, 이해 당사자로서의 공청회 참석이 법적으로 보장된다. 다음으로, 수출 기업을 위해 수입국 내에서 반덤핑 현지 절차를 진행할 '법적 대리인legal proxy'으로서 통상 로펌 혹은 통상 변호사의 지정이 필수적이다. 일반적으로 수출 기업은 통상 자문 로펌의 변호사에게 '위임장POA, power of attorney'을 서명, 날인해 전달하고, 同 위임장을 수령한 자문 변호사는 이를 다시 반덤핑 조사 당국에 제출한다.

그런데, 이와 관련, 미국에는 특별히 '기밀 정보BPI, business proprietary information 취급자' 제도가 마련되어 있고, 행정 절차에서는 이를 'APOadministrative protective order'로, 사법 절차에서는 이를 'JPOjudicial protective order'로 명명하고 있다.

1. 美 APO 제도 *administrative protective order*

美 행정 절차상의 'APOadministrative protective order' 제도는 덤핑 마진을 심사하는 '美 상무부DOC, department of commerce', 산업 피해를 심사하는 '美 무역委ITC, international trade commission'에 제출되는 문서들에 적용된다. 해당 반덤핑 조사와 관련된 경우, 제 / 피소 업체의 법적 대리인legal proxy으로서의 美 변호사는, 상대 측이 제출한 '대외비對外秘, confidential or BPI(business proprietary information)' 문서들을 열람할 권한을 갖는다. 이 경우 해당 변호사는 그 누구에게도, 심지어는 그의 고객사顧客社에게도, 同 '대외비對外秘, confidential or BPI(business proprietary information)' 정보를 누설할 수 없고, 이를 위반할 때에는 변호사 자격 박탈, 이후 문서들에 대한 열람 불가 등의 제재가 있게 된다.

2. 美 JPO 제도 *judicial protective order*

美 사법 절차상의 'JPOjudicial protective order' 제도는 반덤핑 심사 및 규제와 관련한 사법 쟁송court appeal을 담당하는 '美 통상 법원CIT, court of international trade'에 제출되는 문서들에 적용된다. 해당 반덤핑 사법 쟁송과 관련된 경우, 제 / 피소 업체의 법적 대리인legal proxy으로서의 美 변호사는, 상대측이 제출한 '대외비對外秘, confidential or BPI(business proprietary information)' 문서들을 열람할 권한을 갖는다. 이 경우 해당 변호사는 그 누구에게도, 심지어는 그의 고객사顧客社에게도, 同 '대외비對外秘, confidential or BPI(business proprietary information)' 정보를 누설할 수 없고, 이를 위반할 때에는 변호사 자격 박탈, 이후 문서들에 대한 열람 불가 등의 제재가 있게 된다.

그렇다면 이러한 'APOadministrative protective order', 'JPOjudicial protective order' 제도는 어떤 이유로 존재하는 것일까? 이는 반덤핑 조사 절차에 제출되는 문서들의 특성에 기인한다. 반덤핑 조사 절차에서 제 / 피소 업체를 포함한 모든 이해 당사자들은 반덤핑 당국에 제출하는 문서들을 '대외비對外秘, confidential or BPI(business proprietary information)'와 '공개non-confidential or public'의 두 가지 버전으로 작성한다. 영업상 기밀을 보호해야 하기 때문이다. 영업상 기밀이 포함된 문서가 '대외비對外秘, confidential or BPI(business proprietary information)' 버전이고 영업상 기밀이 소거된 문서가 '공개non-confidential or public' 버전이다. 그리고, 조사 당국은 이해 당사자들이 제출한 '대외비對外秘, confidential or BPI(business proprietary information)' 버전으로 심사를 수행하고, 제 / 피소 양측의 상대편을 포함한 일반 공중公衆에는 '공개non-confidential or public' 버전만이 제공된다.

이러한 상황에서, 반덤핑 조사 당국에 제출된 제 / 피소 양측의 '대외비對外秘, confidential or BPI(business proprietary information)' 정보가 상충되는 경우, 조사 당국으로서는 제 / 피소 양측으로부터 추가적인 사실 관계 확인이 필요하고 추가적으로 확인된 사실 관계에 근거해 최종 판단할 수밖에 없다. 그럼에도 불구하고, 제 / 피소 양측은 모두 상대편의 '대외비對外秘, confidential or BPI(business proprietary information)' 정보를 열람할 수 없는 까닭에, 정확히 어떤 쟁점의 맥락에서, 어떤 추가 정보가 제공되어야 하는지 정확히 인지할 수 없게 된다. 제 / 피소 양측이 상대편의 '대외비對外秘, confidential or BPI(business proprietary information)' 정보를 열람할 수 없어 발생하는 반덤핑 심사상의 장애를 교량bridging할 수 있도록 제 / 피소 양측의 변호사에게 이를 열람할 수 있는 권한을 부여한 것이다. 결국, 미국의 'APOadministrative protective order', 'JPOjudicial protective order' 제도는 제 / 피소 양측이 '정보의 비대칭성asymmetric information'에 노출되어 발생하는 반덤핑 심사상의 장애를 해결하기 위해 고안된 제도적 장치라고 할 수 있다.

질문서 교부와 답변서 제출 시한

반덤핑 조사 절차의 2단계인 조사 개시가 있게 되면, 반덤핑 당국은 역외 수출 업체에 질문서를 교부하고(조사 절차 3단계) 질문서를 교부받은 역외 수출 업체는 답변서를 제출해야 한다(조사 절차 4단계). 다음의 [표 2.13]의 우측 상단에 요약되어 있는 것과 같이, 반덤핑 당국의 질문서는 덤핑 마진 영역과 산업 피해 영역으로 양대별된다.

먼저 덤핑 마진 영역은, (1) 회사 일반지배 구조 / 조직 체계 / 거래 구조 / 회계 정책 사항을 묻는 '일반' 섹션'general' section, (2) 내수 판매매출 / 비용 자료를 요구하는 '내수' 섹션'domestic(or home market)' section, (3) 수출 판매매출 / 비용 사항을 묻는 '수출' 섹션'export(or overseas)' section, (4) 제품 원가내수 / 수출, 특성 비교내수 vs. 수출를 요구하는 '원가' 섹션'cost' section의 네 가지로 실무상 통칭된다. 조사 당국의 질문서 자체는, [표 2.13]의 우측 상단 도표에서 확인할 수 있는 것과 같이, '제품 원가내수 / 수출'와 '특성 비교내수 vs. 수출'가 별도의 항목으로 적시되는 것이 일반적이지만, 답변 업체 입장에서는 원가 영역 담당자가 이 둘을 하나로 묶어 업무 진행하기 때문에 실무상 '원가' 섹션'cost' section으로 통칭된다.

표 2.13 반덤핑 질문서 교부 & 답변서 제출

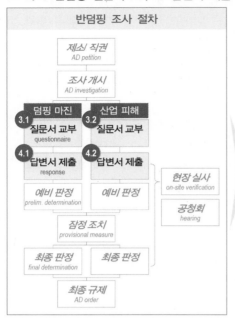

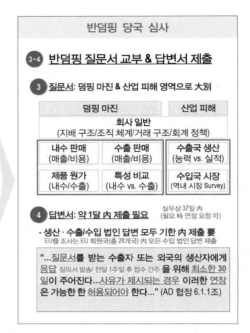

다음으로 산업 피해 영역은 (1) 회사 일반지배 구조 / 조직 체계 / 거래 구조 / 회계 정책, (2) 수출국 생산생산 능력 vs. 생산 실적, (3) 수입국 시장역내 시장 Survey의 세 가지 하위 섹션으로 유형화될 수 있고, 반덤핑 실무상으로는 이 세 가지를 묶어 '피해' 섹션'injury' section으로 통칭한다. 각국의 반덤핑 질문서는 관할 기관의 일원화 여부 및 조사 대상 Case의 특성에 따라 달라질 수 있지만, 큰 그림에서 보면, 이와 같은 분류가 가능하다.

어떤 것에 대해 질문한다는 것은 그에 대한 객관화된 사실 관계factual information를 파악하는 것이 1차적인 목표이다. 질문 내용에 대한 답변자의 시각 내지 논평은 부수적인 것일 수밖에 없다. 이런 견지에서 보면, 반덤핑 질문서에 대해 어떻게 답변할 것인지 그 방향성은 명확하다. 반덤핑 질문서의 덤핑 마진 영역에 대해서는, 덤핑 마진을 적정하게 산정할 수 있도록 '가격 자료price comparison'를 알기 쉽게 논리적으로 제출하는 것이 핵심이고, 반덤핑 질문서의 산업 피해 영역에 있어서는, 산업 피해 수준을 합리적으로 판단할 수 있도록 수입국 내 '경쟁 상황market competition'을 객관, 계량화된 지표로써 소명하는 것이 핵심이다.

덤핑 마진 영역에 대한 답변이 업체 자체적으로 검증 가능한 내부 숫자인 회사의 '가격 자료price comparison'를 주축으로 한다는 점에서 그것은 '숫자의 영역area of figures', 즉 '회계사의 영역'이다. 이에 대해, 산업 피해 영역에 관한 답변은 특정 업체의 미시mirco 지표뿐만 아니라, 산업 전체의 거시macro 지표로서의 '경쟁 상황market competition'이 법적, 논리적으로 종합 검토된다는 점에서 '논리의 영역areas of logics', 다시 말해 '변호사의 영역'이다. 이런 까닭에, 답변서 제출을 포함한 수출 기업의 반덤핑 대응은, 한쪽에는 회계사를, 다른 한쪽에는 변호사를 우군友軍으로 삼아 전방위 공조로 진행된다.

앞의 [표 2.13]의 우측 하단으로 돌아가 보자. 반덤핑 당국이 질문서를 교부할 때에는 답변 시한submission deadline이 있기 마련이다. 질문서를 수령한 답변 대상 업체는 생산／수출자 답변서와 수입자 답변서를 모두 답변 시한 내 제출해야 하는데, 반덤핑 실무상 답변서 제출 시한은 37일이다. 답변 시한 내 제출이 어렵고 불가피한 사유가 있는 경우에는 해당 사유, 연장 일수를 적시해 반덤핑 당국에 연장을 요청할 수 있고, 연장 요청이 있는 경우 조사 당국은 통상 2~4주 안팎으로 제출 시한을 연장해 준다.

질문서에 대한 답변 시한은 WTO 반덤핑 협정에 명문화되어 있다. 同 협정은 조사 대상 업체의 답변 시한을 질문서 수령일로부터 '최소 30일at least 30 days'로 규정하면서(협정 6.1.1조), 질문서 수령일 자체는 질문서 교부일로부터 '1주일one week' 후로 간주하고 있다(협정 6.1.1조에 대한 각주 15). 결국 '질문서 교부~질문서 수령'까지는 7일, '질문서 수령~답변서 제출'까지는 30일이 주어지는 것이 되어, 조사 대상 업체의 실질적인 답변 시한은 37일이 된다. 반덤핑 실무상 답변서 제출 시한을 37일로 간주하는 것은 이런 까닭에서이다.

이 '37일'의 답변 시한과 관련해 반드시 유념해야 할 지침이 있다. 반덤핑 루머rumor가 입수되거나 제소장petition 제출이 확인된 초기 단계에 Case 대응 여부를 신속히 결정하고 대응 자원을 조기에 확보해 놓아야 한다는 것이다.

첫째, 답변서 시한의 촉박함이다. 37일의 시한은 '영업일營業日, business day'이 아닌 '역일曆日, calendar day' 기준이다. 토, 일요일의 주말이 포함되어 있기 때문에, 영업일business day 기준으로 보면 27일 안팎밖에 되지 않는다. 더군다나, 중국이나 제3 세계권의 많은 국가들은 현지어로 답변서를 제출할 것을 요구한다. 이 경우에 반덤핑 피소 업체는 영문으로 답변서를 1차 작성한 후 현지 변호사의 도움을 받아 이를 다시 현지어로 2차 번역하는 추가 공수 투입이 불가피하다. 우리 무역委(KTC, Korea Trade Commission)의 경우에는 '18.7월의 「덤핑방지관세및상계관세부과신청·조사·판정에관한세부운영규정」 개정을 통해 한글로 된 답변서 제출을 의무화하고 있음. 이런 까닭에 거의 모든 수출 기업들이 질문서에 대한 답변 시한을 연장 요청한다. 반덤핑 실무에서 답변 시한에 대한 연장 요청은 묵시적으로 합의된 기정 사실이다.

둘째, 제출할 답변서의 분량이다. 앞서 잠깐 언급된 것과 같이, 글로벌 기업의 경우 수입국 내에 판매 법인을 설립, 운영하는 경우가 일반적이다. 때문에, '국내 생산 / 수출 법인'의 생산 / 수출자 답변서 외에 '해외 수입 / 판매 법인'의 수입자 답변서도 제출되어야 한다. 더 나아가, 중계中繼 무역intermediary trade 등 복잡한 거래 구조로 인해 '생산 vs. 수출 법인'이 서로 다르다면 '생산 vs. 수출 법인' 답변서를 별도로 요구받기도 한다. 뿐만 아니라, EU 반덤핑 Case의 경우에는 'EU 내 존재하는 모든 판매 법인'들이 각각의 수입자 답변서를 제출해야 한다. 앞서 EU 반덤핑 Case가 상상치 못한 재앙이 될 수 있다고 언급한 것은 이런 맥락에서이다. 이 외에도, 반덤핑 제소가 2개국 이상을 상대로 이루어진 경우, 해당 2개 이상 피소국 내에 생산 / 수출 법인이 복수로 존재한다면 제출할 답변서의 분량은 더욱 늘어나게 된다.

셋째, 제출할 답변서의 난이도이다. 조사 당국이 요구하는 답변서를 정상적으로 제출하기 위해서는 사내외 전문 인력의 조력이 필요하다. 사내社內에서는 내수 / 수출 영업, 회계 / 금융, 물류 / 서비스 등 사내 전문 인력의 전담 지원이 필요하고, 사외社外에서는 통상 로펌, 회계 법인의 변호사, 회계사의 전방위 지원이 불가결하다. 이러한 사내외 전문 인력을 준비, 선정하는 데에만도 상당한 시간이 소요된다. 질문서를 수령한 후 사내외 전문 인력을 수배해 대응하겠다고 생각한다면 답변서 제출은 사실상 포기한 것이나 다름 없다.

🔍 중계 무역 vs. 중개 무역

수출 / 입 업체 간의 가장 단순한 형태의 거래는 양자兩者 무역이다. 그러나, 글로벌 기업들의 경우 글로벌 본사, 생산 법인, 판매 법인이 서로 다른 국가들에 위치하는 복합적 사업 구조로 확대 재편되는 경향이 있어 삼자三者 무역triangular trade의 비중이 점차로 많아지는 추세에 있다. 이 삼자三者 무역triangular trade과 관련해 유사한 듯 보이지만 서로 다른 두 개념이 있다. '중개仲介 무역merchandising trade'과 '중계中繼 무역intermediary trade'이 바로 그것이다.

1. 중개 무역 *merchandising trade*

'중개仲介 무역merchandising trade'은 거래 물품에 대한 <u>소유권은</u> 수출 업체로부터 <u>이전 받지 않은 채</u>ownership transfer 無 수출 / 입 업체 사이에서 단순 중개仲介 수수료만을 수취하는 '<u>마진 브로커</u>margin trader'가 중간에 개입하는 구조이다. '소유권의 이전ownership transfer'이 없기 때문에 국제 무역의 소유권 증서라고 할 수 있는 '선하 증권B/L, bill of lading'은 수출 업체에 의해 한 차례만 발행된다. 글로벌 대기업의 상사, 물산 부문이 갖는 삼자三者 무역triangular trade이 일반적으로 이에 해당된다.

2. 중계 무역 *intermediary trade*

'중계中繼 무역intermediary trade'은 거래 물품에 대한 <u>소유권을</u> 수출 업체로부터 <u>이전 받아</u>ownership transfer 有 이를 수입 업체에게 재수출하며 그에 대한 대가로 중계中繼 수수료를 수취하는 '<u>물품 인수자</u>merchandise undertaker'가 중간에 개입하는 형태이다. '소유권의 이전ownership transfer'이 있기 때문에 국제 무역의 소유권 증서라고 할 수 있는 '선하 증권B/L, bill of lading'은 수출 업체, 중계 업체에 의해 두 차례 발행된다. 글로벌 대기업의 제조 부문이 갖는 삼자三者 무역 triangular trade이 일반적으로 이에 해당된다.

수출 영업 실무상 '중개仲介 무역merchandising trade'과 '중계中繼 무역intermediary trade'을 구분해 논의할 필요가 있는 경우 발음상의 혼선이 있어 실무자 간 어려움을 겪는 경우를 종종 보게 된다. 이런 이유로 전자前者는 '중가이' 무역으로, 후자後者는 '중겨이' 무역으로 발음해 구분하기도 한다.

덤핑 마진 실사와 산업 피해 공청회

표 2.14 실사 수검 & 공청회 대응

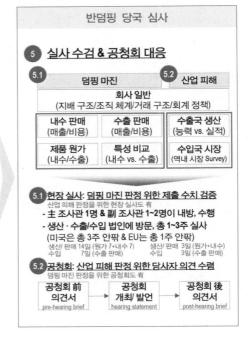

'반덤핑 제소(1단계) → 조사 개시(2단계) → 질문서 교부(3단계) → 답변서 제출(4단계)'까지 반덤핑 조사 절차가 진행되었다면, 그 다음 절차는 5단계인 '현장 실사on-site verification / 공청회public hearing'이다. 앞서 소개된 것과 같이, 수출 업체의 답변서는 덤핑 마진 영역과 산업 피해 영역으로 양대별된다. 여기서, '현장 실사on-site verification'는 '덤핑 마진 영역'에 관한 심층 심사를, '공청회public hearing'는 산업 피해 영역에 대한 심층 심사를 의미한다고 할 수 있다. 물론, 덤핑 마진 심층 심사를 위한 공청회도 가능하고, 산업 피해 심층 심사를 위한 현장 실사도 가능하다. 그럼에도 불구하고, 반덤핑 조사 절차에 있어서의, 기본적인 심층 심사의 메커니즘은 '덤핑 마진 답변 → 현장 실사', '산업 피해 답변 → 공청회'라고 할 수 있다. 이와 같은 기본 구도는 [표 2.14] 우측 하단에 요약되어 있다.

앞서 약술된 것과 같이, '현장 실사on-site verification'는 수출 업체가 답변한 덤핑 마진 영역의 제출 수치에 대해 반덤핑 당국이 검증하는 절차이다. 현장 실사는 주主 조사관 1명과 부副 조사관 1~2명이 답변 업체에 내방, 실시하게 되고, '수출국 내 생산 / 수출 법인 vs. 수입국 내 판매 법인'이 분리되어 있는 글로벌 기업의 경우, 미국 Case는 총 3주 안팎, EU Case는 총 1주 안팎 동안 실사를 수행하게 된다. 미국의 경우, '수출국 내 생산 / 수출 법인'에 대해서는 원가 섹션제품 원가(내수 / 수출), 특성 비교(내수 vs. 수출)은 약 1주, 내수 섹션내수 판매(매출 / 비용)도 약 1주 동안 실사를 실시한다. '수입국 내 수입 / 판매 법인'은 수출 섹션수출 판매(매출 / 비용)에 대해 약 1주 동안 실사가 있게 된다. 이 3주 동안원가 1주 + 내수 1주 + 수출 1주 실시되는 각각의 영역별 심사는 '원가 실사', '내수 실사', '수출 실사'로 일컬어진다. 반면에, EU의 경우는 실사 기간이 총 1주 안팎으로서, 미국에 비해 실사 기간이 단축 수행되는 것이 특징이다. '수출국 내 생산 / 수출 법인'에 대해서는 원가 섹션제품 원가(내수 / 수출), 특성 비교(내수 vs. 수출)과 내수 섹션내수 판매(매출 / 비용)을 모두 포함해 약 3일 동안 실사를 실시하고, '수입국 내 수입 / 판매 법인'은 수출 섹션수출 판매(매출 / 비용)에 대해 약 3일 동안 실사가 이루어진다.

이 '섹션별' 현장 실사와 관련해 유념이 하나 필요하다. 그것은 '일반' 섹션'general' section에 대한 실사이다. '일반' 섹션'general' section 실사는 수검 업체의 경영 전반에 대해 실사관on-site verifier의 이해를 돕기 위해 요구되고, 이에는 지배 구조, 조직 체계, 거래 구조, 회계 정책 등에 대한 소명이 포함된다. 덤핑 마진 산정에 직접적으로 영향을 주지 않는다는 이유로, 많은 기업들이, '일반' 섹션 실사를 경시하는 경향이 있는데, 이는 잘못된 것이다.

많은 경우 현장 방문한 실사관on-site verifier은 답변 업체에 대한 이해가 '제로zero' 수준에 가깝다. 실사관조차도 덤핑 마진 산정에 직접적인 영향도가 없는 '일반' 섹션에 대해 그 답변 사항을 숙지하지 못한 채 방문하는 경우가 있기 때문이다. 이런 상황에서, 지배 구조, 조직 체계, 거래 구조에 대한 실사관의 잘못된 이해는, 가격 비교의 기초가 되는 내수 / 수출 거래의 정상성arm's length 전반을 부인하는 결과를 가져올 수 있다.

뿐만 아니라, 수검 업체의 전반적인 회계 정책을 실사관이 정확히 인지하지 못할 경우, 가격 비교가 수행되는 매출 / 비용에 대한 회계 대사sales / expense reconciliation가 적정하지 못한 것으로 보고, '회계적 적정성 결여'를 이유로 관련 매출 / 비용을 부인할 수도 있다. 특히, 우리 나라 대기업의 '재벌Chaebol' 체계는,

별도의 사전辭典, dictionary적 정의가 있는 것처럼, 세계적으로 유례를 찾을 수 없는 독특한 기업 집단 구조이다. 때문에, 그룹 계열사 간의 내수/수출 거래가 통상적인 상거래ordinary course of trade인지에 대한 심층 요구가 있는 경우 그 구조에 대한 명확, 상세한 설명이 필수적이라고 하겠다.

'아는 만큼 보인다you can see as much as you know'라는 격언이 있다. 실사관도 예외는 아니다. 실사를 받는 업체로서는 이슈가 될 만한 사항들은 가급적 감추고 싶은 유혹에 이끌릴 것이다. 실사관이 회사에 불리한 판단을 할 수도 있다는 잠재적 선입견이 있기 때문이다. 그러나 숨기는 것이 능사는 아니다. 관건은 실사관이 정확히 이해, 판단하도록 어떻게 설명할 것인가이다. 정확히 볼 수 있으려면 정확히 알려 주어야 한다. 실사관의 판단은 차후의 문제일 뿐이다. 이러한 기본적 방향성을 명확히 해 놓지 않으면, 회사의 불충분한 설명에 따른 실사관의 부정확한 이해, 실사관의 부정확한 이해에 따른 잘못된 판단 및 고율의 반덤핑 규제라는 '나비 효과butterfly effect'를 경험할 수 있다.

앞의 [표 2.14]의 우측 하단으로 다시 돌아가 보자. '덤핑 마진 답변 → 현장 실사', '산업 피해 답변 → 공청회'의 기본 구도에서 두 번째 메커니즘인 공청회public hearing이다. 공청회public hearing는 산업 피해 판정을 위해 반덤핑 당국이 이해 당사자interested party의 의견을 수렴하는 절차이다. 제소 업체의 담당 인원과 그 변호인단, 피소 업체의 담당 인원과 그 변호인단이 함께 참석해 법적, 논리적으로 공방하는 것이 일반적이다. 하지만, 진행되는 Case의 성격 및 중요도에 따라, 수입국 내 정치인, 수출국의 정부 당국자가 참석, 발언하는 경우도 흔히 발견되곤 한다

공청회public hearing 절차는 크게 3단계로 진행된다. 공청회에 참여하는 이해 당사 업체들은, 공청회가 개최되기 전에는 서면으로 '공청회 전 의견서pre-hearing brief or comment'를 제출한다(1단계). 그리고 공청회 당일에는 공청회장에서 자신들의 주장 사항들을 발언hearing statement하게 된다(2단계). 공청회 당일에는 반덤핑 당국, 이해 당사 업체들 사이에 쟁점 사안들에 대한 질의, 응답이 있게 마련이다. 이런 까닭에, 공청회가 개최된 이후에는 공청회 당시 있었던 질의, 응답과 관련된 보완 사항들을 추가 반영해 서면으로 '공청회 후 의견서post-hearing brief or comment'를 제출하게 된다(3단계). 이상에서 소개된 내용들을 바탕으로, 현장 실사on-site verification, 공청회public hearing 각각에 대해 추가 논의해 보기로 하자.

실사 수검의 3대 원칙, 수검 증빙과 황금률

먼저 '현장 실사on-site verification'이다. 앞서 설명된 것과 같이, 덤핑 마진 영역에 대한 '현장 실사on-site verification'는 숫자의 영역인 동시에 '회계사의 영역'이다. 반면에, '공청회public hearing'는 논리의 영역인 동시에 '변호사의 영역'이다. 이렇듯 반덤핑 조사 절차가 회계사, 변호사의 전문 영역을 두 축으로 펼쳐진다는 맥락에서, 이는 기업 간의 '인수 및 합병M&A, merger & acquisition' 절차와 유사한 측면이 있다. '인수 및 합병M&A, merger & acquisition'에 있어서도 관련 절차를 총괄하는 주간사 혹은 투자 은행은 회계사, 변호사와의 공조를 통해 업무를 진행하기 때문이다. 반덤핑 조사나 인수 및 합병의 경우 모두 '현장 실사'라는 절차가 있다는 점도 동일하다. 그러나 '현장 실사'라는 단어의 용례에 있어서는 차이가 있다. 반덤핑 조사 절차의 경우에 '현장 실사'라는 단어는 'On-Site Verificaiton'으로 일컫는 반면에, 인수 및 합병에 있어서의 현장 실사는 'Due Diligence'로 통칭되는 점은 특기할 만하다.

표 2.15 **현장 실사 수검**

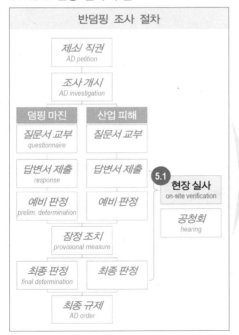

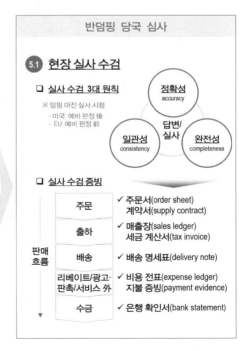

앞의 [표 2.15]의 우측 상단에서 확인할 수 있는 것과 같이, 현장 실사에는 실사 대응의 3대 원칙이 있다. 첫째는 정확성accuracy, 둘째는 일관성consistency, 셋째는 완전성completeness이다. 먼저, 실사 과정에서 제출되는 모든 수치, 증빙들은 오류가 없는 정확한 것이어야 한다(정확성accuracy). 또한, 내수 / 수출 가격 비교를 위한 각종의 가산 / 공제 항목들은 동일한 논리 체계 안에서 소명되어야 하고(일관성consistency), 가격 비교와 관련된 모든 수치, 증빙들이 제시되어야 한다. 다시 말해, 누락된 내용이 없어야 한다(완전성completeness). 그렇다면 현장 실사 자체는 언제 있을 것인가? 미국과 EU는 그 관행practice에 있어 차이가 있다. 미국은 반덤핑 예비 판정별도의 주제로 후술 後後에, EU는 반덤핑 예비 판정 전 前에 현장 실사를 진행한다.

미국은 대상 업체가 제출한 답변서에 대해 1차 서면 심사한 후, 同 1차 서면 심사 내용에 의거해 먼저 예비 판정한다. 그리고 예비 판정 이후의 2차 현장 실사를 통해 예비 판정 결과를 검증하는 방식을 채택하고 있다(1차 서면 심사 → 예비 판정 → 2차 현장 심사). 반면에, EU는 수출 업체가 제출한 답변서를 1차 서면 심사한 후, 同 서면 심사 내용을 바탕으로 2차 현장 실사를 수행한다. 그리고 1~2차 심사 결과를 토대로 예비 판정을 내리게 된다(1차 서면 심사 → 2차 현장 심사 → 예비 판정). 어떤 현장 실사 방식이 좀더 합리적인지에 대해서는 예단할 수 없다. 단지, 반덤핑 당국의 예비 판정이라는 '성과performance'를 중시하는 미국식 사고 방식과 예비 판정 전 이해 당사자와의 '합의consensus'를 우선시하는 유럽적 사고 체계 사이의 편린片鱗을 엿볼 수 있다고 하겠다.

현장 실사에서 검증되는 각종 증빙은 판매의 모든 단계들과 관련되어 있다. 앞의 [표 2.15]의 우측 하단에 제시된 것과 같이, 제조 공급사의 입장에서 판매의 흐름은 5단계로 구분지을 수 있다. '1단계 주문 → 2단계 출하 → 3단계 배송 → 4단계 리베이트 / 광고·판촉 / 서비스 → 5단계 수금'이 그것이고, 현장 실사는 이 모든 판매 단계들에 대해 관련 증빙의 검증을 요구하게 된다. 거래처의 '주문order'은 판매 흐름의 1단계이다. 주문서order sheet, 계약서supply contract 등이 거래처 주문의 일반적인 증빙으로 제시된다. 2단계는 거래처의 주문에 따른 제조 공급사의 제품 '출하shipment'이다. 관련 증빙으로는 매출장sales ledger, 세금계산서tax invoice 등이 제시된다. 3단계는 출하된 제품을 거래처 앞으로 '배송delivery'하는 것이다. 배송 명세표deliver note 등으로써 거래 내역을 소명하게 된다. 제조 공급사가 거래처에 제품을 납품한 이후에는 리베이트, 광고·판촉, 서비스 등 납품 이후의 판매 촉진, 제품 보증 활동이 있게 된다(4단계). 이 4단계 활동의 증빙으로는 비용 전표expense ledger, 지불 증빙payment evidence 등이 사용된다. 판매 흐름의 마지막 5단계는 납품한 거래처로부터 수취할 채권을 '수금 AR(account receivable) collection'하는 것이다. 수금 증빙으로는 은행 확인서bank statement 등이 제출된다.

그런데, 수출 기업이 반덤핑 현장 실사를 수검함에 있어서, 전술한 실사 수검의 3대 원칙이나 실사 수검 증빙들만큼이나, 경우에 따라서는 가장 중요한 사항이 하나 있다. 그것은 인간 관계의 '황금률黃金律, golden rule'로 회자되곤 하는 윤리 체계의 원칙이다. 황금률黃金律, golden rule은 수많은 종교, 철학, 도덕에서 볼 수 있는 원칙들 중의 하나로서, 다른 사람이 나에게 해 주었으면 하는 대로 다른 사람에게도 행하라는 윤리 원칙이다. 서양에서는 나사렛 예수Jesus of Nazareth(BC 약 4년~AD 약 30년)가 그의 산상수훈山上垂訓(마태복음 5~7장), sermon on mount을 통해 '무엇이든지 남에게 대접받고자 하는 대로 너희도 남을 대접하라신약성서 마태복음 7장 12절'고 설파했고, 동양에서는 공자孔子, Confucius(BC 551~479)가 '자신이 원하는 것이 아니라면 다른 사람에게도 이를 베풀지 말라己所不欲勿施於人, 기소불욕물시어인'는 금언金言을 <논어論語, Analects>에 남겼다.

실사관verifier도 사람이다. 실사 기간 중에 가족과의 따뜻한 전화 한 통화가 애틋하기도 하고, 실사 검증 결과를 상사에게 어떻게 보고할 것인지를 고민하기도 한다. 실사 기간 중 휴식 시간에 환한 미소를 지으며 가족과 통화하는 모습의 실사관을 본다면, 더이상 "당신의 숫자를 증명해 보이시오prove your figures"를 강요하는 몬스터가 아닌 따뜻한 마음을 가진 한 명의 인간임을 다시금 상기하게될 것이다. 그리고, 현장 실사에 따른 업무 압박 내지 스트레스는 실사 수검 업체에게만 있는 것이 아니다. 실사 기간이 종료되었음에도 불구하고, 상사에게 보고할 실사 보고서가 완성되지 못해, 본국에 귀국하지 못한 채 숙박 호텔에 머물면서 내방來訪 설명을 간곡히 요청한 실사관도 있었다.

이런 까닭에, 실사관이나 피검인이나 모두 사람이라는 생각을 잊지 말아야 하고, 실사관의 입장에서 생각하고 실사관이 필요로 하는 정보를 정확하고 충분하게 제공해 주어야 한다. 회사를 방문하는 실사관을 위한 일반 상식을 넘어서는 과도한 의전儀典, protocol은 삼가해야 한다. 과도한 의전儀典, protocol은 실사관의 입장에서 볼 때 피검 업체가 자신을 통제하려는 의도로 오인될 수 있기 때문이다. 이런 맥락에서, 현장 실사를 성공적으로 수행하기 위한 제1의 의전儀典, protocol은 '일반 상식common sense'에 입각한 '황금률黃金律, golden rule'이라고 하겠다.

◯ 불리 가용 정보(AFA)와 특별 시장 상황(PMS)

앞의 [표 2.15]의 우측 상단과 관련해 언급된 것과 같이, 답변서 제출, 실사 수검을 포함해 반덤핑 조사의 모든 단계에서 요구되는 대응의 3대 원칙은 ① 정확성 accuracy, ② 일관성consistency, ③ 완전성completeness이다. 만약 이 세 가지 중 하나라도 문제가 있다면, 관련된 판가／비용／원가 전체가 조사 당국에 의해 부인될 가능성에 항시 노출되어 있다고 할 것이다. 그런데, 이러한 조사 당국의 부인 가능성과 관련해, 미국에는 특별히 '불리 가용 정보adverse fact available, AFA', '특별 시장 상황particular market situation, PMS'으로 명명되는 조사 당국의 재량적 심사 기준이 있다.

1. 불리 가용 정보 *adverse fact available, AFA*

'불리 가용 정보adverse fact available'는 조사 당국 앞 협력 의무를 위반했을 때 주어지는 제재 사항으로서, 해당 위반 영역에 대해 반덤핑 당국이 보유하고 있는 추정 자료로써 마진 계산을 대체한다. 일반／내수／수출／원가 영역 모두를 대상으로 하고, 요청 자료에 대한 미未제출 혹은 지연 제출 등에 적용된다. 美 1930년 관세법Tariff Act of 1930 766(b)(1)(B)조에 규정되어 있다.

2. 특별 시장 상황 *particular market situation, PMS*

'특별 시장 상황particular market situation, PMS'은 내수 거래 정상성ordinary course of trade의 대표성representativeness을 인정하기 곤란한 비정상적 특수 상황이 있을 때 사용되는 대체 방법으로서, 해당 특수 영역에 대해 반덤핑 당국이 보유하고 있는 추정 자료로써 마진 계산을 대체한다. 반덤핑 기준가basis price로서의 정상 가격normal value이 산정되는 내수 영역만을 대상으로 하고, 내수 영역 판가／비용／원가상의 비정상적 거래에 모두 적용된다. 美 1930년 관세법Tariff Act of 1930 771(15)(C)조에 규정되어 있다.

공청회 참석, 제소 업체와의 상견례

반덤핑 조사 절차는 삼각三角, triangle 관계 안에서 진행된다. 삼각 관계의 한쪽에는 제소 업체가 서 있고, 다른 한쪽에는 피소 업체가 서 있다. 그리고, 양자 사이에서 판정을 내리는 심판관umpire으로서의 조사 당국이 이 삼각 관계의 정점에 서 있게 된다. 반덤핑 조사의 여러 단계들에서 나타나는 이러한 '제소 업체 −피소 업체−조사 당국' 사이의 삼각 관계는 기본적으로 '서면書面, written document'의 형태로 나타난다. 이러한 서면書面, written document 관계의 유일한 예외가 있다면, 그것은 덤핑 마진 영역에서는 앞서 소개된 '현장 실사on-site verification'이고, 산업 피해 영역에서는 아래에서 소개될 '공청회public hearing'이다. 현장 실사가 심사관을 통한 '조사 당국'과의 첫 '대면對面, face-to-face' 접촉이라면, 공청회는 '제소 업체'와의 첫 '대면對面, face-to-face' 접촉, 즉 '상견례相見禮'라 할 수 있다.

다음의 [표 2.16]에는 현장감을 느낄 수 있도록 산업 피해 공청회가 개최되는 반덤핑 관할 당국의 건물 전경美 무역委, ITC(international trade commission) 및 공청회장美 무역委 공청회장의 모습이 예시되어 있다. 서면으로만 공방하던 제소 업체의 담당 인원 및 그 변호인단을 대면하는 것 자체만으로도 신기롭지만, 이해 당사자 공청회 절차가 있기까지의 양측 주장 사항들이 공청회장에 울려 퍼지는 모습은 경이롭기까지 하다. 활자화되어 있던 문서 속의 업무들이 회의장에서 살아 역동하는 모습들에 대한 단상斷想은 애환 속에 치열하게 Case를 사수해 온 반덤핑 실무진만이 가질 수 있는 특권들 중의 하나라고 하겠다.

공청회 절차와 관련해 유념해야 하는 실무 점검 사항은 크게 세 가지이다. 첫째는 '공청회 참석 신청application of hearing attendance'이고, 둘째는 '공청회 주장 사항hearing argument or statement'이며, 셋째는 '공청회 결과 검증verification of hearing result'이다. 먼저, 공청회는 '공청회 참석 신청application of hearing attendance'이 있어야만 회의장 출입이 가능하다. 참석을 희망하는 업체측의 전체 참석/발언자 명단이 사전에 확정되어야 하고, 이에 따라 공청회 당일에 있을 업체별 발언 시간이 조율, 배분된다. 공청회 참석을 위해 출장을 계획하고 있다면 참석 신청이 정상 접수되었는지에 대한 확인은 필수적이다.

표 2.16 **실사 수검 및 공청회 대응**

반덤핑 조사 절차

제소/ 직권
AD petition

조사 개시
AD investigation

덤핑 마진 | 산업 피해

질문서 교부
questionnaire

질문서 교부

답변서 제출
response

답변서 제출

예비 판정
prelim. determination

예비 판정

현장 실사
on-site verification

잠정 조치
provisional measure

5.2 공청회
hearing

최종 판정
final determination

최종 판정

최종 규제
AD order

반덤핑 당국 심사

5.2 공청회 절차 대응

美 무역委(ITC) 전경
'19.2월, 워싱턴 DC

美 무역委 공청회장

둘째는 '공청회 주장 사항hearing argument or statement'이다. 앞서 「덤핑 마진 실사와 산업 피해 공청회」라는 주제로 별도 설명된 것과 같이, 공청회 절차는 '1단계 공청회 전 의견서pre-hearing brief or comment → 2단계 공청회 발언hearing statement → 3단계 공청회 후 의견서post-hearing brief or comment'의 순으로 진행된다. 공청회 참석은 이 가운데 2단계인 '공청회 발언hearing statement'과 직접 관련되어 있고, 同 공청회 발언은 1단계인 '공청회 전 의견서pre-hearing brief or comment'의 내용을 알기 쉽게 요약 발표presentation하는 형태를 띠게 된다. 이런 까닭에, 공청회의 핵심 의제로 회사에서 반드시 다루고자 하는 사항들이 있다면, 그것은 공청회 개최의 앞단인 '공청회 전 의견서pre-hearing brief or comment' 단계에서 이미 회사의 자문 변호인단과 논의, 협의 및 문서화되어 있어야만 한다.

셋째, '공청회 결과 검증verification of hearing result'이다. 공청회에는 수많은 주장들과 다양한 질의 및 응답이 있게 된다. 영어 내지 현지어에 익숙하지 않은 非영어권 혹은 非현지어권 외국인의 경우 언어적인 제약으로 인해 공청회장에서 오고 간 모든 내용들을 정확하게 포착하기란 어렵다. 이런 이유로 '공청회 속기록hearing transcript' 입수는 불가결하다. 공청회는 공적公的, public 절차인 까닭에 그 결과가 공적公的, public 기록의 형태로 남기 마련이고, 공청회 당시 있었던 사건들 중 추가적인 내용 파악이 필요한 사안들에 대해서는 '공청회 속기록hearing transcript'을 확인할 필요가 있다.

판정의 제1영역 덤핑 마진 판정, 업체별 성적표

본 장의 앞선 논의에서, 현지 제조사가 반덤핑 제소를 하기 위한 '위반 입증proof of violation'의 요건으로서, '덤핑 수출existence of dumping, AD 협정 2조'(제1요건), '산업 피해material injury, AD 협정 3조'(제2요건), '인과 관계causal link, AD 협정 3 & 5조'(제3요건)를 살펴본 바 있다. 지금부터 소개할 반덤핑 당국의 판정에 관한 논의는 이 '위반 입증proof of violation'과 관련된 현지 업체의 각각의 제소 내용들에 대한 반덤핑 당국의 판단 결과라고 할 것이다. 소개될 내용의 기본 뼈대를 요약해 보면 다음과 같다.

반덤핑 제소   반덤핑 판정
(제1요건) '덤핑' 혐의 제소 → (제1영역) 덤핑 마진 판정
(제2요건) '피해' 혐의 제소 → (제2영역) 산업 피해 판정
(제3요건) '인과' 혐의 제소 → (제3영역) 최소 부과 원칙

다음의 [표 2.17]의 좌측에 제시된 것과 같이 반덤핑 '예비 판정preliminary determination' 및 '최종 판정final determination'은 각각 반덤핑 조사 절차의 6단계 및 8단계이다. '반덤핑 제소(1단계) → 조사 개시(2단계) → 질문서 교부(3단계) → 답변서 제출(4단계) → 현장 실사 / 공청회(5단계)'까지 반덤핑 관련 절차가 진행되었다면, 그 다음 단계로 남는 것은 반덤핑 당국의 판정 및 조치이다. 반덤핑 당국의 예비 판정이나 최종 판정이나 결정의 메커니즘은 동일하다. 예비 판정preliminary determination이 있고 나서, 이해 당사자들과의 의견 교환 과정을 거쳐 계산상의 오류나 추가 고려 사항들을 보완한 것이 최종 판정prefinal determination일

표 2.17 **반덤핑 판정의 제1영역: 덤핑 마진 판정**

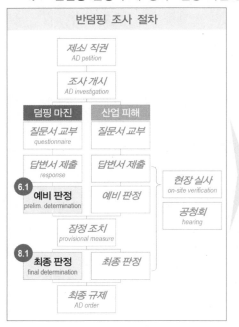
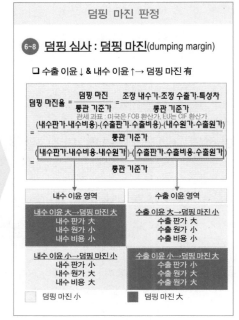

뿐이다. 이런 까닭에, 반덤핑 조사 절차의 6단계인 예비 판정과 그 8단계인 최종 판정을 구분해 살피는 것은 논의의 실익이 없다. 그보다는 예비／최종 판정의 3대 영역이라고 할 수 있는 '덤핑 마진 판정dumping margin(DM) determination'(제1영역), '산업 피해 판정injury determination'(제2영역), '최소 부과 원칙lesser duty rule, LDR'(제3영역)에 대한 정확한 이해가 선결적이라고 할 수 있다. 이하에서는 반덤핑 판정의 3대 영역을 하나씩 차례로 설명하기로 한다.

　　앞의 [표 2.17]의 우측에는 덤핑 마진 판정dumping margin(DM) determination을 위해 반덤핑 당국이 사용하는 일반화된 덤핑 마진의 산식이 정리되어 있다. 주지하는 것과 같이, 덤핑 마진은 '저가 수출의 정도degree of lower export price'이고, 이를 반덤핑 관세 규제를 위해 관세율 형태로 수식화한 것이 '덤핑 마진율dumping margin(DM) ratio'이다. 이런 까닭에 덤핑 마진율dumping margin(DM) ratio의 분모는 관세율 책정이 기초가 되는 통관 기준가, 다시 말해 '관세 과표customs value'이다. 관세 과표customs value는 국가별로 그 기초가 서로 다르다. 미국, 캐나다, 호주, 남아공의 경우 관세 과표customs value는 FOBfree on board 가격이다. 반면에, EU, 중국, 일본, 인도 및 우리 나라를 포함한 대다수의 국가들에 있어서 그것은

CIF^{cost, insurance & freight} 가격이다. 이런 이유로, 미국 반덤핑 Case의 경우에는 덤핑 마진율의 분모로 FOB^{free on board} 가격이 사용되고, EU 반덤핑 Case에 있어서는 덤핑 마진율의 분모로 CIF^{cost, insurance & freight} 가격이 사용된다.

다음으로 덤핑 마진율^{dumping margin(DM) ratio}의 분자인 덤핑 마진^{dumping margin(DM)}을 살펴 보자. '저가 수출의 정도^{degree of lower export price}'로서의 덤핑 마진은 내수 판가에서 수출 판가를 차감해 계산된다. 이 때, 수출 제품이 내수 제품과 물리적 특성^{physical characteristics}에 있어 차이가 있다면 해당 물리적 특성 차^{'DIFMER(difference in merchandise)' or 'PD(physical difference)'}를 조정해 준다. 예컨대, 미국으로 수출되는 냉장고는 '세문형^{3 door}'인 반면에 한국 내수로 판매되는 냉장고는 '양문형^{side by side}'이라면 세문형과 양문형 사이의 물리적 특성차는 원가상의 차이로도 나타나게 되고, 이 원가상의 차이를 동등 수준^{equivalent level}으로 보정해 주는 것이다. 결국 「덤핑 마진 = 내수 판가 - 수출 판가 - 특성 차이^{원가 차이}」로 산식화된다.

그런데, 반덤핑 당국에서 덤핑 마진 심사를 위해 사용하는 판가는 우리가 일반 상식의 관점에서 이해하는 판가가 아니다. 그것은 '공장도 가격 수준^{ex-factory level}'으로 환원된 판가이다. 어떤 까닭에서일까? 서울 전자라는 업체가 부산 공장에서 냉장고를 양산해 미국에도 수출하고 한국에도 판매하는 상황을 가정해 보자. 이 때, '미국 수출 판매 vs. 한국 내수 판매'의 판관비^{SG&A, selling, general & administrative expense} 구조는 다를 수밖에 없다. 예컨대, 미국 수출 판매의 경우에는 선박을 통해 냉장고가 운반되어야 하기 때문에 상대적으로 높은 '해상 운임^{ocean freight}'이 발생한다. 반면에, 한국 내수 판매에 있어서는 트럭을 통해 냉장고를 운송하는 까닭에 상대적으로 낮은 '내륙 운임^{inland freight}'만 발생한다. 이와 같이 '판가^{selling price}'라는 것 자체가 해당 제품의 판매와 관련된 비용^{expense} 및 이윤^{profit} 수준이 종합적으로 반영된 형태로 존재하기 때문에, '미국 수출 판가 vs. 한국 내수 판가'를 일반적 의미의 시장 판가로 비교하는 것은 '공정한 가격 비교^{fair comparison of price}'의 관점에서 적절치 않다. 이런 까닭에 반덤핑 당국이 덤핑 마진 심사에 사용하는 판가는 일반적 관점의 시장 판가가 아니라 '내수 vs. 수출' 판매와 관련된 제반 비용들을 소거한 '조정 후 판가^{adjusted price}'이다. 따라서, 「덤핑 마진 = 내수 판가 - 수출 판가 - 특성 차이^{원가 차이} = 조정 후 내수가 - 조정 후 수출가 - 특성 차이^{원가 차이} = (내수 판가 - 내수 비용) - (수출 판가 - 수출 비용) - (내수 원가 - 수출 원가)」로 수식화된다.

위의 산식을 '내수 판매 vs. 수출 판매'의 영역별 범주로 나누어 재배열하면 다음과 같은 산식을 얻을 수 있다. 「덤핑 마진 = (내수 판가 − 내수 비용 − 내수 원가) − (수출 판가 − 수출 비용 − 수출 원가) = 내수 이윤 − 수출 이윤」이 그것이다. 同 산식에서 마이너스(−) 부호 앞의 '내수 이윤' 숫자는 그것이 커지면 커질수록 덤핑 마진도 증가하게 된다. 반면에, 마이너스(−) 부호 뒤의 '수출 이윤'의 숫자는 그것이 커지면 커질수록 덤핑 마진이 감소하게 된다. 결국 「덤핑 마진 = 내수 이윤 − 수출 이윤」으로 요약되는 수식에서, 내수 이윤이 높고 수출 이윤이 낮을수록 덤핑 마진은 증가하고, 내수 이윤이 낮고 수출 이윤이 높을수록 덤핑 마진은 감소한다. 좀더 직관적으로 설명하면, 수출 이윤이 상대적으로 낮을수록 덤핑 마진은 증가하고, 수출 이윤이 상대적으로 높을수록 덤핑 마진은 감소하는 것이다. 수출 이윤이 높을수록 덤핑 마진이 감소한다는 것은 일반 상식의 관점에서도 너무나도 자명한 결론이다.

결국 수출 기업이 유리한 덤핑 마진 판정을 받기 위해서는 수출 이윤이 상대적으로 많아야 하고 내수 이윤은 상대적으로 적어야 한다. 먼저, 수출 이윤이 많다는 것은, 앞의 [표 2.17] 우측 하단의 다이어그램에 연분홍색으로 적시된 1사분면에서와 같이, 수출 판가는 높고 그것의 원가 및 비용은 낮음을 뜻한다. 다른 한편에서, 내수 이윤이 적다는 것은, 같은 다이어그램의 연분홍색 3사분면에 보이는 것과 같이, 내수 판가는 낮고 그것의 원가 및 비용은 높다는 것을 의미한다. 이런 맥락에서 볼 때, 반덤핑 규제가 '불공정unfair' 한 '국제적 가격 차별 international price discrimination' 행위에 대한 처벌이라는 것은, 곧 불공정하게 내수 이윤은 많이 가져가고 수출 이윤은 적게 가져가는 가격 차별price discrimination에 관한 단죄斷罪인 것으로 이해할 수 있다.

수출 기업 입장에서 조사 당국의 덤핑 마진 판정은 숫자로 된 일종의 '성적표'이다. 그리고 이 성적표는 수입국 내에서의 사업력에 결정적인 영향을 줄 수 있는 규제 관세율을 의미한다. 이 규제 관세율 자체가 업체별로 서로 다르게 주어지는 까닭에, 업체별 덤핑 마진 '성적표'의 등급에 따라 어떤 업체는 시장에서 여전히 생존할 수도, 어떤 업체는 시장에서 완전히 축출, 도태될 수도 있다. 예컨대, EU에 TV를 수출하는 서울 전자와 미래 전자가 있다고 할 때, 반덤핑 조사 절차에서 서울 전자는 덤핑 마진 5%로, 미래 전자는 덤핑 마진 100%로 판정을 받았다고 해 보자. 이 경우 5%의 관세를 추가 부담해야 하는 서울 전자는 제품

원가 절감, 현지 판가 인상 등 전방위 사업 역량을 동원해 어떻게 해서라도 EU에서의 사업을 지속, 확장해 보려고 할 것이다. 경쟁사인 미래 전자의 제품 경쟁력이 반덤핑 관세 규제로 100% 악화된 것은 경쟁 관점에서 큰 호재이기 때문이다. 반면에, 100%의 추가 관세를 부담해야만 하는 미래 전자는 EU 시장에서의 경쟁력을 완전히 상실하고, 그 TV는 EU 시장에서 자취를 감추고 말 것이다. 이러한 경쟁 관계의 역학이 덤핑 마진 판정에 내재되어 있는 까닭에, 수출 기업은 덤핑 마진 판정의 절대적인 수준뿐만 아니라 상대적인 수준, 다시 말해 함께 피소된 경쟁사의 규제 관세율 대비 자사自社의 규제 관세율은 얼마인지에 주목하게 된다.

판매 직접비와 '운전 자본 vs. 기회 비용'

앞서 설명된 것과 같이, 반덤핑 당국에서 덤핑 마진 심사를 위해 사용하는 판가는 '공장도 가격 수준ex-factory level'으로 환원된 판가이다. 그리고, 이 '공장도 가격 수준ex-factory level'으로 판가를 환원하기 위해서는 실제 판가actual selling price에서 판매와 관련된 직접 비용들direct selling expenses, DSEs이 차감되어야 한다. 이 때 차감되는 직접 비용들direct selling expenses, DSEs은 크게 네 가지 범주로 유형화되고, 이는 '4대 판매 직접비'로 명명할 수 있다.

1. '4대' 판매 직접비

4대 판매 직접비는 ① '할인 · 상여discount, rebate & incentive', ② '운송 · 보관 movement & warehousing', ③ '광고 · 판촉advertising & promotion', ④ '수리 · 보증repair & warranty' 비용이다. 4대 판매 직접비를 산정하는 정형화된 공식은 없다. 회사의 관리 수준에 비추어 판매 모델별로 직접 추적이 가능한 가장 합리적인 관점의 자료를 작성, 조사 당국에 제출하면 된다. 그런데, 공장도 가격 수준 ex-factory level으로 판가를 환원하기 위해 산정되는 판매 직접비 가운데에는 이 4대 판매 직접비 외에 특징적인 성격의 비용이 세 가지 더 있다. ① '포장 비용 packing cost', ② '재고 비용inventory carrying cost', ③ '신용 비용credit expense'이 그것이다.

2. '특별 고려' 판매 직접비

1) 포장 비용packing cost

내수 판매 제품은 단거리 운송으로 이루어지는 반면에 해외 수출 제품은 해상 운송 등 장거리 운송에 의존하게 된다. 이런 까닭에 해외 수출 제품을 포장하는 경우에는 제품 손상 가능성을 최소화하기 위해서 완충재 등을 추가로 보강할 수 있다. 내수 vs. 수출 제품 사이에 포장 비용의 차이가 있을 수 있는 것이다. 이런 까닭에, 덤핑 마진 심사를 위한 판매 직접비 산정에는 '포장 비용packing cost'을 특별히 별도로 고려한다.

이 때, 포장 비용packing cost은 회계상으로 판관비SG&A, selling, general & administrative expense가 아닌 제조 원가COM, cost of manufacturing 항목이다. 이런 까닭에 덤핑 마진 심사에서 포장 비용을 판매 직접비DSE, direct selling expense에 포함시키는 경우에 해당 포장 비용은 제조 원가COM, cost of manufacturing 산정에서는 제외된다는 점에 유의할 필요가 있다.

2) 재고 비용 & 신용 비용inventory carrying cost & credit expense

'재고 비용inventory carrying cost'과 '신용 비용credit expense'은 회사의 회계 장부에 기록되지 않는 '기회 비용opportunity cost'으로서의 판매 직접비이다. 이 '기회 비용opportunity cost'으로서의 2개 비용을 명확히 파악하기 위해서는 '운전 자본working capital, WC'에 대한 이해가 선행되어야 한다.

'운전 자본working capital, WC'은 흑자 도산과 관련해 특별히 의미를 갖는다. 서울 전자가 지난 해 1,000억원의 이익을 시현했다고 하자. 그런데 한 해 동안 벌어들인 1,000억원 모두를 신사업에 투자했다고 하면 서울 전자의 은행 계좌에 들어 있는 돈은 0원이 된다. 이 경우 외상 대금의 결제가 밀려 온다면 서울 전자는 대금을 결제할 수 없게 되고 부도 처리될 수밖에 없다. '흑자 도산'인 것이다. 이런 까닭에 많은 기업들은 그 규모에 관계 없이 '캐쉬 플로우cash flow, CF' 관리에 만전을 기하고 있고, 이 '캐쉬 플로우cash flow, CF' 관리의 중심에는 '운전 자본working capital, WC'이 놓여 있다.

기업의 운전 자본working capital, WC은 「재고액INV (inventory) balance + 채권액AR (account receivable) balance − 채무액AP(account payable) balance」으로 산식화된다. 이 때, 운전 자본은, 재고/채권액은 적을수록, 채무액은 많을수록 개선된다. 재고액이 적다는 것은 판매 호조로 창고에 남아 있는 제품이 얼마 없음을 뜻하고, 채권액이 적다는 것은 거래처에 판매한 제품에 대해 수금이 많이 이루어졌음을 의미한다. 또한 채무액이 많다는 것은 거래처에 아직 지불하지 않고 은행에 쥐고 있는 현금이 많음을 뜻한다. 이런 까닭에, 기업들은 예외 없이 운전 자본working capital, WC을 통한 '캐쉬 플로우cash flow, CF' 개선을 위해 '재고/채권'의 금액, 일수는 줄이고 '채무'의 금액, 일수는 늘리려는 다양한 관리 활동을 전개하게 된다.

이제 반덤핑 판매 직접비로서의 '재고 비용inventory carrying cost'과 '신용 비용credit expense'으로 돌아와 보자. 반덤핑 '재고 비용inventory carrying cost'은 운전 자본working capital, WC의 「재고액INV(inventory) balance」을 적정 금리 수준을 고려해 '기회 비용opportunity cost' 관점에서 판매 직접비로 환산한 것이다재고 비용 = 재고 금액×(재고 일수 / 365일)×연 금리. 마찬가지로, 반덤핑 '신용 비용credit expense'은 운전 자본working capital, WC의 「채권액AR(account receivable) balance」을 적정 금리 수준을 고려해 '기회 비용opportunity cost' 관점에서 판매 직접비로 환산한 것이다신용 비용 = 채권 금액×(채권 일수 / 365일)×연금리. 그렇다면, 운전 자본working capital, WC의 「채무액AP(account payable) balance」은 반덤핑 판매 직접비로서 별도 고려가 없는 것일까? 「채무액AP(account payable) balance」 중 제품의 판매와 관련된 비용은, '기회 비용opportunity cost'으로서의 '재고 비용inventory carrying cost'이나 '신용 비용credit expense' 과는 달리, 손익 계산서 income statement(IS) or profit & loss(PL)의 판관비SG&A, selling, general & administrative expense 항목으로 직접 기표된다. 원천적으로 기회 비용opportunity cost 이슈 자체가 없는 것이다. 조사 당국은 이 판관비SG&A, selling, general & administrative expense 항목으로 기표된 금액을 판매 직접비direct selling expenses, DSEs 산정에 활용하기만 하면 될 뿐이다.

가치 평가로서의 덤핑 마진과 4대 제약 조건

덤핑 마진 '판정'이 있으려면 먼저 덤핑 마진 '산정'이 있어야 하고, 이 덤핑 마진 산정은 '내수 vs. 수출' 판가를 적정하게 비교하는 하나의 '가치 평가^{price} ^{valuation}'라고 할 수 있다. 이하에서는 '가치 평가$^{price\ valuation}$'로서의 덤핑 마진 산정의 기본 뼈대를 가치 평가상의 제약 조건들과 관련지어 살피기로 한다.

본 장의 「위반 입증의 제1요건, 저가 수출로서의 덤핑의 존재」에서 약술된 것과 같이, 수출 가격의 '덤핑 수준$^{degree\ of\ dumping}$'은 두 가지 기준에 의해 결정된다. 첫째는, 기준 제품$^{basis\ product}$으로서의 '동종 제품$^{like\ product}$'이고, 둘째는 기준 가격$^{basis\ price}$으로의 '정상 가격$^{normal\ value}$'이다. 「위반 입증의 제1요건, 저가 수출로서의 덤핑의 존재」의 제목 아래에서 논의된 주된 주제가 첫번째 기준인 기준 제품으로서의 '동종 제품$^{like\ product}$'에 관한 것이었다면, 본 절에서 다룰 내용은 두번째 기준인 기준 가격으로서의 '정상 가격$^{normal\ value}$'이다. 아래의 [표

표 2.18 덤핑 마진 가치 평가와 4대 제약 조건

2.18]에는 정상 가격normal value 산정과 관련된 전체 프레임frame이 도식화되어 있다. 본 절에서 '내수 가격domestic price', '제3국 가격3rd country price', '구성 가격CV, constructed value', '대체 가격SV, surrogate value'으로 소개되는 개념들은 모두 앞 절에서 논의된 '공장도가 수준ex-factory level'의 환원 판가라는 점에 유념해야 한다.

앞의 [표 2.18]에 요약되어 있는 것과 같이, 덤핑 마진 산정을 위한 '내수 vs. 수출' 가격 비교는, 수출 판가를 '정상 거래ordinary course of trade'로서의 '대표성 representativeness'이 인정되는 내수 가격과 비교함으로써 이루어진다. 그리고, 여기서 정상 거래ordinary course of trade로서의 대표성representativeness이 인정되는 내수 가격이란 곧 수출 판가에 대한 기준 가격basis price으로서의 '정상 가격 normal value'을 의미한다. 이 때, 덤핑 수출의 판단이 되는 기준 가격으로서의 '정상 가격normal value'은 우리 나라, 일본과 같은 시장 경제국ME, market economy이 반덤핑 피소되는 Case와 중국, 베트남과 같은 非시장 경제국NME, non-market economy이 반덤핑 피소되는 Case의 경우로 양대별된다.

먼저, 우리 나라, 일본과 같은 시장 경제국ME, market economy이 반덤핑 피소되는 Case이다. WTO 반덤핑 협정의 모법母法, mother law인 GATTgeneral agreement on tariffs & trade, 관세및무역에관한일반협정는 그 6조에서 '정상 가격normal value'으로 사용 가능한 판가를 세 가지로 유형화하고 있다. 첫째는 '반덤핑 피소국 내의 내수 가격domestic price'이고GATT 6조 1.(a)이고, 둘째는 반덤핑 피소국 내의 同 내수 가격 domestic price이 대표성을 갖지 못할 때 사용되는 '제3국 내의 가격3rd country price'이다GATT 6조 1.(b).(i). 셋째는, 반덤핑 피소국 내의 내수 가격domestic price이나 제3국 내의 가격3rd country price을 사용하는 것이 적절치 않은 경우 고안되는 '가상 가격으로서의 구성 가격CV, constructed value'이다GATT 6조 1.(b).(ii).

예컨대, 서울 전자가 미국으로 수출하는 한국산 에어컨이 미국에서 반덤핑 피소되는 경우를 생각해 보자. '미국 수출 판가 vs. 한국 내수 판가'로 가격이 평가, 비교된다면 이것이 첫번째 유형에 해당된다. 반면, 한국 내수 판매가 없거나 한국 내수 판가가 정상 가격으로서의 대표성을 인정 받을 수 없을 때에는 서울 전자가 캐나다로 수출하는 에어컨의 가격이 기준 가격으로 사용될 수 있다. 즉 캐나다 수출 판가를 기준 가격으로 삼아, 서울 전자의 '미국 수출 판가 vs. 캐나다 수출 판가'를 비교하는 것이다. 이것이 두번째 유형에 해당된다. 한편, 첫번째, 두번째 유형이 모두 정상 가격으로서의 대표성이 없다면, 미국의 반덤핑 당국은 가상의 판가를 자체적으로 구성해 이를 기준 가격으로 삼을 수 있다. 이와 같이 '미국 수출 판가 vs. 당국 고안 판가' 간에 가격 비교가 있게 되면 이것이 세번째 유형에 해당된다.

다음으로, 중국, 베트남과 같은 非시장 경제국NME, non-market economy이 반덤핑 피소되는 Case이다. 非시장 경제국은, 시장 기구에 의해 가격이 형성되는 시장 경제국과는 달리, 가격 형성에 정부의 통제가 개입될 개연성이 높다. 이런 까닭에 GATT는 非시장 경제국이 반덤핑 피소되는 경우 그 수출 판가에 대한 기준 가격basis price으로서 대체적인 방법을 고안할 수 있음을 규정하고 있다 GATT 6조 부속서 I.1.2. 그리고 이 非시장 경제국에 있어서의 대체적인 기준 가격은 '대체 가격SV, surrogate value'으로 명명된다. 이제 지금까지 설명된 (1) '내수 가격 domestic price', (2) '제3국 가격3rd country price', (3) '구성 가격CV, constructed value', (4) '대체 가격SV, surrogate value' 각각에 대해 살펴 보도록 하자.

내수 가격domestic price

기준 가격basis price으로서의 '정상 가격normal value'을 산정하기 위해 고려되는 제1순위의 기준은 반덤핑 피소국 내에서의 '내수 가격domestic price'이다. 이와 관련, 반덤핑 당국은 수출과 비교되는 내수 거래의 대표성representativeness 여부를 검증하기 위해 각종의 '대표성 테스트representativeness test'를 실시하게 되는데, 크게 네 가지 영역에서 수행된다. 첫째는 판가selling price 영역, 둘째는 물량sales volume 영역, 셋째는 원가차cost difference 영역, 넷째는 관계사affiliated company 영역 이다. 그리고, 그 첫째인 판가selling price 영역에서는 '총원가 테스트COP, cost of production test'가, 둘째인 물량sales volume 영역에서는 '충분성 테스트viability or sufficiency test'가, 셋째인 원가차cost difference 영역에서는 '원가차 테스트DIFMER, difference in merchandise test'가, 넷째인 관계사affiliated company 영역에서는 '팔길이 테스트arm's length test'가, 내수 거래의 대표성을 검증하기 위해 사용된다.

본 절의 제목인 「가치 평가로서의 덤핑 마진과 4대 제약 조건」에서 '4대 제약 조건'이란, 수출과 비교되는 내수 거래의 대표성을 검증하기 위해 수행되는 이러한 네 가지 테스트를 뜻한다. 이 4대 테스트 가운데 WTO 반덤핑 협정은 처음 두 가지 영역, 즉 판가 영역에서의 '총원가 테스트COP(cost of production) test'

와 물량 영역에서의 '충분성 테스트viability or sufficiency test'만을 규정하고 있다총원가 테스트는 협정 2.2.1조 각주 5, 충분성 테스트는 협정 2.2조 각주 2. 원가차 영역의 '원가차 테스트DIFMER(difference in merchandise) test'와 관계사 영역의 '팔길이 테스트arm's length test'는 각국의 입법 혹은 관행을 통해 운영, 정립되고 있다. 이런 맥락에서, 내수 정상가domestic normal value 산정을 위한 제약 조건으로서의 4대 대표성 테스트 가운데 세계적으로 합의가 되어 있고 그 중요도에 있어서도 가장 핵심적인 것은 판가 영역의 '총원가 테스트COP(cost of production) test'와 물량 영역의 '충분성 테스트viability or sufficiency test'라고 할 수 있다. 판가 영역의 총원가 테스트부터 순서대로 살피기로 한다.

총원가COP, cost of production 테스트: 내수 판가 ≥ 내수 총원가

총원가 테스트를 직관화된 수식으로 정의하면, 「내수 이윤 ≥ 0」으로 개념화할 수 있다. 덤핑 수출은 저가 수출이고, 저가 수출은 곧 '원가 미만 판매sales below cost'이다. 이 '원가 미만 판매sales below cost'는 '판매 이윤 적자negative sales profit'의 다른 표현인 까닭에, 수출 판가에 대한 기준 가격basis price으로서의 '내수 가격domestic price'은 원가 미만 판매sales below cost나 판매 이윤 적자negative sales profit는 최소한 아니어야 한다는 것이다. 그리고, 이 「내수 이윤 ≥ 0」이라는 것은 곧, 「내수 판가 ≥ 내수 총원가」임을 의미한다.

어떤 제품을 양산해 시장에서 판매하기 위해서는 제조 원가, 판관 비용 및 이윤이 고려되어야 한다. 즉, 「판가 = 제조 원가 + 판관 비용 + 이윤」인 것이다. 이 때, 「총원가 = 제조 원가 + 판관 비용」이라고 한다면, 이를 통해 「판가 = 총원가 + 이윤」이라는 산식을 얻을 수 있다. 따라서, 「이윤 = 판가 − 총원가」가 되고, 어떤 제품의 「이윤 ≥ 0」이라는 것은 「판가 − 총원가 ≥ 0」, 다시 말해 「판가 ≥ 총원가」가 되는 것이다.

여기서 명확한 교통 정리가 필요한 개념들이 있다. '제조 원가COM, cost of manufacturing vs. 총원가COP, cost of production'가 바로 그것이다. '제조 원가COM, cost of manufacturing'는, 주지하는 것과 같이, 제품을 양산하기 위해 소요되는 원가를 의미하고, 이는 재료비material cost, 노무비labor cost, 제조 경비manufacturing overhead(O / H)를 그 3대 하위 요소로 한다.(「제조 원가 = 재료비 + 노무비 + 제조 경비」). 반면에, '총원가COP, cost of production'는 이 생산 단계의 '제조 원가 COM, cost of manufacturing'에 판매 단계의 제반 비용인 판관비SG&A, selling, general & administrative expense까지 가산한 개념이다(「총원가 = 제조 원가 + 판관비」). 반덤핑 대응 실무와 관련된 많은 논의에서 양자 사이의 혼선을 종종 목도하곤 한다. 명확한 개념 구분이 필요하다고 하겠다.

  총원가 테스트를 수행하기 위한 법적 가이드라인guideline은 WTO 반덤핑 협정에 명문화되어 있다. 즉 총원가 이상으로 내수 판매된 어떤 모델군model group, 미국은 이를 'CONNUM(control number)'으로, EU는 이를 'PCN(product control number)'으로 명명의 물량은 해당 모델군의 내수 전체 판매 물량 대비 80% 이상이어야만 대표성을 갖는 내수 판매로서 간주된다(협정 2.2.1조의 각주 5). 이런 까닭에, 총원가 테스트를 통과한 판매 물량이 80% 미만인 경우에는 해당 모델군의 내수 판가는 기준 가격basis price으로서의 정상성을 인정받을 수 없게 된다. 미국을 포함한 다수 국가들의 실무례는, '총원가 이상 판매sales above cost'가 전체 판매 물량의 80% 이상이면, 다시 말해 '총원가 미만 판매sales below cost'가 20% 미만인 경우라면, '총원가 이상 판매sales above cost + 총원가 미만 판매sales below cost'를 모두 정상 가격normal value 계산에 포함, 사용한다. 반면에, '총원가 이상 판매sales above cost'가 전체 판매 물량의 80% 미만이라면, 즉 '총원가 미만 판매sales below cost'가 20% 이상인 경우에는, '총원가 이상 판매sales above cost'만을 정상 가격normal value 산정에 사용한다. EU의 경우에 전통적으로는 미국보다 세분화된 방식의 총원가 테스트를 수행해 왔으나총원가 이상 판매(sales above cost)의 비중이 10%(경우에 따라 20%) 미만이면 해당 내수 모델군 전체의 정상성을 부인하고 구성 가격(CV, constructed value)을 적용하는 조건을 미국 방식 대비 추가, EU - 노르웨이 양식 연어farmed salmon 반덤핑 WTO 분쟁 사건'06~08년, WTO 사건 번호 DS337 이후 미국과 동일한 방식으로 전환한 것으로 알려져 있다. 이상의 논의들은 앞의 [표 2.18]의 우측 상단에 요약된 총원가 테스트의 산식으로 압축할 수 있다.

충분성 테스트viability or sufficiency test: 수출 대비 내수 판매량 ≥ 5%

기업에서 양산, 판매하는 다양한 제품들 가운데에는 소위 '대표 모델representative model'이란 것이 있다. 이 때, 이 '대표 모델representative model'이란 것은 그 가격적인 측면이나 물량적인 측면에서 해당 기업의 제품군을 대표하는 모델을 의미한다. 가치 평가price valuation로서의 덤핑 마진 산정에 있어서도 동일하다. '수출 판매'에 대해 대표성을 갖는 '내수 판매'란 그 가격적인 측면이나 물량적인 측면에서 통상적인 거래ordinary course of trade로서의 대표성representativeness을 담보할 수 있어야만 한다. 앞서 살핀 '총원가COP, cost of production 테스트'가 가격 측면에서의 대표성을 검토하는 것이라면, 물량 측면에서의 대표성을 검증하는 것이 이하에서 설명될 '충분성 테스트viability or sufficiency test'라고 할 수 있다.

WTO 반덤핑 협정은 내수 판매의 물량 측면에서의 대표성 요건을 '5%'로 명문화하고 있다(협정 2.2조의 각주 2). 즉 반덤핑 피소된 수출국 내에서의 판매량이 반덤핑 제소국인 수입국 내에서의 판매량 대비 '5% 이상5 percent or more'은 되어야 한다는 것이다. 이 '5% 이상5 percent or more' 기준에 대한 실무 적용은, 미국은 시장market 기준이고 EU는 모델군PCN, product control number 기준이다.

예컨대, 서울 전자에서 미국과 EU로 수출하는 한국산 세탁기가 미국과 EU에서 모두 반덤핑 피소되었다고 가정하자. 이 때, 미국이나 EU에서는 모두 '드럼형F/L, front-loader 모델군 + 통돌이T/L, top loader 모델군'으로 총 2개 모델군model group, 미국은 이를 'CONNUM(control number)'으로, EU는 이를 'PCN(product control number)'으로 명명이 수출 판매된다고 간주하자. 이 경우 美 조사 당국은 드럼형, 통돌이 2개 모델군이 모두 포함된 세탁기 전체에 대해 서울 전자의 '미국 판매 물량 vs. 한국 판매 물량'을 비교하게 된다. 그리고 한국에 판매된 2개 모델군의 전체 물량이 미국에서 판매된 2개 모델군의 전체 물량 대비 5% 이상이라면, 同 한국 판매 물량을 미국 판매 물량에 대해 대표성을 갖는 것으로 간주한다. 반면에, EU의 조사 당국은, 드럼형, 통돌이 2개 모델군이 모두 포함된 세탁기 전체에 대해 '미국 vs. 한국' 판매 물량을 비교할 뿐만 아니라, 드럼형 모델군, 통돌이 모델군 각각에 대해서도 5%라는 판매 물량 기준의 충족 여부를 검토하게 된다. 그리고, 세탁기 전체로나 하위 모델군 각각으로나 모두 이 5% 기준을 충족하지 못한 경우에는 대체적인 가격 비교 방법을 적용하게 된다. 그렇다면 이러한 경우 대체적인 가격 비교 방법이란 무엇일까?

반덤핑 피소국 내의 국내 가격domestic price이 충분성 테스트viability test를 통과하지 못할 때에 사용되는 대체적 방법의 우선 순위는 주요국의 실무례에 차이가 있다. 미국의 경우에는, '1순위 국내 가격domestic price → 2순위 제3국 가격3rd country price → 3순위 구성 가격CV, constructed value'이 기본적 원칙이고, EU에 있어서는 '1순위 국내 가격domestic price → 2순위 구성 가격CV, constructed value'이 일반적 관행이다. 이러한 차이는 충분성 테스트의 수행 레벨이 '시장market'인지, '모델군model group'인지에 연유되는 것으로 이해할 수 있다. 미국의 경우에는 충분성 테스트를 '시장market' 레벨에서 수행하는 까닭에, 반덤핑 피소국 내의 내수 가격domestic price이 대표성이 없는 경우라면 同 내수 가격은 제3국 가격3rd country price으로 전적으로 대체된다. 반면에, 충분성 테스트를 '모델군model group' 레벨로 실시하는 EU에 있어서는, 충분성 테스트를 통과하지 못한 '모델군model group'에 대해 2순위로 '제3국 가격3rd country price'을 적용하는 경우 덤핑 마진 산식 자체가 복잡화된다. 위의 서울 전자의 미국 / EU향 한국산 세탁기 반덤핑 Case에 대한 가설적 예시에서, EU향 드럼형 세탁기는 EU의 충분성 테스트를 통과한 반면에 EU향 통돌이 세탁기는 충분성 테스트를 통과하지 못해 캐나다가 제3국 가격으로 적용되었다고 다시 가정해 보자. 이 경우, 동일한 한국산 세탁기에 대한 반덤핑 심사임에도 불구하고, EU에서 판매되는 드럼형 한국산은 'EU vs. 한국'으로 가격 비교가 실시되고, EU에서 판매되는 통돌이 한국산은 'EU vs. 캐나다'로 가격 비교가 수행되어, 복잡하기만 할 뿐 불합리한 가격 평가가 될 수 있다.

특성차 테스트DIFMER(difference in merchandise) test: 모델군 원가차 20% 이내

앞 절인 「판정의 제1영역 덤핑 마진 판정, 업체별 성적표」에서 덤핑 마진 산정에 고려되는 '원가 차이'에 대해 언급한 바 있다. 즉 수출 제품이 내수 제품과 물리적

Labrador vs. Golden Retriever

특성physical characteristics에 있어 차이가 있다면 해당 물리적 특성차'DIFMER(difference in merchandise)' or 'PD(physical difference)'를 조정해 준다는 것이다. 예컨대, 미국으로 수출되는 냉장고는 '세문형3 door'인 반면에 한국 내수로 판매되는 냉장고는 '양문형side by side'이라면 세문형과 양문형 사이의 물리적 특성차는 원가상의 차이로도 나타나게 되고, 이 원가상의 차이를 동등 수준equivalent level으로 보정해 주는 것이다. 결국 「덤핑 마진 = 내수 판가조정 후 내수가 − 수출 판가조정 후 수출가 − 특성 차이원가 차이」로 산식화된다.

그렇다면, 이러한 물리적 특성차'DIFMER(difference in merchandise)' or 'PD(physical difference)'는 '차이의 정도degree of difference'에 관한 고려 없이 무차별적으로 적용될 수 있는 것일까? 그렇지 않다. 물리적 특성차, 즉 원가 차이가 정상 수준을 넘는 경우에 수출 제품에 대한 기준 제품basis product으로서의 내수 제품의 대표성representativeness 자체가 문제될 수 있기 때문이다. 따라서, 내수 제품의 대표성representativeness을 인정할 수 있는 원가 차이의 적정 범위가 쟁점화될 수밖에 없고, 미국은 이를 'DIFMERdifference in merchandise 테스트'로 불리는 특성차 테스트를 통해 해결하고 있다. 앞서 설명된 것과 같이, WTO 반덤핑 협정은 '특성차 테스트'DIFMER(difference in merchandise)' or 'PD(physical difference)' test'에 대한 명문의 규정을 두고 있지 않고, EU의 경우에도, 미국과는 달리, 이에 대한 의무화된 기준을 제공하고 있지 못하다. 반덤핑 조사관의 재량discretion에 그 구체적인 적용을 위임하고 있는 것이다.

미국이 실시하는 원가차 테스트의 경우, 원가차의 율을 산정하는 분모로는 수출 모델군의 '수출 총 제조 원가COM, cost of manufacturing'를 사용하고, 내수 vs. 수출 모델군 간의 원가차를 계산하는 분자로는 '내수 변동 제조 원가variable COM of domestic product − 수출 변동 제조 원가variable COM of export product'를 적용한다. 제품의 판매 수준과는 관계 없이 고정적으로 발생하는 고정 제조 원가fixed COM는 내수 vs. 수출 모델군 간의 원가차에서 배제하고 있다. 그리고 앞의 [표 2.18]의 우측 중앙에 수식화된 '특성차 테스트'의 결과값이 ±20% 이하인 경우에 한해 수출 모델군과 비교되는 내수 모델군의 대표성이 있는 것으로 간주한다. 특성차 테스트의 결과값이 ±20%을 초과하는 경우라면, 특성차 테스트의 결과값이 ±20% 이내의 구간으로 들어오는 다른 유사한 내수 모델군model group, CONNUM(control number)을 추적해 가격 비교하게 된다.

팔길이 테스트arm's length test: 非관계사向 판가 대비 편차 2% 이내

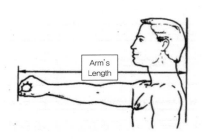

이제 내수 정상가domestic normal value 산정을 위한 4대 대표성 테스트 가운데 마지막인 '팔길이 테스트arm's length test'를 살펴 보도록 하자. 팔길이 테스트의 영문명인 'Arm's Length Test'에서 간취할 수 있듯이, 한쪽의 팔 길이가 관계사 거래, 다른 한쪽의 팔 길이가 非관계사 거래라면, 양쪽의 팔 길이가 같아야만 관계사 거래를 정상 거래로 볼 수 있다는 것이 관계사 테스트의 요구 사항이다. 이런 측면에서 관계사 테스트는 '팔길이 테스트arm's length test'로 명명할 수 있을 것이다. 이 관계사 테스트arm's length test에 대해서도 WTO 반덤핑 협정은 그 구체적인 기준을 제시하지 못하고 있다. 미국의 경우에는 그에 대한 계량화된 산출 기준을 가지고 있지만, EU에 있어서도 관계사向 거래의 정상성 유무에 대한 판단은 반덤핑 당국의 재량discretion 사항이다.

그렇다면 '관계사affiliated company'란 무엇일까? 관계사affiliated company는 상호 간에 밀접하게 영향력을 행사할 수 있는 회사로서, 기업 회계 기준GAAP, generally accepted accounting principles상의 특수 관계자affiliated persons로 보는 것이 가장 일반화된 해석이다. 우리 나라 대기업'Chaebol'의 경우, 공정委공정거래위원회, Korea Fair Trade Commission(KFTC)가 지정하고 있는 '기업 집단 및 계열 회사'를 반덤핑 피소 업체의 관계사affiliated company로 판단하는 것이 실무 관행이다.

미국의 경우, 관계사向 거래의 팔길이 테스트arm's length test를 수행을 위한 기준 가격인 분모는 '非관계사向 내수 가격평균가'이고, 기준 가격과 대상 가격과의 편차인 분자는 '관계사向 내수 가격평균가 − 非관계사向 내수 가격평균가'이다. 그리고 앞의 [표 2.18]의 우측 중앙에 산식화된 '팔길이 테스트arm's length test'의 결과치가 ±2% 이하라면, '관계사 向 vs. 非관계사向' 내수 판가 사이에 非정상적 가격 편차는 없는 것으로 간주된다. 반면에, 그 결과값이 ±2% 초과라면, 非정상적 가격 편차가 있는 것으로 보고, 同 관계사向 내수 거래를 덤핑 마진 산정에서 제외하게 된다.

　　EU를 포함한 많은 다른 나라들의 반덤핑 당국은 일반적으로 ±5%를 그 기준으로 삼고 있지만, 이는 반덤핑 조사관들의 일반화된 관행practice일 뿐, 명확한 법적 근거에 기초한 것은 아니라는 점에 실무상 유념이 필요하다.

　　그런데, 반덤핑 피소 업체의 관계사와의 거래는 판매단sales뿐만 아니라 원가단cost에서도 발생한다. 예컨대, TV를 양산하기 위해 소요되는 자재, 부품을 관계사로부터 구매하고 있다면, 반덤핑 조사 당국은 이 원가단의 관계사 거래에 대해서도 정상성 소명을 요구하게 된다. 판매단의 관계사 정상성 검증과는 달리, 원가단의 관계사 테스트는 정해진 방법이 없다. 따라서, 이 원가단 관계사 거래의 정상성을 입증하기 위해 반덤핑 피소 업체가 실무상 사용하는 방식은 일반적으로 아래의 세 가지이다.

　　(제1방식) 반덤핑 피소사 구매가 비교: '관계사發 vs. 非관계사發'
　　(제2방식) 원가단 관계사 공급가 비교: '관계사向 vs. 非관계사向'
　　(제3방식) 원가단 관계사 공급가 분석: '원가 & 이윤 vs. 실공급가'

총원가 vs. 충분성 테스트의 적용 순위

지금까지 살펴 본 정상 가격normal value의 대표성representativeness test을 검증하기 위한 4대 제약 조건, 다시 말해, 판가 영역의 '총원가 테스트COP(cost of production) test', 물량 영역의 '충분성 테스트viability or sufficiency test', 원가차 영역의 '원가차 테스트DIFMER(difference in merchandise) test', 관계사 영역의 '팔길이 테스트arm's length test' 가운데, WTO 반덤핑 협정이 명시적으로 규율하고 있는 것은 판가 영역의 '총원가 테스트COP(cost of production) test'와 물량 영역의 '충분성 테스트viability or sufficiency test' 두 가지 뿐이다. 그런데, 사업 관점에서 볼 때 시장 거래의 판가, 물량은 한 통으로 일체화되어 움직이는 두 개의 축이다. 그렇다면, 정상 가격normal value의 대표성representativeness을 검증하기 위한 양자 사이의 적용상의 우선 순위는 어떻게 이해할 수 있는 것일까?

[표 2.18]의 좌측으로 돌아가 보자. 반덤핑 판정을 위한 기준 가격basis price을 분류하는 제1의 기준이 '시장 경제국ME, market economy vs. 非시장 경제국NME, non-market economy'인 것을 확인할 수 있다. 이것은 대표성을 갖는 기준 가격basis price을 판단하는 제1의 기준이 '시장 전체market as a whole'의 속성이라는 것을 뜻한다. 그런데, 충분성 테스트viability or sufficiency test는 내수의 '시장 전체market as a whole' 물량을 검증하는 것이고 총원가 테스트COP(cost of production) test는 주어진 내수 시장 내에서 '특정 모델군specific model group'의 판가를 검증하는 것이다. 이런 까닭에, '시장 전체market as a whole → 특정 모델군specific model group'의 논리적 순서로 내수 거래의 대표성이 검증된다. 결론적으로, '충분성 테스트viability or sufficiency test → 총원가 테스트COP(cost of production) test'의 순서로 정상 가격normal value에 대한 대표성representativeness 검증이 수행된다.

제3국 가격3rd country price

반덤핑 피소국 내의 내수 가격domestic price이 그 대표성을 인정받지 못할 경우에, '제3국 가격3rd country price', '구성 가격CV, constructed value' 가운데 어떤 것이 우선적으로 적용되어야 하는 것일가? WTO 반덤핑 협정은 이에 대해 침묵하고 있다. 수출 판가에 대한 기준 가격basis price으로서 반덤핑 피소국 내의 '내수 가격domestic price'이 최우선 고려되어야 함에는 이론異論이 없다. 그러나 앞의 [표 2.18]의 좌측 하단에 제시된 '제3국 가격3rd country price', '구성 가격CV, constructed value'의 적용 순위에 대해서는 각국의 입법 및 실무에 차이가 있다. WTO 반덤핑 협정이 이에 대해 명시적인 기준을 제공하고 있지 못하기 때문이다.

앞서 충분성 테스트viability or sufficiency test에 관한 논의에서 다루어진 것과 같이, 수출 판가에 대한 기준 가격basis price의 적용 순위는, 미국의 경우에는 '1순위 국내 가격domestic price → 2순위 제3국 가격3rd country price → 3순위 구성 가격CV, constructed value'이 기본적 원칙이고, EU에 있어서는 '1순위 국내 가격domestic price → 2순위 구성 가격CV, constructed value'이 일반적 관행이다. 그런데, 최근 미국에서는 위의 기준 가격 적용 순위를 EU와 유사한 방식으로 변경하려는 움직임이 포착되고 있다.

표 2.19 美 상무부의 통상 법령 개정案 관보 공고

* 출처: 美 연방 관보(https://www.federalregister.gov/) > 관보 번호 81 FR 58419.

앞의 [표 2.19]는 美 상무부가 2016년 8월 25일에 공고한 美 통상 법령19 CFR 351.404(f) & 405(a) 개정案이다. 同 개정案에 따르면, '미국 수출 판매 vs. 반덤핑 피소국 내수 판매' 사이의 가격 비교에 있어서, 반덤핑 피소국 내에 내수 소량 판매insufficient sales가 존재해 美 수출 판가와의 가격 비교가 적절치 않은 경우에, 다시 말해 충분성 테스트viability or sufficiency test를 통과하지 못할 때에는, 제3국 가격3rd country price을 기준 가격basis price으로 사용하던 기존의 방식은 폐기되고 美 상무부의 자체 산정 수치인 구성 가격CV, constructed value을 사용하는 방식이 채택된다.

다음의 [표 2.20]에서 보이는 것과 같이, 美 법령 정보https://www.regulations.gov/〉 법령 식별 번호(Docket ID) ITA-2016-0009에 따르면, 同 개정案은 2016년 8월 25일에 개정案을 공고한 후 2016년 9월 26일까지 한 달간 이해 당사자들의 의견 수렴을 마친 상태이다. 최종 발효는 2019년 12월 안팎으로 예상된다. 同 개정案이 별다른 변경 사항 없이 현재 案대로 발효되는 경우, 美 상무부의 재량권 확대 및 구성 가격CV, constructed value에 대한 예측 가능성predictability 저해로 인해 수출 기업들의 반덤핑 대응에 난항이 있을 것으로 예상된다.

표 2.20 美 상무부의 통상 법령 개정案 입법 현황

' 출처: 美 법령 정보(https://www.regulations.gov/) > 법령 식별 번호(Docket ID) ITA-2016-0009.

수출 판가에 대한 기준 가격basis price으로서 '내수 가격domestic price'이 아닌 '제3국 가격3rd country price'이 사용되는 경우에도 '제3국 가격3rd country price' 자체가 '고안된 판가invented price'가 아닌 '실제의 판가actual price'라는 측면에서 내 수 가격 domestic price에 대한 덤핑 마진의 4대 제약 조건은 동일하게 적용된 다고 할 것이다. 즉 판가 영역의 '총원가 테스트COP, cost of production test', 물량 영역의 '충분성 테스 트viability or sufficiency test', 원가차 영역의 '특성차 테스트DIFMER(difference in merchandise) test', 관계사 영역의 '팔길이 테스트arm's length test'의 통과가 필요한 것이다.

구성 가격CV, constructed value

반덤핑 피소국 내의 '내수 가격domestic price', '제3국 가격3rd country price'이 모두 그 대표성을 인정받지 못할 경우에는 유일한 선택지選擇肢로서 '구성 가격

CV, constructed value'이 고려된다. 앞의 [표 2.18]의 우측 하단에 적시되어 있는 것과 같이, 구성 가격CV, constructed value은 「'실제' 제조 원가'actual' COM(cost of manufacturing) + '구성' 판관 비용'reasonable' SG&A(selling, general & administrative expense) + '구성' 적정 이윤'reasonable' profit」으로 산식화할 수 있다. 구성 가격 CV, constructed value이 기초하고 있는 이 세 가지 요소들 가운데 첫번째인 「'실제' 제조 원가'actual' COM(cost of manufacturing)」의 경우에는, 조사 대상 수출 제품의 재료비material cost, 노무비labor cost, 제조 경비manufacturing overhead(O / H)의 합으로 구성된 반덤핑 피소 업체의 실제 원가actual cost가 고려된다는 점에서 반덤핑 피소 업체 입장에서 치명적인 이슈 사항은 없다고 하겠다. 문제는 「'구성' 판관 비용'reasonable' SG&A(selling, general & administrative expense)」과 「'구성' 적정 이윤'reasonable' profit」이다. 다양한 제품의 포트폴리오portfolio로 사업을 영위하는 대기업의 경우 하나의 회사 내에 여러 사업부들이 존재하는 것이 일반적이다. 이 경우 상정 가능한 「'구성' 판관 비용'reasonable' SG&A(selling, general & administrative expense)」및 「'구성' 적정 이윤'reasonable' profit」의 산정 방식은 아래의 네 가지로 대별된다.

(제1방식) 반덤핑 피소된 제품 답변서상 판관비 / 이윤율 적용
(제2방식) 반덤핑 피소사 대상 사업부의 판관비 / 이윤율 적용
(제3방식) 반덤핑 피소사 전사적 차원의 판관비 / 이윤율 적용
(제4방식) 반덤핑 피소사 外 제3업체의 판관비 / 이윤율 적용

물론, 위에서 상정한 네 가지 경우의 가짓수 외에도 다양한 형태의 「'구성' 판관 비용'reasonable' SG&A(selling, general & administrative expense)」, 「'구성' 적정 이윤'reasonable' profit」이 고안될 수 있음은 자명하다. 반덤핑 당국의 재량discretion 사항이기 때문이다. 이 경우 반덤핑 조사관이 어떤 판관비율, 어떤 이윤율을 적용하느냐에 따라 반덤핑 규제율은 다양한 스펙트럼spectrum을 보이게 된다. 이런 맥락에서, 구성 가격CV, constructed value은 회사의 통제 가능성을 벗어나 굴절과 분산을 통해 다양한 규제의 스펙트럼spectrum을 결과하는 '덤핑 마진의 프리즘 prism of dumping margin'으로 명명할 수 있다.

구성 가격CV, constructed value은 반덤핑 당국의 입장에서는 덤핑 마진 산정

을 위한 최후의 보루이다. 반면에, 그것은 반덤핑 피소된 수출 업체 입장에서는 상정 가능한 최악의 가격 평가 방식 중의 하나이다. 반덤핑 규제의 기로에 서 있는 수출 기업으로서는 덤핑 마진의 '절대 수준absolute level'에 못지 않게 덤핑 마진에 대한 '예측 가능성predictability' 또한 중요하기 때문이다. 산정 방법론의 상당 부분을 '합리적reasonable'이라는 조건 아래에 조사관의 재량discretion 영역에 위임AD 협정 2.2.2조하고 있는 구성 가격CV, constructed value은, 곧 반덤핑 피소 업체에게 규제 수준에 대한 '합리적reasonable' 예측 가능성의 봉쇄를 뜻한다. 그리고, 이것은 수입국 현지 시장에서의 경쟁 구도의 변화에 대한 불확실성을 의미하는 것이다.

대체 가격SV, surrogate value

지금까지의 논의는 '시장 경제국ME, market economy' 반덤핑 Case에 적용되는 정상 가격normal value에 관한 것이었다. 그렇다면, '非시장 경제국NME, non-market economy' 반덤핑 Case의 경우에는 어떻게 정상 가격normal value을 산정할 것인가? 앞서 언급된 것과 같이, 非시장 경제국NME, non-market economy은 가격 형성에 정부의 통제가 개입될 개연성이 높고, 이런 까닭에 GATT는 非시장 경제국에 대한 반덤핑 기준 가격basis price으로서 대체적인 방법을 고안할 수 있음을 명문화했다GATT 6조 부속서 I.1.2. 이 때, 非시장 경제국에 있어서의 대체적인 기준 가격은 '대체 가격SV, surrogate value'으로 명명된다.

앞의 [표 2.18]의 우측 최하단에 요약된 것과 같이, 기준 가격으로서의 대체 가격SV, surrogate value은 「'대체' 제조 원가'surrogate' COM(cost of manufacturing) + '대체' 판관 비용'surrogate' SG&A(selling, general & administrative expense) + '대체' 적정 이윤'surrogate' profit」으로 수식화된다. 구성 가격CV, constructed value과 대체 가격SV, surrogate value의 산식을 같이 놓고 비교해 보면, 한편으로는 같은 듯 보이기도 하고 다른 한편으로는 다른 것처럼 느껴진다. 어떤 본질적인 차이가 있는 것일까? 그것은 반덤핑 피소국 내에서 형성된 가격을 인정하는지의 여부에 있다. 구성 가격CV, constructed value의 경우에는 시장 경제 피소국 내에서 형성된 판가, 판관비 및 이윤이 사용된다. 반면에, 대체 가격SV, surrogate value에 있어서는 非시장 경제 피소국 내에서 형성된 판가, 판관비 및 이윤이 모두 부인되고 대체적인 방법을 통해 정상 가격normal value이 구성된다. 이제 대체 가격SV, surrogate value을 구성하는 세 가지 요소인 '대체' 제조 원가, '대체' 판관 비용, '대체' 적정 이윤을 살펴 보기로 하자.

① 대체 가격 제1요소: '대체surrogate' 제조 원가

구성 가격CV, constructed value에 사용되는 제조 원가COM, cost of manufacturing는 반덤핑 피소된 시장 경제국 업체의 '실제의actual' 원가이다. 반면에 대체 가격 SV, surrogate value에 사용되는 제조 원가COM, cost of manufacturing는 반덤핑 피소된 非시장 경제국 업체에 적용되는 '고안된invented' 원가이다. 그렇다면 이 '고안된 invented' 원가는 어떻게 산정되는 것일까? 결론적으로 그것은 '투입된 자재material input'와 '투입된 인적 / 물적 자원labor & other manufacturing input'의 수준을 계량화함으로써 계산된다. 어떤 제품의 가격이라는 것은 그것에 투입된 자재material input와 투입된 인적 / 물적 자원labor & other manufacturing input의 수준에 의해 결정된다. 그런데, 非시장 경제국 내에서의 해당 제품의 가격이 정상적인 것으로 인정될 수 없다면, 판단의 준거로서 남는 것은 투입된 자재material input와 투입된 인적 / 물적 자원labor & other other manufacturing input 밖에 없게 된다. 이 때, 어떤 제품을 양산, 판매하기 위해 투입된 자재material input와 투입된 인적 / 물적 자원 labor & other manufacturing input을 통칭해 반덤핑에서는 '생산 요소FOP, factor of production'로 일컫고, 이 '생산 요소FOP, factor of production'를 사용해 산정한 정상 가격normal value을 '대체 가격SV, surrogate value'이라고 한다.

이 대체 가격SV, surrogate value의 개념은 '제조 원가COM, cost of manufacturing'의 틀로써 설명할 수 있다. 주지하는 것과 같이, 「제조 원가COM, cost of manufacturing = 재료비material cost + 노무비labor cost + 제조 경비manufacturing overhead(O/H)」로 공식화된다. 이 때, (1) 재료비material cost는 '투입된 자재material input'로, (2) 노무비 labor cost는 '투입된 인적 자원labor input'으로, (3) 제조 경비manufacturing overhead(O/H) 는 '투입된 물적 자원other manufacturing input'으로 각각 대응시켜 범주화할 수 있다.

먼저, (1) 재료비material cost 영역의 '투입 자재material input'이다. 어떤 제품을 생산하기 위해서는 그것에 소요되는 하위 자재 내지 부품이 있기 마련이고, 회사 내에는 그 어떤 제품의 양산에 소요되는 하위 자재, 부품들을 망라한 '투입 부품 명세서BOM(bill of material)'가 존재한다. 이런 까닭에 재료비 영역의 투입 자재 material input 산정을 위해서는 이 '투입 부품 명세서BOM(bill of material)'가 활용된다.

투입 부품 명세서BOM(bill of material)에는 어떤 제품 하나를 생산하기 위해 투입되는 자재들의 소요량이 표시되어 있다. 그런데, 투입 부품 명세서BOM(bill of material)에는 해당 자재들의 소요량이 개수EA, each, 길이length, 예) 미터, 중량weight, 예) 킬로그램 등 다양한 형태의 측정 단위unit of measure로 표시되어 있다. 이런 까닭에, 이렇듯 다양한 소요량의 측정 단위unit of measure는 반덤핑 가격 평가를 수행하기 위해 '중량weight'으로 일괄 환산된다. 이러한 과정을 통해, 조사 대상 제품 한 대를 양산하기 위해 소요되는 '중량weight' 기준의 '투입 자재material input' 내역이 확정되고 나면, 남는 것은 이 투입 자재material input 내역을 시장 가격화하는 것이다.

투입 자재material input를 시장 가격화하는 방식에는 여러 형태의 방법론이 있을 수 있으나, 반덤핑 Case에서는 이를 위해 '대체 국가surrogate country'라는 개념을 도입한다. 대체 국가surrogate country란 반덤핑 피소된 非시장 경제국NME, non-market economy과 경제 발전 단계가 유사한 시장 경제국ME, market economy을 의미한다. 예컨대, 非시장 경제국인 중국이 반덤핑으로 피소되었다면, 중국의 대체 국가surrogate country로는 중국과 경제 발전 단계가 유사한 인도, 멕시코, 태국 등의 시장 경제국들이 고려되고, 반덤핑 당국은 이해 당사자들의 의견을 종합 검토해 대체 국가를 심사, 최종 선정하게 된다.

대체 국가surrogate country가 선정되고 나면, 반덤핑 당국은 이 대체 국가의 수입 통관 자료를 검토하게 된다. 수입 통관 자료에는 수입되는 '품목HS(harmonized commodity description & coding system) code'과 '금액customs clearance amount'이 포함되어 있기 마련이다. 따라서, 반덤핑 당국은 1차적으로는 반덤핑 피소 제품에 투입되는 자재와 '동일한 품목HS(harmonized commodity description & coding system) code'을 분류하게 되고, 2차적으로는 분류된 同 품목의 '통관 금액customs clearance amount'을 시장 가격으로 확정하게 된다. 그리고, 이 '품목'과 '금액'을 기준으로 해, 중량weight으로 환산된 반덤핑 피소 제품의 투입 자재material input를 시장 가격화하게 된다.

요약컨대, 재료비material cost 영역의 '투입 자재material input'에 대한 시장 가격화는, '투입 부품 명세서BOM(bill of material) 검토 → 투입 자재material input 중량 weight화 → 대체 국가surrogate country 선정 → 수입 품목HS(harmonized commodity description & coding system) code & 금액customs clearance amount 확정 → 투입 자재 material input 시장 가격화'라는 과정을 통해 완결된다.

다음으로, (2) 노무비labor cost 영역의 '인적 자원 투입labor input'이다. 기본적인 산정 구조는 위에서 설명된 재료비 영역의 투입 자재material input의 경우와 동일하다. 단, 노무비 영역의 인적 자원 투입labor input을 시장 가격화하는 데에는, 그 측정 단위unit of measure로서 출퇴근 기록부attendance record 등을 통해 확인되는 '근로 시간working hours'이 사용된다는 점에 있어서만 차이가 있을 뿐이다. 다시 말해, 노무비labor cost 영역의 '인적 자원 투입labor input'에 대한 시장 가격화는, '출퇴근 기록부attendance record 검토 → 근로 시간working hours 대당per unit product 산정 → 대체 국가surrogate country 선정 → 대체 국가 내의 시간당 임금 통계hourly wage statistics 확정 → 인적 자원 투입labor input 시장 가격화'를 통해 이루어진다.

마지막으로, (3) 제조 경비manufacturing overhead(O/H) 영역의 '물적 자원 투입 other manufacturing input'이다. 이것 역시 재료비 영역의 투입 자재material input나 노무비labor cost 영역의 인적 자원 투입labor input과 기본 논리 구조는 동일하다. 제조 경비 영역의 물적 자원 투입other manufacturing input에 있어서는 반덤핑 피소 제품을 양산하기 위해 소요되는 '전기료water bill', '수도료electricity bill'에 대한 시장 가격화가 핵심이다. 그리고 그 측정 단위unit of measure로서 전기, 수도 사용량 water & electricity usage이 사용된다. 결국, 제조 경비 영역의 '물적 자원 투입other manufacturing input'에 대한 시장 가격화는, '전기 / 수도료 지불 내역water & electricity bill 검토 → 전기 / 수도 사용량water & electricity usage 대당per unit product 산정 → 대체 국가surrogate country 선정 → 대체 국가 내의 전기 / 수도료 통계 water & electricity statistics 확정 → 물적 자원 투입other manufacturing input 시장 가격화'의 과정을 거치게 된다. 이 외에도, 반덤핑 피소 제품을 생산하기 위해 사용되는 자재나 부품에 대한 '공급처 → 생산 공장'으로의 내륙 운임inland freight 등 생산 부대 비용이 非시장 경제국 내에서 추가 발생하는 경우에는, 지금까지 논의된 대체 국가surrogate country 선정 기법을 통해 거리 정보distance 등 측정 단위 unit of measure를 기준으로 이를 시장 가격화하게 된다.

② 대체 가격 제2&3 요소: '대체^{surrogate}' 판관 비용 & 적정 이윤

대체 가격$^{SV, surrogate value}$에 적용되는 '대체' 판관 비용$^{'surrogate'}$ SG&A, '대체' 적정 이윤$^{'surrogate'}$ profit은 큰 골격에 있어서는 구성 가격$^{CV, constructed value}$에 사용되는 '구성' 판관 비용$^{'reasonable'}$ SG&A(selling, general & administrative expense), '구성' 적정 이윤$^{'reasonable'}$ profit과 동일하다. 단지 반덤핑 피소국 내에서 형성된 판관비, 이윤을 인정하는가에 있어서만 차이가 있을 뿐이다. 선명한 이해를 돕기 위해, 구성 가격$^{CV, constructed value}$에 있어서의 판관비, 이윤율을 설명하는 과정에 개념화된 다음의 제1~4방식으로 다시 돌아가 보자.

(제1방식) 반덤핑 피소된 제품 답변서상 판관비 / 이윤율 적용
(제2방식) 반덤핑 피소사 대상 사업부의 판관비 / 이윤율 적용
(제3방식) 반덤핑 피소사 전사적 차원의 판관비 / 이윤율 적용
(제4방식) 반덤핑 피소사 外 제3업체의 판관비 / 이윤율 적용

구성 가격$^{CV, constructed value}$의 경우에는 반덤핑 조사 당국에 의해 위의 제1~4방식이 모두 고려될 수 있다. 그렇다면 대체 가격$^{SV, surrogate value}$의 경우는 어떠할까? 결론적으로 제4방식만이 고려 가능하고, 제4방식을 고려하는 경우에도 전술된 '대체 국가$^{surrogate country}$' 내에 소재한 제3업체의 판관비, 이윤율만이 고려 가능하다.

시장 경제국$^{ME, market economy}$ 반덤핑 Case에 사용되는 구성 가격$^{CV, constructed value}$의 경우에는 시장 경제 피소국 내에서 형성된 판관비 및 이윤이 인정되기 때문에 위의 제1~4방식이 모두 고려 가능하다. 반면에, 非시장 경제국$^{NME, non-market economy}$ 반덤핑 Case에 적용되는 대체 가격$^{SV, surrogate value}$에 있어서는 非시장 경제 피소국 내에서 형성된 판관비 및 이윤이 부인되는 까닭에 위의 제1~3방식은 적용될 수 없다. 이제 남는 것은 제4방식인 '반덤핑 피소사 外 제3업체의 판관비 / 이윤율 적용'뿐이다. 이 때, 반덤핑 피소사 外 제3업체 또한 非시장 경제 피소국 내에 소재하고 있다면 이 역시 사용할 수 없게 된다. 이런 까닭에, 제4방식을 적용함에 있어서도 '대체 국가$^{surrogate country}$' 내에 소재한 제3업체의 판관비, 이윤율만이 고려 가능하게 되는 것이다.

이상에서 살펴 본 것과 같이, 非시장 경제국$^{NME, non-market economy}$ 반덤핑

Case에 있어서 '대체 국가surrogate country의 선정'은 Case 전반에 걸쳐 덤핑 마진 산정의 공통 분모로 작용한다. 이런 까닭에, 대체 국가surrogate country의 선정이 덤핑 마진 산정에 가장 결정적인 것으로 생각할 수 있을 것이다. 그러나 반덤핑 실무의 세계에서 덤핑 마진에 가장 많은 영향력을 행사하는 것은 다름 아닌 '투입 자재material input의 시장 가격화'에 있다.

예컨대, 반덤핑 피소된 전자레인지에 소요된 자재들 중 '철판steel sheet'에 대해 시장 가격화하는 경우를 살펴 보자. 이 때, 반덤핑 당국은 선정된 대체 국가 surrogate country 내에서의 '철판steel sheet' 품목HS(harmonized commodity description & coding system) code의 수입 통관가customs clearance amount에 주목할 것이고 이것에 기초해 시장 가격화를 수행할 것이다. 그런데, 이 대체 국가surrogate country로 수입되는 대다수의 '철판steel sheet' 품목HS(harmonized commodity description & coding system) code이 '전자레인지용'이 아닌 '자동차용' 철판이고 '자동차용' 철판의 가격 자체가 '전자레인지용' 대비 월등하게 높은 상황이라면, 기준 가격basis price으로 서의 정상 가격normal value, 다시 말해 대체 가격SV, surrogate value은 그 가격 갭 gap만큼 올라갈 수밖에 없고, 이것은 곧 고율의 덤핑 마진을 의미한다. 많은 非시 장 경제국NME, non-market economy의 반덤핑 Case에서 100퍼센트가 넘는 고율의 덤핑 마진 판정이 있게 되는 데에는 이러한 핵심 쟁점 사안이 개재되어 있다.

이런 맥락에서, 천차만별의 덤핑 마진을 결과함에도 불구하고 회사의 통제 가능 영역을 넘어 있는 구성 가격CV, constructed value이 시장 경제국ME, market economy Case의 '덤핑 마진의 프리즘prism of dumping margin'이라고 한다면, 非시 장 경제국NME, non-market economy Case에 있어서의 덤핑 마진의 프리즘prism of dumping margin은 '투입 자재material input의 시장 가격화'라고 할 수 있다.

판정의 제2영역 산업 피해 판정, 기업의 대응은?

지금까지 반덤핑 판정의 제1영역인 덤핑 마진 판정과 관련된 쟁점 영역들에 대해 논의했다. 이하에서는 반덤핑 판정의 또다른 제2영역인 산업 피해 판정

표 2.21 반덤핑 판정의 제2영역: 산업 피해 판정

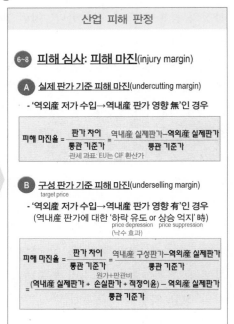

에 관해 살피기로 한다. 본 장의 「반덤핑 조사, 미국 vs. EU 방식」에서 소개된 것과 같이, 미국의 경우에는 산업 피해 영역에서 피해 마진injury margin을 별도로 산정하지 않고 산업 피해의 '有無'만을 판단한다중국도 산업 피해 有無만을 판정. 이에 반해, EU에 있어서는 산업 피해 영역에서 피해 마진injury margin을 별도로 산정, 평가하고 있다인도, 호주, 뉴질랜드, 우리 나라 등도 피해 마진을 산정.

다음의 [표 2.21]에는 산업 피해material injury 영역에서 산정되는 피해 마진injury margin과 관련된 2대 평가 방식이 수식화되어 있다. '실제 판가 기준 피해 마진undercutting margin'과 '구성 판가target price 기준 피해 마진underselling margin'이 그것이다. 역내 업체에 산업 피해가 야기되는 상황은 논리적으로 두 가지의 경우로 나눌 수 있다. 첫째는, 역외산 물동이 저가로 역내 유입되었으나 역내산 물동의 판가 자체는 그대로 유지된 채 경영 실적이 악화되는 것이고, 둘째는 역외산 물동이 저가로 역내 유입됨에 따라 역외산 물동의 판가도 동반 하락price depression, 상승 억지price suppression되면서 경영 실적이 악화되는 것이다. 이러한 두 가지 경우의 가짓수에 대한 논리적 귀결로서, 산업 피해 수준을 평가하는 방식도 두 가지로 대별된다. 역내산 물동의 판가가 유지되는 첫번째 경우와 관련된 평가 방식이 '실제 판가 기준 피해 마진undercutting margin' 산정이라면, 역내산 물동의 판가가 영향을 받는 두번째 경우에 해당하는 평가 방식은 '구성 판가target price 기준 피해 마진underselling margin' 산정이라고 할 수 있다.

　　EU의 피해 마진injury margin 산정 방법에 관한 구체적인 논의에 앞서 되집어 볼 내용이 하나 있다. 그것은 WTO 반덤핑 협정의 산업 피해 규정 가운데 '판가 효과price effect'와 관련된 명문明文이다. 본 장의 「위반 입증의 제2요건, 산업 피해의 원칙과 요소」에서 이미 논의된 것과 같이, WTO 반덤핑 협정은, 산업 피해의 판단을 위한 3대 검토 요소로 '판가 효과price effect', '물량 효과volume effect', '역내 산업 영향impact on domestic industry'을 주문하고 있다(협정 3.2 & 3.4조). 그리고, 이 중 첫번째인 판가 효과price effect와 관련해서는, '역외산 판가 자체가 저가인지price undercutting', '역외산 저가 판매로 인해 역내산 판가가 하락되었거나price depression('to depress price')' '판가 상승이 억지되었는지price suppression('to prevent price increase')' 여부를 검토할 것을 요구하고 있다(협정 3.2조).

　　결국 WTO 반덤핑 협정이 명문화한 산업 피해의 판단 기준은, 판가 측면price effect에서 볼 때, (1) '저가 수입'로서의 'Price Undercutting', (2) '하락 유도'로서의 'Price Depression', (3) '상승 억지'로서의 'Price Suppression'이라는 세 가지인 것이다. 이제 앞의 [표 2.21]로 다시 돌아가 보면 좀더 선명한 이해를 얻을 수 있다. EU의 피해 마진 산정 방식 중 첫번째인 '실제 판가 기준 피해 마진undercutting margin'은 WTO 반덤핑 협정상의 '저가 수입'로서의 'Price Undercutting'에 대한 것이다. 반면에, EU의 피해 마진 산정 방식 가운데 두번째인 '구성 판가target price 기준 피해 마진underselling margin'은 WTO 반덤핑 협정이 규정하고 있는 '하락 유도'로서의 'Price Depression' 및 '상승 억지'로서의 'Price Suppression'을 포함하는 것이다.

　　먼저, '실제 판가 기준 피해 마진undercutting margin' 산정 방식이다. 앞서 약술된 것과 같이, '실제 판가 기준 피해 마진undercutting margin'은 역외산 저가 수입에도 불구하고, 역내산 판가가 영향을 받지 않는 경우를 상정한다. 그리고, 그 산정 공식은 앞의 [표 2.21]의 우측 상단에 명시된 것과 같이, 분모로는 EU의 통관 기준가 customs value인 CIFcost, insurance & freight 가격이통관 기준가가 CIF인 우리 나라는 CIF를, 통관 기준가가 FOB(free on board)인 호주, 뉴질랜드는 FOB를 피해 마진의 분모로 사용, 분자로는 '역내산 실제 판가 − 역외산 실제 판가'가 사용된다. 'Undercutting'이라는 단어에서 간취할 수 있듯이, 역외 업체가 '가격을 후려쳐'undercutting' 역내 업체에 피해를 야기하는 수준을 '역내산 vs. 역외산' 사이의 실제 판가 차이로 보는 방식인 것이다. 여기서 산출 공식의 분자에 '역내산 실제 판가', '역외산 실제 판가'로 언급되는 개념은 분모인 '통관 기준가customs value'와 동등 수준equivalent level으로 환산된 adjusted 금액임에는 유념이 필요하다.

다음으로, '구성 판가target price 기준 피해 마진underselling margin' 평가 방법이다. '구성 판가target price 기준 피해 마진underselling margin'은 역내산 저가 수입으로 인해 역내산 판가에 영향이 있는 경우에, 다시 말해 역내산 판가에 대한 '하락 유도price depression, 낙수 효과'가 있거나 '상승 억지price suppression'가 있는 경우에 적용된다. 앞의 [표 2.21]의 우측 하단에 적시된 것과 같이, '구성 판가 target price 기준 피해 마진underselling margin'의 분모는 '통관 기준가customs value'로서, '실제 판가 기준 피해 마진undercutting margin' 산정 방식에 있어서와 동일하다. 한편, 그 분자는 '역내산 구성 판가target price − 역외산 실제 판가'이고, 이는 다시 '(역내산 실제 판가 + 손실 판가원가＋판관비 + 적정 이윤) − 역외산 실제 판가'로 재구성할 수 있다. '구성 판가target price 기준 피해 마진underselling margin'의 경우에도 산식의 분자에 사용되는 '역내산 구성 판가', '역외산 실제 판가'는 모두 분모인 '통관 기준가customs value'와 동등 수준equivalent level으로 환산된 adjusted 금액이다. 同 산정 방식은 'Underselling'이라는 용어에서도 간취할 수 있듯이, 역외산 저가 유입으로 인해 역내 업체에게 야기된 '정상 판가로 판매할 수 없는underselling' 피해 수준을 역내산의 '구성 판가target price'로써 추정해 판단하는 방식이라고 하겠다.

그런데, 여기서 한 가지 근본적인 질문이 제기된다. 산업 피해 분석injury analysis이 반덤핑 제소가 이루어진 역내 산업 '전체 레벨domestic industry 'as a whole'에서 이루어지는 것이라면, 수출 기업이 '개별적으로' 피해 마진injury margin 심사에 대응이라는 것 자체가 의미를 갖는 것일까? 결론은 '그렇다'이다. 덤핑 마진율이 업체별로 판정되는 것과 같이 피해 마진율도 업체별로 판정될 수 있기 때문이다. 우리 나라를 포함한 많은 개도국들이 모든 역외 수출 업체들에게 '단일 피해 마진global injury margin'을 일괄 적용하는 것과 달리, EU의 경우에는 역외 수출 업체별로 '개별 피해 마진individual injury margin'을 적용한다. EU 반덤핑 Case에서, 어떤 수출 업체가 자신은 EU 역내에 피해를 야기하지 않았지만 다른 역외 수출 업체들은 피해를 야기했다고 주장한다면, 그것은 이 '개별 피해 마진individual injury margin' 적용과 관련해 경쟁사 대비 경쟁의 우위를 확보하려는 의도된 포석일 수 있음을 간과해서는 안 된다.

통관 기준가, 무역 조건 INCOTERMS와 매출 인식

앞의 [표 2.21]의 우측에서 소개된 것과 같이, 「피해 마진율 = 판가 차이 / 통관 기준가」이고, 피해 마진율 산식의 분모인 '통관 기준가'는 해당 수입국 내에서의 '관세 과표customs value'를 의미한다. 그런데, 미국, 캐나다, 호주 등 일부 국가의 관세 과표가 'FOBfree on board'인 것을 제외하고, 우리 나라를 포함한 EU 등 대부분 국가들의 과세 과표는 'CIFcost, insurance & freight'이다.

Terms of Trade : Who Takes Risk & Who Pays What?

Terms of Trade	Description	Ownership Transfer : Who Takes Risk?										
		Exporter's Factory	Inland Carriage	Export Clearance	Unloading in Export Port	Loading to Export	International Transport	Unloading in Import Port	Loading in Import Port	Inland Carriage	Import Clearance	Importer's Warehouse
EXW	Ex Works	Seller	Buyer	Buyer	Buyer	Buyer	Buyer	Buyer	Buyer	Buyer	Buyer	Buyer
FCA	Free Carrier	Seller	Seller	Seller	Buyer	Buyer	Buyer	Buyer	Buyer	Buyer	Buyer	Buyer
FAS	Free Alongside Ship	Seller	Seller	Seller	Seller	Buyer	Buyer	Buyer	Buyer	Buyer	Buyer	Buyer
FOB	Free on Board	Seller	Seller	Seller	Seller	Seller	Buyer	Buyer	Buyer	Buyer	Buyer	Buyer
CFR	Cost & Freight (C&F)	Seller	Seller	Seller	Seller	Seller	Buyer	Buyer	Buyer	Buyer	Buyer	Buyer
CIF	Cost, Insurance & Freight	Seller	Seller	Seller	Seller	Seller	Buyer	Buyer	Buyer	Buyer	Buyer	Buyer
CPT	Carriage Paid to	Seller	Seller	Seller	Seller	Seller	Buyer	Buyer	Buyer	Buyer	Buyer	Buyer
CIP	Carriage & Insurance Paid to	Seller	Seller	Seller	Seller	Seller	Buyer	Buyer	Buyer	Buyer	Buyer	Buyer
DAT	Delivered at Terminal	Seller	Seller	Seller	Seller	Seller	Seller	Seller	Buyer	Buyer	Buyer	Buyer
DAP	Delivered at Place	Seller	Seller	Seller	Seller	Seller	Seller	Seller	Seller	Seller	Seller	Seller
DDP	Delivered Duty Paid	Seller	Seller	Seller	Seller	Seller	Seller	Seller	Seller	Seller	Seller	Seller

Terms of Trade	Description	Cost Responsibility : Who Pays What?										
		Export Collection	Export Clearance	Unloading in Export Port	Loading to Export	Freight	Insurance	Unloading in Import Port	Loading in Import Port	Delivery to Destination	Import Clearance	Duty & Tax
EXW	Ex Works	Buyer	Buyer	Buyer	Buyer	Buyer	Buyer	Buyer	Buyer	Buyer	Buyer	Buyer
FCA	Free Carrier	Seller	Seller	Buyer	Buyer	Buyer	Buyer	Buyer	Buyer	Buyer	Buyer	Buyer
FAS	Free Alongside Ship	Seller	Seller	Seller	Buyer	Buyer	Buyer	Buyer	Buyer	Buyer	Buyer	Buyer
FOB	Free on Board	Seller	Seller	Seller	Seller	Buyer	Buyer	Buyer	Buyer	Buyer	Buyer	Buyer
CFR	Cost & Freight (C&F)	Seller	Seller	Seller	Seller	Seller	Buyer	Buyer	Buyer	Buyer	Buyer	Buyer
CIF	Cost, Insurance & Freight	Seller	Seller	Seller	Seller	Seller	Seller	Buyer	Buyer	Buyer	Buyer	Buyer
CPT	Carriage Paid to	Seller	Seller	Seller	Seller	Seller	Buyer	Seller	Seller	Seller	Buyer	Buyer
CIP	Carriage & Insurance Paid to	Seller	Seller	Seller	Seller	Seller	Seller	Seller	Seller	Seller	Buyer	Buyer
DAT	Delivered at Terminal	Seller	Seller	Seller	Seller	Seller	Seller	Seller	Buyer	Buyer	Buyer	Buyer
DAP	Delivered at Place	Seller	Seller	Seller	Seller	Seller	Seller	Seller	Seller	Seller	Buyer	Buyer
DDP	Delivered Duty Paid	Seller	Seller	Seller	Seller	Seller	Seller	Seller	Seller	Seller	Seller	Seller

FOBfree on board, CIFcost, insurance & freight 등의 가격 조건은 '무역 조건terms of trade'이라고 하고, 국제 상공 회의소ICC, international chamber of commerce의 인코텀즈 INCOTERMS (international commercial terms) 2010, 10년 단위로 개정에서는 이 무역 조건terms of trade을 '소유권 이전ownership transfer'과 '비용의 부담cost responsibility'에 따라 앞에서와 같이 11가지의 유형으로 구분하고 있다.

제시된 무역 조건terms of trade 테이블에서 확인할 수 있는 것과 같이, FOBfree on board나 CIFcost, insurance & freight의 경우에는 소유권 이전ownership transfer이 '선적 loading to export' 시점인 반면에, DAPdelivered at place나 DDPdelivered duty paid의 경우에는 소유권 이전ownership transfer이 수입국 내 '거래처 창고importer's warehouse 인도' 시점이다. 그렇다면 이와 같은 소유권 이전ownership transfer 시점상의 차이가 갖는 의미는 무엇일까? 소유권 이전ownership transfer 시점은 수출 기업의 입장에서 볼 때 '매출 인식sales recognition' 시점을 뜻한다. 이런 까닭에, FOBfree on board나 CIFcost, insurance & freight의 경우에는 수출 기업의 매출 인식이 수출 제품의 '선적 loading to export' 시점에 있게 되는 반면에, DAPdelivered at place나 DDPdelivered duty paid의 경우에는 수출 기업의 매출 인식이 수입국 내 '거래처 창고importer's warehouse 인도' 시점에 이루어진다. '소유권 이전ownership transfer'과 '비용의 부담 cost responsibility'의 문제는 전적으로 다른 차원이다.

판정의 제3영역 최소 부과 원칙, 규제율의 확정

이제 반덤핑 판정의 마지막 제3영역인 '최소 부과 원칙lesser duty rule, LDR'에 대해 살펴 보도록 하자. '최소 부과 원칙lesser duty rule, LDR'이란 역외산의 저가 수출율인 덤핑 마진율dumping margin(DM) ratio과 역내산의 산업 피해율인 피해 마진율injury margin ratio 가운데 낮은 율로 반덤핑 관세를 부과해야 한다는 WTO 반덤핑 협정상의 규제 최소화 원칙이다(협정 9.1 & 9.3조). 전 세계 각국의 반덤핑 관세 제도는 이에 기초해 운영되고 있고, '반反, anti보조금 협정'으로 명명되기도 하는 WTO 상계 관세SCM(subsidies & countervailing measures) 협정에서도 同 원칙이 적용되고 있다(협정 19.2 & 19.4조).

WTO 반덤핑 협정에 따르면, 반덤핑 관세는 산업 피해를 제거하는 데 적절한 수준의 덤핑 마진 미만의 부과가 바람직하고desirable(협정 9.1조, 권고 규정), 덤핑 마진을 초과하는 반덤핑 관세 부과는 있어서는 안 된다shall not exceed (협정 9.3조, 의무 규정). 이와 관련, 미국과 EU는 제도상 운영에 차이가 있다. 이

표 2.22 반덤핑 판정의 제3영역: 최소 부과 원칙

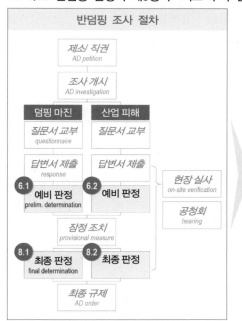

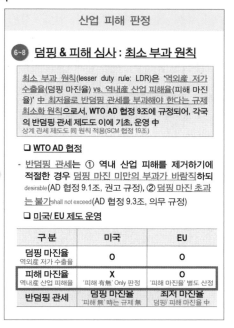

것은, 앞서 본 장의 「반덤핑 조사, 미국 vs. EU 방식」에 소개된 것과 같이, 미국은 피해 마진injury margin을 별도로 산정하지 않는 반면에, EU의 경우에는 피해 마진injury margin을 별도로 평가하고 있는 까닭에 연유하는 것이다. 앞의 [표 2.22]의 우측 하단에는 이러한 양兩 경제 권역 사이의 적용상의 차이가 도표로 비교되어 있다.

최소 부과 원칙lesser duty rule, LDR과 관련된 EU의 제도는 명확하다. 덤핑 마진율dumping margin(DM) ratio과 피해 마진율injury margin ratio을 모두 산정하는 까닭에 양자 중 낮은 수준으로 반덤핑 규제율을 최종 확정하면 된다. 그렇다면 피해 마진injury margin을 별도로 산정하지 않는 미국의 제도는 WTO 협정의 틀 안에서 어떻게 이해될 수 있을까? 이에 대한 해답은 WTO 반덤핑 협정 안에 있다. WTO 반덤핑 협정은 덤핑 영역에서는 덤핑 마진을 산정할 것을 요구하고 있다. 그러나 피해 영역에 있어서는 피해 마진 산정을 명시적으로 주문하고 있지 않다. 단지, 산업 피해 판단을 위해 판가 효과price effect, 물량 효과volume effect, 역내 산업 영향impact on domestic industry을 종합적으로 검토할 것을 의무화하고 있을 뿐이다. 피해 마진injury margin을 별도로 산정하지 않는 미국의 반덤핑 제도는 이러한 법적 맥락에서 이해되어야 할 것이다.

사실 '논리와 제도의 절대 강자' 미국은 '컴파스COMPAS, commercial policy analysis system'로 명명되는 산업 피해 판정의 정교화된 분석틀을 가지고 있다. 同 분석틀은 경제학 이론서에서나 접해 보았을 듯한 수요 탄력성demand elasticity, 공급 탄력성supply elasticity, 대체 탄력성substitution elasticity 등 산업 분석을 위한 계량화 기법으로 무장되어 있다. 미국이 피해 마진을 별도로 계산하지 않는 것은 '못해서'가 아니라 '안하는' 것일 뿐이다. 정책 당국 의지의 문제인 것이다. 그렇다면, 미국의 반덤핑 당국은 어떤 까닭에서 피해 마진을 산정하지 않는 기존의 방식을 현재까지도 고수하는 것일까? 본 장의 「위반 입증의 제3요건, 인과 관계의 실무상 실익은?」이란 제목에서 '파스칼의 내기Pascal's wager'로부터 시작해 재구성된 논리적 결론으로 돌아가 보자.

Case 1: '덤핑 無' & '피해 無' → '인과 無 Only' → '규제 無 Only'
Case 2: '덤핑 無' & '피해 有' → '인과 無 Only' → '규제 無 Only'
Case 3: '덤핑 有' & '피해 無' → '인과 無 Only' → '규제 無 Only'
Case 4: '덤핑 有' & '피해 有' → '인과 有 or 無' → '규제 有 or 無'

덤핑 마진 및 산업 피해 판정과 관련해 상정 가능한 경우의 수는 위의 총 네 가지이다. 이 때, 최소 부과 원칙lesser duty rule, LDR과 관련해 유의미한 경우의 수는 한 가지밖에 없다(Case 4). 나머지 세 가지 경우의 수들(Case 1~3)은 반덤핑 위반 입증의 요건 자체를 충족하지 못해 최소 부과 원칙lesser duty rule, LDR에 대한 논의 자체가 불가능하기 때문이다. 최소 부과 원칙lesser duty rule, LDR이 개재될 수 있는 산술적 확률은 25%에 불과한 것이다. 결국, 美 반덤핑 당국이 산업 피해의 유무有無만을 판정한다는 것은, '피해 구제 여부에 대한 정책 당국의 의사 표명'인 피해 유무有無에 대한 판단만 있다면 별도의 산업 피해율injury margin ratio 산정 없이도 덤핑 마진율dumping margin(DM) ratio만으로 규제의 목적을 충분히 달성할 수 있다는 美 반덤핑 당국의 정책적 자신감의 다른 표현이라고 할 수 있다.

EU의 최소 부과 원칙의 적용 예외

일반적으로 제도에는 '원칙principle'과 '예외exception'란 것이 있기 마련이다. 그렇다면, 역외산의 저가 수출율인 덤핑 마진율dumping margin (DM) ratio과 역내산의 산업 피해율인 피해 마진율injury margin ratio 가운데 낮은 율로 반덤핑 관세를 부과해야 한다는 '최소 부과 원칙lesser duty rule, LDR'에는 예외가 없는 것일까?

이와 관련, EU 의회 및 이사회는 2018년 5월'18.5 / 30일 반덤핑 / 상계 관세의 최소 부과 원칙lesser duty rule, LDR에 대한 적용 예외를 허용하는 EU 통상 법령 개정 案을 확정했다. 2018년 5월에 EU 의회Parliament를 통과하고 EU 이사회Council가 승인해 그 다음 달인 2018년 6월에 발효된 同 개정案EU Regulation 2018 / 825('18.6 / 7일 관보 게재 후 '18.6 / 8일 발효). 同 개정 사항은 EU의 현행 반덤핑 법령인 'EU Regulation 2016 / 1036'으로 흡수 통합에 따르면, ① '원자재 가격의 시장 왜곡distortions on materials'이 있고, ② 해당 원자재의 '제품 내 원가 구성 비중이 17% 이상not less than 17% of cost of production'인 경우, 최소 부과 원칙lesser duty rule, LDR을 배제하고 고율의 반덤핑 / 상계 관세로 규제할 수 있도록 허용하고 있다.

가격의 정상성을 인정받기 어려운 중국 등의 非시장 경제국NME, non-market economy이나 광물 제품 등 가격 등락폭이 상대적으로 큰 산업의 경우에는 적지 않은 영향이 있을 것으로 보인다.

반덤핑 판정, 언제까지 기다려야 할까

반덤핑 조사 절차를 총 9단계로 구분할 때반덤핑 조사 절차에 대한 전체 조감은 본
서 2장의 「반덤핑과 사회 후생, 그리고 기업 대응」의 [표 2.1] 참조, 반덤핑 조사가 '① 반덤핑
제소 → ② 조사 개시 → ③ 질문서 교부 → ④ 답변서 제출 → ⑤ 현장 실사
/공청회'의 1~5단계까지 진행되었다면, 이제 남는 것은 6~9단계인 네 가지,
즉 '⑥ 예비 판정 → ⑦ 잠정 조치 → ⑧ 최종 판정 → ⑨ 최종 규제'이다. 이
네 가지 가운데, ⑥ 예비 판정과 ⑧ 최종 판정에 관해서는, 본 장의 「판정의 제1
영역 덤핑 마진 판정, 업체별 성적표」, 「판정의 제3영역 산업 피해 판정, 기업의
대응은?」, 「판정의 제3영역 최소 부과 원칙, 규제율의 확정」에서 관련된 내용이
소개되었다. 그렇다면 이제 추가적인 논의가 필요한 것은 ⑦ 잠정 조치provisional
measure와 ⑨ 최종 규제AD order뿐이다. 본 절에서는 이들 조치 / 규제의 '시한
deadline'을, 다음 절에서는 그 '효과effect'를 살피기로 한다.

다음의 [표 2.23]에는 잠정 조치provisional measure와 최종 규제AD order의 '시한
deadline'이 요약되어 있다. [표 2.23]의 좌측에 위치한 반덤핑 조사 절차도에서 확인
되는 것과 같이, 이 '잠정 조치provisional measure', '최종 규제AD order'는 각각 '예비
판정preliminary determination', '최종 판정final determination'의 결과에 불과할 뿐이다.
이런 까닭에, 예비 판정preliminary determination과 그 결과인 잠정 조치provisional
measure 사이에는, 그리고 최종 판정final determination과 그 결과인 최종 규제AD order
사이에는 유의미한 시점상의 차이가 없다. 예비 / 최종 판정문 자체에 그에 따른
조치 / 규제 사항이 이미 포함되어 있기 때문이다. 반덤핑 조사 절차도에서 이 '판정
vs. 조치 / 규제' 단계를 분리해 놓은 것은 개념상으로도 구분이 되고 그 구분을
통해 얻는 논의의 실익이 있기 때문이다. 본 절 및 다음 절에서 다룰 '반덤핑 조치
/ 규제' 단계를 이해함에 있어 이에 대한 유념이 필요하다.

그런데, '잠정 조치provisional measure', '최종 규제AD order'는 어떤 관점에서
바라보아야 온당하게 이해할 수 있을까? 역내 업체가 반덤핑 제소장을 제출하는
경우 파산 직전의 상황에 직면해 있다면 해당 업체에 대한 반덤핑 구제
anti-dumping remedy는 신속하게 이루어져야 할 것이다. 반덤핑 제소장을 제출했
다는 것 자체가 많은 경우 제소장 제출 업체의 도산 가능성을 내포하고 있기 때

표 2.23 반덤핑 조치 / 규제의 시한

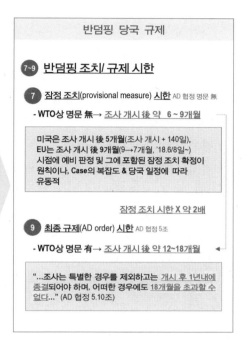

문이다. 결국, 잠정 조치provisional measure는 신속히 반덤핑 구제anti-dumping remedy를 시행하기 위한 하나의 안전 장치로서 WTO 반덤핑 협정상 제도화된 것으로 이해할 수 있다. 최종 규제AD order는 신속하게 잠정 조치provisional measure 등 반덤핑 구제anti-dumping remedy를 시행하는 과정에서 미처 발견되지 못한 추가 고려 사항들을 반영, 보정한 최종 결과물이다.

　　그렇다면, '잠정 조치provisional measure', '최종 규제AD order'의 내용은 구체적으로 어떤 것일까? WTO 반덤핑 협정은 '잠정 조치provisional measure'에 관해서는 '관세provisional duty' 혹은 '담보security, 현금(cash deposit) 또는 채권(bond)' 부과를 (협정 7.2조), '최종 규제AD order'에 대해서는 '관세anti-dumping duty'만을 규정하고 있다(협정 9조). 반덤핑 실무에 있어서는, '잠정 조치provisional measure'나 '최종 규제AD order'나 모두 사실상 '관세duty' 추징만을 뜻하는 것으로 해석된다. '담보security, 현금(cash deposit) 또는 채권(bond)' 형태의 잠정 조치provisional measure는 잠정 조치의 소급 적용 이슈가 발생하는 '중대한 예외 상황'critical circumstance', 다음 절에서 후술'에서만 논의의 실익이 있기 때문이다. 이런 맥락에서, 예비 판정preliminary determination에 따른 잠정 조치provisional measure는 '반덤핑 예비 관세

preliminary anti-dumping duty'로, 최종 판정final determination에 따른 최종 규제AD order는 '반덤핑 최종 관세final anti-dumping duty'로 간명하게 개념화할 수 있다.

앞의 [표 2.23]의 우측에 제시되어 있는 것과 같이, WTO 반덤핑 협정은 최종 규제AD order의 시한만을 명문화하고 있을 뿐, 잠정 조치provisional measure의 시한에 대해서는 명시적인 규정을 두고 있지 않다. 그러나, 반덤핑 실무의 관점에서 볼 때, 잠정 조치provisional measure의 시한은 '조사 개시 후 약 6~9개월'이다. 미국의 경우, 예비 판정preliminary determination 및 그에 따른 잠정 조치provisional measure의 결정 시한은 원칙적으로 '반덤핑 조사 개시 후 140일'이다. 즉 반덤핑 조사가 개시된 후 약 5개월이 지난 시점 내에 잠정 조치provisional measure가 있게 되는 것이다. 반면에, EU의 경우에는, '반덤핑 조사 개시 후 7개월' 내에 예비 판정 preliminary determination 및 그에 따른 잠정 조치provisional measure가 있는 것이 원칙이다.Eu Regulation 2018/825('18.6/7일 관보 게재 후 '18.6/8일 발효)를 통해 잠정 조치 (provisional measure) 시한을 9 → 7개월로 단축. 同 개정 사항은 EU의 현행 반덤핑 법령인 'EU Regulation 2016/1036'으로 흡수 통합. 그러나, 미국의 경우나 EU에 있어서 모두, 관할 당국이 수행하는 반덤핑 Case의 심사 난이도 및 반덤핑 당국의 업무 과부하 수준에 따라 반덤핑 예비 판정preliminary determination 및 잠정 조치provisional measure의 결정은 유동적으로 순연順延, delay될 수 있다.

반덤핑 최종 판정 / 규제의 '시한deadline'은 WTO 반덤핑 협정이 이를 직접 규율하고 있다. 同 협정상 반덤핑 최종 판정 / 규제의 법적 시한은 '조사 개시 후 12~18개월'이다. 반덤핑 조사는 원칙적으로 조사 개시 후 1년 이내에 종결되어야 하고, 특단의 사정이 있는 경우라도 18개월은 초과할 수 없다(협정 5.10조). 반덤핑 심사가 과도하게 장기화되면 반덤핑 구제anti-dumping remedy 제도의 적시성timeliness이나 예측 가능성predictability이 모두 훼손된다. 이를 방지하기 위한 규정이라고 할 수 있다.

이상의 논의를 종합해 보자. 반덤핑 조사에 있어서 반덤핑 예비 관세 preliminary anti-dumping duty로서의 잠정 조치provisional measure는 '조사 개시 후 약 6~9개월' 시점에 있게 된다. 그리고, 반덤핑 최종 관세final anti-dumping duty로서의 최종 규제AD order는 잠정 조치 예상 시한조사 개시 후 약 6~9개월의 약 2배인 '조사 개시 후 약 12~18개월'에 있게 된다.

반덤핑 규제, 거꾸로 된 시계인 소나기 수출 소급 추징

반덤핑 조치 / 규제가 확정되면 반덤핑 당국의 주머니 속에서 '반덤핑 관세 anti-dumping duty'라는 규제의 칼이 꺼내어지고 그 칼날은 수출 업체들의 목을 겨 냥하게 된다. 이하는 이 규제의 칼의 시간적 방향성과 관련한 논의이다. 반덤핑 당국의 조치 / 규제는 앞을 향해 있는 칼날이다. 다시 말해, '반덤핑 관세'는 원칙 적으로 반덤핑 조치 / 규제의 발효일로부터 '장래적 효력prospective effect'을 갖는 다. 이는 선의善意, good faith의 수출 업체에 대한 신뢰 보호protection of reliance라는 측면에서 볼 때 너무나도 당연한 결과이다. 그런데 수출 업체가 악의惡意, bad faith를 갖고 있다면 어떠할까? WTO 반덤핑 협정은 악의惡意, bad faith의 수출 업 체에 대해서는 처벌의 길을 열어 놓았다. '잠정 조치provisional measure'의 '소급 적용retroactive effect' 가능성이 바로 그것이다. 반덤핑 규제의 칼날이 앞이 아니라 뒤를 향할 수도 있는 것이다.

표 2.24 반덤핑 조치 / 규제의 시행

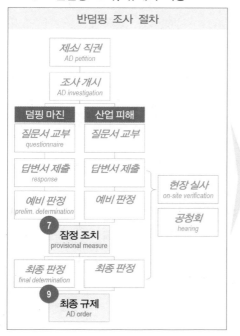

앞의 [표 2.24]의 우측 상단에 정리되어 있는 것과 같이, 반덤핑 예비 판정에 따른 잠정 조치, 즉 예비 반덤핑 관세preliminary anti-dumping duty는 장래적prospective 추징을 원칙으로 한다. 그러나 '반덤핑 제소 후後~반덤핑 예비 판정 전前'의 기간 동안 역외 수출 업체에 의해 수입국 내 물동 유입이 급격하게 증가했다면 '소급 retroactive 추징'이라는 '가중 처벌aggravated punishment' 아래에 놓일 수 있다. WTO 반덤핑 협정은 (1) '덤핑의 영향을 인지awareness of injury by dumping'하고 있고, (2) '단기간 내 대량 수입massive dumped imports'이 있었다면, 잠정 조치 발효일, 즉 예비 반덤핑 관세preliminary anti-dumping duty의 부과 개시일로부터 90일 이내까지 소급적으로 관세를 추징할 수 있음을 규정하고 있다(협정 10.6조)

반덤핑 제소장이 제출되고 나면, 반덤핑 피소된 업체로서는 고율의 반덤핑 규제가 시행되기 전에 가능한 한 많은 물동을 역내로 미리 반입해 놓고자 하는 유혹에 놓일 것이다. 이른바 '악의惡意, bad faith'의 개입에 대해 고민하기 시작하는 것이다. 그러나 이 '악의惡意, bad faith'가 현재화되는 순간 반덤핑 당국은 악의惡意, bad faith를 소급적으로 처단할 수 있는 법적 권한을 갖게 된다. 이런 맥락에서, 잠정 조치 단계에서의 반덤핑 관세 소급 추징은 '소나기 수출 규제rainfall export punishment'로 명명할 수 있을 것이다.

이 '소나기 수출 규제rainfall export punishment'를 어떤 상황에서, 어떤 방식으로 적용할 것인지는 반덤핑 당국의 재량discretion 사항이다. 미국에서는 이 '소나기 수출 규제rainfall export punishment'를 '크리티컬 써컴스턴스critical circumstance, 중대한 예외 상황' 규제로 명명하고 있고 다른 주요 국가들과는 달리 그 운영이 제도화되어 있다(美 1930년 관세법Tariff Act of 1930 733(e)조). 즉 반덤핑 제소월을 기준으로 전후前後 (±) 3~6개월 선적량shipment volume을 비교해 제소 전前 대비 제소 후後의 선적량이 15%를 초과하는 경우라면, 예비 판정의 '일자'를 기준으로 예비 판정된 '규제율'로써 90일치 수입 통관분customs clearance price에 대해 관세를 소급 추징하게 된다.

다음의 [표 2.25]에는 美 소나기 수출critical circumstance에 대한 이해를 돕기 위해 그 규제 구조scheme가 도식화되어 있다. [표 2.25]에 명기되어 있는 것과 같이, 美 소나기 수출critical circumstance의 '판정 기준criteria of determination'은 수출국 선적일 shipment date 기준으로 수출 선적량shipment volume을 비교했을 때, 반덤핑 전前 대비 제소 후後 3~6개월 선적량shipment volume이 15%를 초과했는지 여부이고, 15%를

표 2.25 미국의 소나기 수출 규제

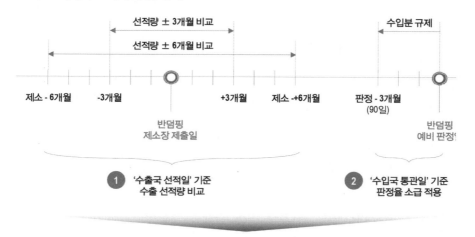

1 판정 기준: '**수출국 선적일**' 기준 수출 선적량 비교
  – 제소 前 대비 제소 後 3~6개월 선적량이 15% 초과시 소나기 수출 有혐의로 간주

2 규제 적용: '**수입국 통관일**' 기준 판정율 소급 적용
  – '예비 판정일' & '예비 판정율' 기준으로 90일치 수입 통관분에 대해 관세 소급 추징

초과한 경우에는 소나기 수출 '유有혐의'로 판정된다. 그리고, 이러한 소나기 수출 유有혐의 판정에 따른 '규제 적용application of determination'에 있어서는, 예비 판정일로부터 '수입국 통관일customs clearance date' 기준으로 90일을 소급해 예비 판정율로 관세를 추징하게 된다. '예비 판정일'과 '예비 판정율'을 기초로 90일치 수입 통관분 customs clearance price에 대해 반덤핑 예비 관세를 소급 추징하는 것이다.

美 소나기 수출critical circumstance의 '판정 기준criteria of determination'이 '수출국 선적일shipment date', '수출 선적량shipment volume'에 기초하고 있는 반면에, 그 '규제 적용application of determination'에 있어서는 '수입국 통관일customs clearance date', '수입 통관분customs clearance price'이 그 기준이 된다는 점은 각별한 주의가 필요하다. 미국의 반덤핑 Case에 대응하는 수출 기업의 경우, 美 소나기 수출critical circumstance의 판정 방식에 대한 정확한 인지와 대비는 아무리 강조해도 지나치지 않다. 특히 대응하는 미국 Case의 반덤핑 피소국이 非시장 경제국NME, non-market economy이라면 더욱 그러하다. 앞서 「가치 평가로서의 덤핑 마진과 4대 제약 조건」에서 소개된 것과 같이, 非시장 경제국NME, non-market economy

Case의 덤핑 마진 심사를 위한 기준 가격basis price, 즉 '대체 가격surrogate value'의 산정 방식상 100퍼센트가 넘는 고율의 반덤핑 관세도 얼마든지 가능하기 때문이다.

이제 반덤핑 조사 절차의 마지막 9단계인 '최종 규제AD order'에 대해 살펴보자. 본 절의 [표 2.24]의 우측 하단의 그래프에서 볼 수 있는 것과 같이, 반덤핑 최종 규제AD order가 공고되면, 해당 규제 발효일로부터 반덤핑 관세율만큼 추가 관세가 5년간 발생한다. 반덤핑 규제는 WTO 반덤핑 협정상 5년간 규제가 원칙이다(협정 11.3조). 그럼에도 불구하고, 5년 단위로 반덤핑 규제에 대한 연장이 지속적으로 가능한 까닭에, 사실상으로는 규제 기간을 무한대로도 가져갈 수 있음에 주의가 필요하다.

반덤핑 관세anti-dumping duty는 일반 관세에 덧붙여지는 '추가additional' 관세이다. 예컨대, 관세 과표customs value가 100달러인 제품에 대해, 일반 관세율이 5%, 반덤핑 관세율이 10%라고 한다면, 해당 제품이 규제국 내에서 수입 통관 시 납부해야 할 총 관세액은 15달러가 된다. 수출 영업의 실무 담당자들이 많은 경우 이에 대해 혼선을 느끼곤 한다. 간단한 내용임에도 불구하고, 담당하는 제품의 손익을 관리하는 측면에서 핵심적인 점검 사항들 중의 하나이므로 명확한 이해가 필요하다고 하겠다.

○ 사업 중단? 반덤핑 관세 환급과 가격 인상 약속

고율의 반덤핑 관세가 예상된다면 해외 사업을 지속적으로 영위해야 하는 수출 기업으로서는 어떻게 대응해야 하는 것일까? 사업을 중단할 것인가? 아니면, 사업을 지속할 수 있는 다른 대안을 모색할 것인가? 고율의 반덤핑 관세가 예상되고 있다면, 해당 수출 기업은 '반덤핑 관세 환급ADD(anti-dumping duty) refund' 제도와 '가격 인상 약속price undertaking' 제도를 사업 전략의 대안으로 적극 검토할 필요가 있다.

1. 반덤핑 관세 환급 ADD(anti-dumping duty) refund

미국의 경우 반덤핑 관세의 '납부payment'뿐만 아니라 '예치deposit' 및 '정산 liquidation' 절차가 연年. annual 단위로 제도화되어 있다. 미국이 다른 나라와 달리 특징적으로 정례화한 '연례 재심administrative review' 제도가 바로 그것이다.

반덤핑 규제 발효 후 수입되는 해당 제품에 대해 '반덤핑 관세 예치deposit → 연차별annual 연례 재심administrative review → 반덤핑 관세 정산liquidation'의 순서로 진행된다. 이런 까닭에, 고율의 반덤핑 관세 아래에 놓여 있다고 하더라도, 美 수출 가격을 지속적으로 관리할 회사의 역량capability과 의지willingness만 있다면, 1년 단위로 도래하는 美 수출 가격에 대한 재심사, 다시 말해, 美 '연례 재심administrative review' 제도를 활용해 과거 1년치에 대해 기既, already 예치된 반덤핑 관세를 환급받을 수 있다. 예컨대, 서울 전자의 최초 반덤핑 규제율이 10%였다고 할지라도, 이후 수출 가격 관리를 통해 덤핑 마진율을 '10 → 0%'로 낮출 수 있다면, 1년 뒤 '연례 재심administrative review' 심사를 통해 기既, already 예치했던 반덤핑 관세 전액을 모두 돌려 받을 수 있는 것이다.

EU 및 다른 많은 나라들에 있어서는, 반덤핑 관세의 '납부payment' 개념만 명확할 뿐 '예치deposit' 및 '정산liquidation' 절차가 정례화되어 있지 않다. 이런 이유로, 수출 가격 인상을 통해 덤핑 수출을 제거했다는 명백한 증거가 있지 않는 한 반덤핑 관세 환급은 사실상 불가능에 가깝다. 예외적인 상황에서만 반덤핑 관세 환급이 허용되고 있는 것이다. 결국, '반덤핑 관세 환급ADD(anti-dumping duty) refund'의 사업화 통상 전략은 미국향 수출 물동에 실효적인 것으로 압축된다.

2. 가격 인상 약속 *price undertaking*

'가격 인상 약속price undertaking'은 WTO 반덤핑 협정을 통해 공식적으로 인정되는 제도이다(협정 8조). 반독점anti-trust이나 카르텔cartel 등 기업 간 가격 담합의 영역이 아닌 점은 안심해도 좋다. 가격 인상 약속price undertaking은 덤핑으로 인한 피해를 제거하기 위해 ① '수출 가격을 인상to revise prices'하거나 ② '덤핑 수출을 중지to cease exports'하겠다는 수출 업체의 자발적인 약속을 뜻한다. 반덤핑 조사 당국의 '유有혐의 예비 판정affirmative preliminary determination'이 있는 경우에 한해 신청 가능하다는 점이 특징적이다(협정 8.2조). 가격 인상 약속price undertaking의 신청권자는 수출 업체이다. 하지만, 미국의 경우 중국 등 非시장 경제국NME, non-market economy에 대한 반덤핑 Case에 있어서 그 신청권자를 非시장 경제국 '정부'로 한정하고 있음에 유의가 필요하다.

이상의 논의를 종합해 보자. 고율의 반덤핑 관세가 예상되는 경우, '예비 판정~최종 판정' 단계에서는 '가격 인상 약속price undertaking' 제도에 대한 사업 관점의 전략적 점검이 필요하고, 최종 판정 이후의 단계에서는 '반덤핑 관세 환급ADD(anti-dumping duty) refund' 제도에 대한 사업 관점의 전략적 검토가 필요하다.

환율이 상승하면 덤핑 마진은 어떻게 될까

반덤핑 리스크를 적시에 정확히 관리하려는 수출 기업이 맞닥뜨리는 사업상 주요 이슈 중의 하나가 '환율foreign exchange rate, FX'이다. 환율foreign exchange rate, FX은 글로벌 사업을 영위하는 수출 기업에게 주어진 외생 변수exogenous variable이다. 수출 기업 단독으로는 이를 변경시킬 수 없기 때문이다. 환換 변동에 따른 기업 손실을 최소화하기 위해 수출입 결제 대금foreign currency payment이나 외화 차입 잔액foreign currency borrowing에 대한 환換 헷징hedging, 파생 금융 상품(derivatives) 등 금융 공학 기법을 통한 환 위험 제거을 그 통제 장치로 수단화할 수는 있을지언정, 사업business 자체의 고유 영역에서 발생하는 '수출 vs. 내수' 판가 사이의 교란은 환換 변동 제어의 영역을 벗어나기 쉽다. 내수 / 수출 판매에 있어서의 경쟁사와의 역학 관계를 고려하지 않을 수 없기 때문이다. 환換 변동의 폭과 비교해 볼 때, 내수 / 수출 영역의 판가는 경쟁 역학으로부터 유래되는 가격의 경직성rigidity이 있다.

그렇다면 환율 변동이 있는 경우 덤핑 마진은 올라갈 것인가, 내려갈 것인가? 본격적인 논의에 앞서 환율과 관련된 기초 상식을 되짚어 보자. 일반적으로 환율foreign exchange rate, FX은 기축 통화vehicle currency를 분모로, 해당 통화를 분자로 한다. 주지하는 것과 같이, 현재의 세계 경제 질서 아래에서 기축 통화vehicle currency는 美 달러(USD, U$)이고, 우리 나라의 환율을 언급할 때 분자로 사용되는 것은 원화(KRW, ₩)이다. 즉 우리 나라의 환율은 '원화 / 달러 = KRW / USD = ₩ / U$'이다. 이런 까닭에, '환율이 상승appreciation'한다는 것은 美 달러를 기준으로 볼 때 美 달러와 교환되는 원화가 많아진다는 것을 뜻하고, 이는 원화의 절하de-valuation인 '원화 약세'를 의미한다. 반면에, '환율이 하락depreciation' 한다는 것은 美 달러를 기준으로 볼 때 美 달러와 교환되는 원화가 적어진다는 것을 뜻하고, 이는 원화의 절상up-valuation인 '원화 강세'를 의미한다 원칙적으로 환율 상승 / 하락(appreciation / depreciation)은 변동 환율제(floating exchange rate system)에서 시장 기구에 의한 환 변동을, 통화의 평가 절상 / 절하(up-valuation / de-valuation)는 고정 환율제(fixed exchange rate system)에서 정책 당국에 의한 환 변동을 의미하나, 이하에서는 이해의 편의를 위해 별도로 구분하지 않기로 한다. 이제 '덤핑 마진 vs. 환율 변동'의 관계를 덤핑 마진의 산식을 활용해 살펴 보도록 하자.

$$\text{덤핑 마진율} = \frac{\text{조정 내수가} - \text{조정 수출가} - \textit{특성차}}{\text{통관 기준가}} \rightarrow \frac{\text{₩/환율} - \text{U\$}}{\text{U\$}}$$

위의 산식은, 본 장의 「판정의 제1영역 덤핑 마진 판정, 업체별 성적표」에서 검토되었던 [표 2.17]의 덤핑 마진율 공식에서 '내수 vs. 수출' 제품 간의 물리적 특성차DIFMER(difference in merchandise) or PD(physical difference)가 없는 것으로 가정, 소거해 재구성한 것이다. 이 산식에서 환율이 상승하면, 다시 말해 원화 절하, 원화 약세인 경우에, 「환율↑ → ₩/환율↓ → (₩/환율 − U\$)↓ → 덤핑 마진율↓」을 거쳐 덤핑 마진, 덤핑 마진율은 하락하게 된다. 반면에, 환율이 하락하면, 다시 말해 원화 절상, 원화 강세인 경우에는, 「환율↓ → ₩/환율↑ → (₩/환율 − U\$)↑ → 덤핑 마진율↑」을 거쳐 덤핑 마진, 덤핑 마진율은 증가하게 된다. 즉 환율이 상승하면 덤핑 마진은 감소하고 환율이 하락하면 덤핑 마진은 증가한다. 수출 기업 관점에서 좀더 직관적으로 풀어 보면, 원화가 약세이면 덤핑 마진은 개선되고 원화가 강세이면 덤핑 마진은 악화되는 것이다.

우리는 흔히 "환율이 상승해 수출 실적이 개선되었다"는, 혹은 "환율이 하락해 수출 실적이 악화되었다"는 신문 기사들을 접하게 된다. 이는 기본적으로 「환율 상승 → 원화 약세 → 수출 가격 경쟁력 강화 → 수출 실적 개선」 내지는 「환율 하락 → 원화 강세 → 수출 가격 경쟁력 약화 → 수출 실적 악화」를 전제하고 있는 것이다. 그런데 앞의 덤핑 마진율 산식에 대한 검토를 통해 확인된 것과 같이, 덤핑 마진도 동일한 연장선상에 있다. 결과적으로, 수출 기업의 입장에서 볼 때, 환율이 상승해 원화가 약세이면 수출 실적, 덤핑 마진이 모두 개선되는 반면에, 환율이 하락해 원화가 강세이면 수출 실적, 덤핑 마진이 모두 악화되는 것이다.

본 절의 제목은 「환율이 상승하면 덤핑 마진은 어떻게 될까」였다. '덤핑 마진은 하락한다'로 쉽게 답할 수 있다면 본 절의 목적은 달성된 것이다. 하지만, 선뜻 답할 수 없다면 이상에서 소개된 논리의 흐름을 다시 추적해 볼 것을 권유한다.

정상 가격과 환차 / 환산 손익

본 장의 「가치 평가로서의 덤핑 마진과 4대 제약 조건」에서 '정상 가격normal value'으로서의 내수 가격domestic price이 지녀야 할 대표성representativeness의 4대 제약 조건을 살펴본 바 있다. 그리고 이 4대 제약 조건 중의 하나인 총원가COP, cost of production 테스트는 「내수 판가 ≥ 내수 총원가」를 요구하고 있음을 기억할 것이다. 주지된 것과 같이, '총원가COP, cost of production'는 '제조 원가COM, cost of manufacturing'와 '판관비SG&A, selling, general & administrative expense'의 합으로 구성된다. 이 때, 총원가COP, cost of production를 구성하는 판관비SG&A, selling, general & administrative expense 안에는 환율 변동에 따른 이익과 손실이 포함되어 있다. '환차 손익transaction gain & loss'과 '환산 손익translation gain & loss'이 바로 그것이다. 각각에 대해 살펴 보도록 하자.

1. 환차 손익 *transaction gain & loss*

'환차 손익transaction gain & loss'은 회사의 장부 통화와 다른 이종異種, foreign 통화 거래가 있었고, 그 거래가 실현realized되었을 때 환율이 변동함에 따라 발생하는 '실제의actual' 이익 혹은 손실이다. 한국 수출 기업의 국제 거래는 일반적으로 美 달러, 유로貨 등 한국 원화가 아닌 이종異種, foreign 통화로 이루어진다. 반면에 한국 수출 기업의 장부에는 이 이종異種, foreign 통화 거래가 '원화'로 기표된다. 따라서, '제품 공급 vs. 대금 결제' 시점 사이에 환율 변동이 있었고 그 대금 결제가 완료되었다면, 이에 따른 이익 혹은 손실은 영업외 계정 non-operating gain & loss에 '환차 손익transaction gain & loss'으로 기표된다.

2. 환산 손익 *translation gain & loss*

'환산 손익translation gain & loss'은 회사의 장부 통화와 다른 이종異種, foreign 통화 거래가 있었고, 그 거래가 실현되지 않았지만 환율이 변동함에 따라 발생하는 '평가상evaluated' 이익 혹은 손실이다. 위에서와 마찬가지로, 한국 수출 기업이 한국 원화가 아닌 이종異種, foreign 통화로 거래를 했고 그 해당 수출 기업의 장부 통화는 '원화'라고 하자. 이 때, '제품 공급 vs. 대금 결제' 시점 사이에 환율 변동은 있었지만 그 대금 결제가 아직 완료되지 않았다면, 이에 따른 이익 혹은 손실은 영업외 계정non-operating gain & loss에 '환산 손익translation gain & loss'으로 기표된다.

'환차 손익transaction gain & loss', '환산 손익translation gain & loss'은 그 국/영문명 모두에 있어서 문자가 유사해 의사 소통 과정에서 혼선을 빚기도 한다. 실무상으로 전자前者는 '환차', 후자後者는 '환산차'로 많이 일컫는다.

3장

수출국 정부의 보조금?
상계 관세 규제 대응

흙이 무엇인지를 알면 흙으로 만든 모든 것을 알게 되지. 흙으로 여러 가지
물건을 만들 수 있지만, 이름만 다를 뿐 본질은 다 같은 흙이기 때문이지.
                                              - 〈우파니샤드〉中 -

　　위의 구절은 인도 고대 사상의 원천, 정수精髓인 동시에 그 집성체集成體라
고 할 수 있는 <우파니샤드Upanisads, BC 8~3세기>를 구성하는 여러 문헌들 가
운데 하나인 '찬도기야 우파니샤드Chandogya Upanishad'에서 발췌된 내용이다. 지
혜로운 아버지가 청년기 아들의 존재론적 고뇌를 이해하며 인생의 참된 의미를
깨닫도록 스승으로서 들려 주는 그의 지적 통찰이다. 그런데 풍부한 영감을 불
어 넣는 이 <우파니샤드Upanisads(BC 8~3세기)>의 일화가 본 장에서 논의될 상
계 관세CVD, countervailing duty 제도와 도대체 어떤 관련이 있기에 언급되는 것일
까? 그것은 반덤핑AD, anti-dumping, 상계 관세CVD, countervailing duty 제도가 모두
같은 흙으로 빚은 서로 다른 물건이기 때문이다. 환언하면, 본서 2장까지의 논
의를 통해 '반덤핑 구제AD(anti-dumping) remedy' 제도에 대해 명확히 이해하게 되
었다면 '상계 관세 구제CVD(countervailing duty) remedy' 제도의 대부분은 이미 알고
있는 것이나 다름 없다. 핵심과 본질이 같기 때문이다.
　　본서 1장의 「통상의 쟁점 영역과 무역 구제」에서 다루어진 것과 같이, 상계
관세CVD, countervailing duty 제도는 반덤핑AD, anti-dumping 및 세이프가드SG,

safeguards 제도와 더불어 글로벌 무역 구제 제도의 3대 축의 하나로서 기능하고 있다. 그런데 반덤핑AD, anti-dumping 제도와 상계 관세CVD, countervailing duty 제도는 동일한 태생적 기원에 토대를 두고 있다. '불공정 무역unfair trade' 규율 관점에서 이 둘 사이의 관계에 대한 설명으로부터 논의를 시작하기로 한다.

수출국 정부 보조금과 신호등 규율 체계

다음의 [표 3.1]의 좌측에 압축되어 있는 것과 같이, '불공정 저가 수출unfair price undercutting'을 규율하기 위한 규제 체계는 반덤핑, 상계 관세 영역으로 양대별된다.

표 3.1 상계 관세 규제 대상

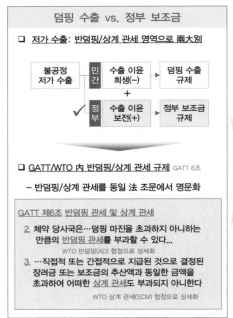

'불공정 저가 수출unfair price undercutting'이 있는 경우 그 원천은 민간 섹터 private sector와 정부 섹터public sector에서 각각 개별적으로 혹은 상호 연계된 형태로 발생할 수 있다. 먼저, 민간 섹터private sector에 있어서 불공정 저가 수출은 해당 수출 기업이 자신의 수출 이윤을 희생함으로써만 가능하다고 할 것이고, 이에 대해서는 '반덤핑 구제AD(anti-dumping) remedy' 제도를 통해 덤핑 수출이 규제되고 있다. 한편, 정부 섹터public sector도 불공정 저가 수출의 원인 제공자가 될 수 있다. 정부 보조금government subsidy을 통해 수출 기업이 좀더 많은 수출 이윤을 확보할 수 있도록 기여할 수 있기 때문이다. 이에 관해서는 '상계 관세 구제CVD(countervailing duty) remedy' 제도가 정부 보조금을 규율하고 있다. 이런 맥락에서, '반덤핑 구제AD(anti-dumping) remedy'와 '상계 관세 구제CVD(countervailing duty) remedy'는 같은 흙으로 빚은 서로 다른 물건으로, 혹은 야누스Janus, 로마 신화에 나오는 두 얼굴의 신의 두 얼굴을 가진 한 몸의 제도로 비유될 수 있을 것이다.

반덤핑 / 상계 관세 제도는, 앞의 [표 3.1]의 좌측 하단에서 확인할 수 있는 것과 같이, 모두 GATTgeneral agreement on tariffs & trade, 관세및무역에관한일반협정 6조에 그 뿌리를 두고 있다. GATT는 그 6조에서 덤핑 마진을 넘지 않는 범위에서 반덤핑 관세를 부과할 수 있음을 규정하고 있고(6.2조), 불공정 보조금을 초과하지 않는 범위에서 상계 관세를 부과할 수 있음을 명문화했다(6.3조). 그리고 이 GATT 6조는 WTO 출범1995.1월과 더불어 WTO 반덤핑AD(anti-dumping) 협정 및 WTO 상계 관세SCM(subsidies & countervailing measures) 협정으로 구체화되었다.

그렇다면 WTO 상계 관세SCM(subsidies & countervailing measures) 협정상의 정부 보조금이란 과연 어떤 것일까? 同 협정에서 정의되고 있는 내용들을 '누가by whom', '무엇을for what'의 관점에서 살펴 보자. 먼저, '누가by whom', 즉 공여 주체의 관점에서, 정부 보조금은 '정부government' 또는 '공공 기관public body'에 의한 것이어야 한다(협정 1.1조). 따라서 협의의 정부 부처뿐만 아니라 공공 기능을 수행하는 각종 공사, 공기업 및 위탁 민간 기업도 이 공여 주체에 포함된다. 다음으로, '무엇을for what', 다시 말해, 공여 내용의 관점에서, 정부 보조금은 '재정적 기여financial contribution'가 있어야만 한다(협정 1.1조). 그리고 이 재정적 기여 financial contribution에는 '증여grant', '대출loan', '보증guarantee' 등이 포함된다. 투자 기업에 공장 부지를 무상으로 증여grant한다거나 정책 금융 기관에서 저리의 대출loan이나 보증guarantee을 제공한다면 WTO 상계 관세 협정이 규율하는 정부 보조금에 해당된다.

그런데, WTO 반덤핑 협정의 쌍생아雙生兒, twin라고 할 수 있는 WTO 상계 관세SCM(subsidies & countervailing measures) 협정은 이 정부 보조금을 교통 신호등 traffic light 체계로 규율하고 있다. 정부 당국에서 민간 부문에 공여 가능한 보조 금subsidy을 '붉은색red', '황색yellow or amber', '녹색green'의 교통 신호등traffic light 체계로 유형화한 것이다.

첫째는 붉은색 신호등red light에 해당하는 보조금이다. WTO 상계 관세 협정 은 이를 '금지 보조금prohibited subsidy'으로 규정하고 있고, 이 금지 보조금 prohibited subsidy에는 수출 촉진export performance 보조금과 수입 대체domestic use 보조금이 포함된다(협정 3조). 역내산의 수출을 촉진하거나 역외산의 수입을 억 지하는 정부 기관government or public body의 직접적인 재정적 기여financial contribution를 금지하고 있는 것이다. WTO 체계 내에서 同 보조금 자체가 허용되 지 않는 까닭에 상계 관세CVD, countervailing duty의 규제 대상이 됨은 너무나도 자 명하다고 할 것이다.

둘째는 황색 신호등yellow or amber light에 해당하는 '요要주의sensitive' 보조금 이다. WTO 상계 관세 협정은 이를 '조치 가능 보조금actionable subsidy'으로 명문 화하고 있는데, 조치 가능 보조금actionable subsidy은 특정성specificity'과 '피해 야 기adverse trade effect'를 그 구성 요소로 한다(협정 5~6조). 정부 당국government 혹은 그와 관련된 공공 기관public body이, '법적으로de jure' 혹은 법령을 통한 것 은 아니지만 '사실상으로de facto', 특정 기업에게 '특혜성 보조금specific subsidy'을 공여한 것이 인정되고, 그로 인해 수출입 교역국 사이에 '무역 왜곡 효과trade distortion effect'가 있다면, 이러한 보조금은 '조치 가능 보조금actionable subsidy'으로 간주되고, 상계 관세CVD, countervailing duty의 규제 아래에 놓이게 된다.

셋째는 녹색 신호등green light에 해당하는 보조금이다. WTO 상계 관세 협정 은 이를 '허용 보조금non-actionable subsidy'으로 규정하고 있다. 이 '허용 보조금 non-actionable subsidy'에는 (1) '특정성이 없는non-specific' 보조금과, 특정성은 있지 만 허용되는 (2) '연구 활동research activities' 보조금, (3) '낙후 지역disadvantaged regions' 보조금, (4) '환경 개선environmental adaptation' 보조금이 해당된다(협정 8 조). 그런데, 특정성은 있지만 허용되는 (2)~(4)의 '연구 활동research activities', '낙 후 지역disadvantaged regions', '환경 개선environmental adaptation' 보조금은 同 협정

31조에 따라 협정 발효 5년 경과 시점인 2000년 1월 1일부로 법적 효력을 잃게 되었다. 결국, WTO 상계 관세 협정이 발효되고 25년이 지난 현재의 시점에서 법적으로 유의미한 허용 보조금은, 상계 관세의 규제 대상이 되는 '특정성이 있는 specific' 보조금의 반대편에 서 있는, (1)의 '특정성이 없는non-specific' 보조금뿐이라고 할 수 있다.

이런 까닭에, 황색 신호yellow or amber light의 '조치 가능 보조금actionable subsidy'을 둘러싼 상계 관세 규제 대상 여부에 관한 논쟁에서 보조금의 '특정성specificity'이 뜨거운 감자가 되곤 하는 것이다. 요약컨대, 정부 기관government or public body이 공여 가능한 정부 보조금 중에서 상계 관세의 규제 대상이 되는 것은, 붉은색 신호등red light의 '금지 보조금prohibited subsidy', 황색 신호등yellow or amber light의 '조치 가능 보조금actionable subsidy'뿐이다. 그리고, 이 가운데 이해 당사자들 사이의 다양한 논쟁을 촉발하는 보조금은 '조치 가능 보조금actionable subsidy'이고, 이 '조치 가능 보조금actionable subsidy' 논쟁의 중심에는 보조금의 '특정성specificity'이 놓여 있다고 할 것이다.

그렇다면, 보조금의 '특정성specificity'과 관련해 도대체 어떤 쟁점들이 수면 위로 부상하는 것일까? 많은 경우에 그 핵심은 보조금의 '특정성specificity'이 적용되는 '범위scope'에 있다. 달리 말해, 보조금을 공여하는 정부 당국의 '관할권jurisdiction' 문제가 핵심 쟁점화되곤 한다. 예컨대, 미국의 ABC 州가 낙후되어 있어 美 정부 차원에서 정부 보조금 형태로 ABC 州의 경제 활성화를 정책화한다고 하자. 이 때, 美 정부의 지역 경제 활성화 대책은 두 가지 차원에서 고려될 수 있다. 그 첫째는 美 연방 정부 차원이고, 그 둘째는 美 지방 정부인 ABC 州 정부 차원이다. 그런데 美 연방 정부가 ABC 州의 경제 활성화 방안을 입안, 시행한다고 할 때 ABC 州에 대한 활성화 정책은 ABC 州에 '특정된specific' 특혜성 정책으로 간주될 수밖에 없다. ABC 州가 아닌 다른 州들은 그와 같은 혜택을 공여받을 수 없기 때문이다. 반면에, ABC 州 정부가 ABC 州 전체에 대해 경제 활성화 방안을 입안, 시행한다면 특혜성 여부를 둘러싼 쟁점은 원천적으로 봉쇄된다. ABC 州가 아닌 다른 州 자체가 존재할 수 없기 때문이다. 이런 까닭에, 정부 기관government or public body의 재정적 기여financial contribution로서의 정부 보조금은, 법적으로나de jure, 사실상de facto으로나 그 실질에 있어서 아무런 차이가 없다고 하더라도, 그 보조금의 원천이 공여 기관 관할권 전체로부터인지, 아니면 관할권 중 일부로부터인지에 따라서, 보조금의 '특정성specificity'에 대한 결론이 달라지게 된다. 이를 '지역적 특정성regional specificity'의 문제라고 한다.

○ 환율 조작국도 상계 관세 대상?

아래는 「한국도 환율 조작국 상계 관세? 美−中 '무역 전쟁' 불똥 튀나」라는 제목의 2019년 5월 24일자 아시아경제 신문사의 기사에서 발췌된 내용이다. 우선 기사 내용을 보자.

"…미국 정부가 통화 가치를 낮추는 국가에 대한 보복 관세를 새로운 무역 전쟁 카드로 꺼내 들었다. 중국과의 무역 갈등이 날로 악화되는 데다 일본 등 주요국과의 무역 협상을 앞둔 시점에 나온 조치여서 주목된다. 현재 '관찰 대상국' 목록에 올라 있는 한국에 대해서도 이달 중 발췌될 환율 보고서 내용에 따라 관세가 부과될 가능성이 있다는 지적이 나오고 있다.

윌버 로스 미 상무부 장관은 23일`19.5 / 23일(현지 시간) 성명을 내고 "달러화 대비 자국 통화를 평가 절하하는 국가에 '상계 관세(countervailing duty)'를 부과하는 규정을 제안했다"고 밝혔다.

로스 장관은 이번 방안이 "미국 산업을 해치는 외국 수출업자들에게 제공하는 통화 보조금을 (관세로) 상쇄할 수 있다는 것을 경고한 것"이라며 "다른 나라들이 더 이상 미국 노동자들과 기업들에 불리한 통화 정책을 사용할 수 없을 것"이라고 설명했다. 로스 장관은 이어 "이번 조치는 불공정한 통화 관행을 시정하겠다는 트럼프 대통령의 선거 공약에 따른 조치"라고 덧붙였다…"

– 2019년 5월 아시아 경제 –

정부 당국의 통화 / 환율 정책도 과연 상계 관세의 대상이 될 수 있는 것일까? 지적 호기심을 자극하는 질문이다. 그러나, 이것은 단순히 지적 호기심 충족의 문제가 아니라 우리가 직면하고 있는 경제 통상의 세계에서 실제로 벌어지고 있는 현실의 문제이다.

앞서 살펴본 것과 같이, WTO 상계 관세 협정상의 정부 보조금이란, 공여 주체인 '누가by whom'의 관점에서는 '정부government' 또는 '공공 기관public body'에 의한 것이어야 하고, 공여 내용인 '무엇을for what'의 관점에서는 증여grant, 대출loan, 보증guarantee 등의 '재정적 기여financial contribution'가 있어야만 한다. 그리고, 이 정부 보조금 중에서 상계 관세의 규제 대상이 되는 것은, 붉은색 신호등red light의 '금지 보조금prohibited subsidy', 황색 신호등yellow or amber light의 '조치 가능 보조금actionable subsidy'뿐이다. 이 때, 상계 관세 규제의 첫번째 대상인 '금지 보조금prohibited subsidy'이 되기 위해서는 '수출 촉진export performance' 보조금이거나 '수입 대체domestic use' 보조금이어야 하고, 그 두번째 대상인 '조치 가능 보조금actionable subsidy'이 되기 위해서는 '특정성specificity'과 '피해 야기adverse trade effect'라는 요건이 충족되어야 한다.

보조금의 정의 및 신호등 체계와 관련된 위의 각각의 요건들에 대해, 美 트럼프 행정부는 이미 법리法理적, 정책적 검토를 마친 상태로 여겨진다.美 법령 정보 (http://www.regulations.gov/)〉 법령 식별 번호(Docket ID, ITA-2019-0002)에 따르면, 환율 조작국에 대한 同 상계 관세 규제案은 '19.5/28일에 개정案을 공고한 후 '19.6/27일까지 한 달간 이해 당사자들의 의견 수렴을 마친 상태이다. 환율 조작국enhanced analysis, 심층 분석 대상국으로 지정된 나라들에 대해 상계 관세를 부과하겠다는 이 '창조적인, 너무나 창조적인creative, all to creative' 시각이 규제로 현실화된다면, 해당 국가들과의 WTO 분쟁도 어느 정도는 이미 예상했을 것이기 때문이다. 미국의 환율 조작국enhanced analysis, 심층 분석 대상국에 대한 상계 관세 부과가 WTO 차원의 분쟁으로 극화極化된다면, 그 법적 논리와 결론이 어떻게 귀결될 것인지 귀추가 주목된다.환율 조작국(enhance analysis)에 대해서는 본서 2부 6장의 「트럼프 4두 마차 체제와 피터 나바로 위원장」 및 [표 6.3] 참조.

반덤핑 vs. 상계 관세, 조사 절차상의 차이는?

지금까지 반덤핑 구제AD(anti-dumping) remedy와 더불어 불공정 무역 구제unfair trade remedy 제도의 양대 축 중의 하나를 이루고 있는 상계 관세 구제 CVD(countervailing duty) remedy의 기본 개념 및 제도적 골격에 대해 살펴 보았다. 지금까지의 총론적 이해를 바탕으로 실무상 각론의 영역으로 넘어가 보기로 하자.

다음의 [표 3.2]에는 반덤핑 조사AD(anti-dumping) investigation, 상계 관세 조사 CVD(countervailing duty) investigation의 단계별 절차가 각각 좌, 우측에 비교되어 있다. 본 장의 서두에서 '같은 흙으로 빚은 서로 다른 물건'으로 비유된 것과 같이, 반덤핑 / 상계 관세 조사의 '제소petition(1단계) → 조사 개시investigation(2단계) → 질문서 교부questionnaire(3단계) → 답변서 제출response to questionnaire(4단계) → 현장 실사 / 공청회on-site verification / hearing(5단계) → 예비 판정preliminary determination(6단계) → 잠정 조치provisional measure(7단계) → 최종 판정final determination(8단계) → 최종 규제AD / CVD order(9단계)'의 모든 단계별 절차가 동일하게 구조화되어 있음을 확인할 수 있다. 유의미한 차이가 있다면, 반덤핑 조사는 마진 영역에서 '덤핑 마진dumping margin'을 심사하는 데 반해서, 상계 관세 조사는 마진 영역에서 '보조금 마진subsidy margin'을 심사한다는 것 정도에 불과하다. 그렇다면 이 보조금 마진subsidy margin이란 무엇이고, 또 그것은 어떻게 계산되는 것일까?

다음 [표 3.2]의 우측 상단에는 '보조금 마진subsidy margin'을 분자로 하는 상계 관세율CVD(countervailing duty) ratio의 산식이 제시되어 있다. 보조금 마진subsidy margin은 불공정한 정부 보조금이 수출 기업의 저가 수출에 기여한 정도를 뜻하고, 상계 관세율CVD(countervailing duty) ratio은 해당 수출 업체의 매출을 분모로, 해당 수출 업체가 공여받은 보조금을 분자로 삼아 계산된다. 이 때, 상계 관세율의 분모가 되는 '업체 매출액'은 기업 집단 내에서의 거래, 다시 말해 관계사 내부 거래가 소거된 결합 혹은 연결 매출액을 의미한다. 그리고 상계 관세율의 분자가 되는 '보조금 마진'은, '금지 보조금prohibited subsidy + 조치 가능 보조금actionable subsidy'이 된다. WTO 상계 관세 협정의 교통 신호등traffic light 체계에서 '녹색green'을 제외한 '붉은색red', '황색yellow or amber'의 합이 그 분자가 되는 것이다. 주지하는 것과 같이, 금지 보조금prohibited subsidy은 수출 촉진export performance 보

표 3.2 반덤핑 vs. 상계 관세 조사

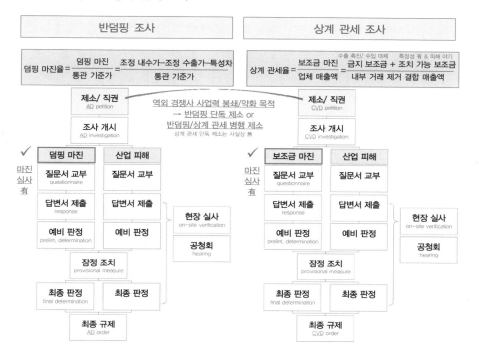

조금과 수입 대체domestic use 보조금을 뜻하고, 조치 가능 보조금actionable subsidy
은 '특정성specificity'과 '피해 야기adverse trade effect'의 요건을 모두 갖추어야 한다.

　　수입국 현지의 반덤핑 제소 업체의 입장에서 보면, 반덤핑 제소의 사업상
목적은 역외 경쟁사의 사업력을 봉쇄, 약화시키는 것에 있다. 이런 까닭에 반덤
핑 제소AD(anti-dumping) petition에는 상계 관세 제소CVD(countervailing duty) petition가
수반되는 것이 일반적이다. 반덤핑, 상계 관세를 병행 제소하게 되면 수입 규제
의 폭을 좀더 확대시킬 수 있는 까닭에서이다. 결국 수입국 현지 업체의 불공정
저가 수출에 대한 제소는 '반덤핑 단독 제소'의 형태를 띠거나 '반덤핑 / 상계 관
세 병행 제소'의 모습으로 나타나게 된다. 그리고 반덤핑에서는 제소 없이 상계
관세만을 따로 떼어낸 단독 제소는 사실상 없다고 할 수 있다. 현지 제소 업체
입장에서 볼 때, 수출국 내에 소재한 역외 경쟁사의 금지 보조금prohibited subsidy,
조치 가능 보조금actionable subsidy 수혜 여부를 사전에 정확히 판단하기 어려울
뿐만 아니라, 공여받는 금지 보조금prohibited subsidy, 조치 가능 보조금actionable
subsidy 자체가 없거나 미미하다면 제소 자체가 무력화되기 때문이다.

그런데, 통상 규제의 세계에 관심을 갖는 사람들의 이목을 집중시킬 만한 대목이 하나 있다. 그것은 非시장 경제국NME, non-market economy에 대한 상계 관세 제소 여부이다. 본서 2장의 「가치 평가로서의 덤핑 마진과 4대 제약 조건」에서 소개된 것과 같이, 非시장 경제국NME, non-market economy은 가격 형성에 정부의 통제가 개입될 개연성이 높고, 이런 까닭에 GATT는 非시장 경제국에 대한 반덤핑 기준 가격basis price으로서 대체적인 방법을 고안할 수 있음을 명문화했다GATT 6조 부속서 I.1.2. 이 때, 이것이 상계 관세 측면에서 갖는 또다른 의미는, 非시장 경제국NME, non-market economy Case의 경우 상계 관세 제소가 있게 되면 시장 경제국ME, market economy Case와 비교할 때 고율의 상계 관세 규제로 귀착될 가능성이 높다는 것이다. 非시장 경제국NME, non-market economy 내 가격 형성에 대한 정부의 통제란 많은 경우 정부 보조금의 형태를 갖기 마련인 까닭에서이다. 그럼에도 불구하고, 수입국 내 현지 업체가 非시장 경제국NME, non-market economy을 상대로 통상 제소를 할 때, 상계 관세는 제외한 채 반덤핑만을 그 대상으로 삼아 제소하는 사례를 종종 접하게 된다. 무슨 까닭에서일까?

이에 대한 사업 관점의 시사점을 얻기 위해서는, 반덤핑 조사와 구별되는 상계 관세 조사의 구조적인 특질에 대한 이해가 있어야 한다. 반덤핑 조사의 경우에는 반덤핑 피소된 수출 업체들이 그 대응의 중심에 서 있다. 반면에, 상계 관세 조사에 있어서는, 한편에는 피소된 수출 업체들이, 다른 한편에는 피소국의 정부 당국이 그 대응의 중심에 서게 된다. 수출 업체가 공여받은 정부 보조금의 출처 자체가 반덤핑 피소국의 정부 당국이고, 이로 말미암아 피소국의 정부 당국은 상계 관세 조사 절차에서 의무 답변자mandatory respondent로 참여하게 된다. 상계 관세 조사 절차는, 반덤핑과는 달리, 非시장 경제국NME, non-market economy의 정부 당국이 대응의 전면에 나서는 것이다.

대한민국은 '사드THAAD(terminal high altitude area defense), 종말 고고도 지역 방위 체계(美 육군의 탄도탄 요격 유도탄 체계)' 사태의 공포를 기억하고 있다. 2016년 9월 롯데 그룹은 박근혜 행정부의 요청을 수용해 경북 성주군의 롯데 골프장을 사드 배치를 위한 부지로 제공했다. 주한 美 육군의 對 북한 미사일 방위 전략의 일환으로 제공된 부지였음에도 불구하고, 중국은 이를 미국의 對 중국 군사 억지 전략의 하나로 받아들였다. 중국의 입장에서 보면 너무나도 당연하다. 세계 패권을 겨루고 있는 미국의 전략 미사일이 중국의 앞마당에 배치된다면 중국의 그 어떤 정책 당국자도 이를 편안히 받아들일 수는 없을 것이다. 그럼에도 불구하고, 한국으로서는 북한의 군사적 위협으로부터 국민의 안위를 보호해야 하는 또다른 숙명이 있는 것도 사실이다. 결국 중국 정부는 한류 금지령限韓令을 선언했고, 국내외 언론 매체들을 통해 소위 '사드 보복THAAD retaliation'으로 회자되던 일련의 사태들이 전개되었다. 2007년 중국 시장에 진출했던 롯데 그룹은 사드 부지로 성주 골프장을 제공'16.9월한 후 중국에서 소방 점검, 세무 조사 등 불시 단속의 집중 포격을 받았고 2018년에 이르러서는 중국에서의 유통 사업을 매각, 철수하게 된다.

본서 2장의 「덤핑 대상 범위에 관한 게리맨더링」에서 언급된 것과 같이, 월풀社는 2016년 조사 개시된 중국산 세탁기 반덤핑 Case'15.12월 제소에서 벨트형 세탁기를 제소 대상에서 제외했고, 이로 인해 삼성, LG의 '직접 방식direct drive' 세탁기는 고율의 반덤핑 규제 아래에 놓이게 되었다. 반면에, 삼성, LG를 제외한 他 중국 가전사들은 자신들의 '벨트 방식belt drive' 세탁기를 그 어떤 반덤핑 규제도 없이 정상적으로 미국에 수출할 수 있었다. 그런데, 이 당시 월풀社는 상계 관세는 제소하지 않았다. 반덤핑만으로 단독 제소한 것이다. 그리고, 그 당시나 지금이나 월풀社 웹 사이트에서 확인할 수 있는 것과 같이 월풀社는 중국 내에 여러 공장들을 보유하고 있다. 만일 월풀社가 상계 관세 제소도 병행했더라면 월풀社는 상계 관세 조사의 의무 답변자mandatory respondent로 전면에 나선 중국 정부를 상대해야 했을 것이다. 이런 까닭에, 월풀社는, 롯데 기업이 중국에서 경험했던 것과 같은 최악의 시나리오를, 월풀社 중국 사업의 관점에서도 정무적, 전략적으로 고려했을 수 있다. 순수하게 상계 관세 영역은 불공정한 보조금이 없다고 판단해 제소를 하지 않은 것인지, 월풀社 중국 사업에 대한 최악의 시나리오를 가정한 '제소의 정치 경제학political economy of AD / CVD petition'이 작동한 것인지는 오직 월풀社만이 진실을 알 것이다. 분명한 것은, 제소 업체의 세계에서 바라본 '제소의 정치 경제학political economy of AD / CVD petition'에 대한 고민은 언제나 있어야 한다. 고민한 만큼 성장한다. 그리고 성장은 적실성 있는 대응과 탁월한 성과를 뜻하는 다른 표현이기 때문이다.

표 3.3 **반덤핑 vs. 상계 관세 제도**

	반덤핑(AD)	상계 관세(CVD)
근거 (foundation)	• <u>GATT 제 6조 및</u> <u>WTO 반덤핑(AD) 협정</u>	• <u>GATT 제6 & 16조 및</u> <u>WTO 상계 관세(CVD) 협정</u>
목적 (purpose)	• <u>기업의 수출 이윤 희생(−)</u> → '불공정 무역을 시정'	✓<u>정부의 수출 이윤 보전(+)</u> → '불공정 무역을 시정'
요건 (condition)	• **덤핑 마진 & 산업 피해** – ① 덤핑 존재(dumping) ② 산업 피해(material injury) ③ 인과 관계(causal link) – 덤핑 마진 2% 미만은 무혐의 美 무혐의 기준은 원심 2%↓ & 재심 0.5%↓	✓**보조금 마진 & 산업 피해** – ① 보조금 수혜(subsidy) ② 산업 피해(material injury) ③ 인과 관계(causal link) – 보조금 마진 1% 미만은 무혐의 美 무혐의 기준은 원심 1%↓ & 재심 0.5%↓
시점 (effectiveness)	• <u>조사 개시 後 약 12~18개월</u> – 원칙 12개월 & 최장 18개월 AD 협정 5.10조	• <u>조사 개시 後 약 12~18개월</u> – 원칙 12개월 & 최장 18개월 SCM 협정 11.11조
기간 (duration)	• <u>5년 규제가 원칙</u> – 5년 단위로 지속 연장 可 (최장 무한대) AD 협정 11.3조	• <u>5년 규제가 원칙</u> – 5년 단위로 지속 연장 可 (최장 무한대) SCM 협정 21.3조
방식 (remedy)	• <u>'추가 관세'로만 규제</u> – 반덤핑 관세(ADD) Only (anti-dumping duty) AD 협정 9조	• <u>'추가 관세'로만 규제</u> – 상계 관세(CVD) Only (countervailing duty) SCM 협정 19조

　　이제 지금까지 논의된 반덤핑, 상계 관세 제도를 비교론적 관점에서 종합해 보자. 같은 어머니에 뿌리를 둔 쌍생아雙生兒, twin라고 하더라도 완벽하게 동일하지는 않기 때문이다. 앞의 [표 3.3]에는 '반덤핑 vs. 상계 관세' 제도가 그 규제의 (1) '근거foundation', (2) '목적purpose', (3) '요건condition', (4) '시점effectiveness', (5) '기간duration', (6) '방식remedy'이라는 여섯 가지 영역에서 비교되어 있다.

　　첫째, 규제의 '근거foundation'이다. 반덤핑 제도나 상계 관세 제도나 모두 GATTgeneral agreement on tariffs & trade, 관세및무역에관한일반협정 6조에 근거하고 있음은 전술한 것과 같다. 그런데, 상계 관세 제도의 경우에는 GATT상의 근거 조문이 하나 더 있다. GATT 16조가 그것이다. GATT 16조는 상계 관세가 그 뿌리를 두고 있는 보조금에 대한 제한, 통보 및 협의 의무를 규정하고 있다. GATT를 전신으로 1995년 1월 1일부로 출범한 WTOworld trade organization, 세계무역기구는 반덤핑, 상계 관세 각각에 대해 별도의 협정을 두고 있다. 주지하는 것과 같이, 전자前者에 관한 것은 WTO 반덤핑AD(anti-dumping) 협정이고, 후자後者에 대한 것은 WTO 상계 관세SCM(subsidies & countervailing measures) 협정이다.

둘째, 규제의 '목적purpose'이다. 반덤핑이나 상계 관세나 불공정 무역에 대한 시정을 그 목적으로 삼는다는 점에 있어서는 동일하다. 그러나, 반덤핑 제도가 불공정 저가 수출unfair price undercutting 중 기업 차원에서 발생한 저가 수출, 즉 수출 이윤의 희생(−)에 대한 규제라면, 상계 관세 제도는 불공정 저가 수출 unfair price undercutting 가운데 정부 차원에서 의도된 저가 수출, 다시 말해 수출 이윤의 보전(+)에 관한 규율이라는 점에서 차이가 있다.

셋째, 규제의 '요건condition'이다. 반덤핑 제도나 상계 관세 제도나 모두 '마진margin', '피해injury', '인과causation'라는 제1~3요건에 대한 위반 입증proof of violation이 있어야만 규제가 가능하다는 점에서는 차이가 없다. 그러나, 반덤핑에서의 마진margin이란 것은 수출 이윤의 희생(−)인 '덤핑 마진dumping margin'을 뜻하는 반면에, 상계 관세의 마진margin은 수출 이윤의 보전(+)인 '보조금 마진 subsidy margin'을 의미한다. 요컨대, 반덤핑의 경우에 위반 입증proof of violation의 요건이 '덤핑에 의한 피해injury by dumping'라면, 상계 관세에 있어서 그것은 '보조금에 의한 피해injury by subsidy'라고 할 수 있는 것이다. 반덤핑, 상계 관세 영역에서 발생한 마진margin의 '무혐의de minimis, 미소' 기준에 대해서는 유념이 필요하다. WTO 반덤핑 협정은 덤핑 마진의 무혐의 기준을 '2% 미만less than 2percent'으로 규정했다(협정 5.8조). 반면에, WTO 상계 관세 협정은 보조금 마진의 무혐의 기준을 '1% 미만less than 1percent'으로 명문화하고 있다(협정 11.9조).

반덤핑 / 상계 관세 제도의 '무혐의de minimis, 미소' 기준과 관련해서는, 미국이 정례적으로 운영 중인 '연례 재심administrative review' 제도가 특징적이다. 본서 2장의 「반덤핑 규제, 거꾸로 된 시계인 소나기 수출 소급 추징」의 돋보기 보론인 「사업 중단? 반덤핑 관세 환급과 가격 인상 약속」에서 소개된 것과 같이, 미국의 경우에는 반덤핑 / 상계 관세 Case의 최초 원심original investigation 판정 이후에 이미 납부한 반덤핑 / 상계 관세의 적정성을 매년 재심사하고, 해당 재심사 결과에 따라 이미 납부한 반덤핑 / 상계 관세에 대해 추가 납부 혹은 관세 환급을 시행하는 절차를 갖고 있고, 이를 '연례 재심administrative review'이라고 일컫는다. 이 연례 재심administrative review의 경우에는 반덤핑 / 상계 관세 모두에 있어서 그 무혐의de minimis, 미소 기준이 좀더 엄격히 적용된다. 美 연례 재심administrative review의 무혐의de minimis, 미소 기준은 반덤핑이나 상계 관세나 모두 '0.5% 미만less than 0.5 percent'이다.

넷째, 규제의 '시점effectiveness'이다. 반덤핑이나 상계 관세나 모두 조사 개시 후 12~18개월 이내에 규제 여부가 결정, 발효된다. 미국의 경우나 EU에 있어서 모두, 관할 당국이 수행하는 Case의 심사 난이도 및 반덤핑 당국의 업무 과부하 수준에 따라 그 규제 시점이 유동적으로 순연順延, delay될 수는 있다. 그러나, 반 덤핑, 상계 관세는 원칙적으로 조사 개시 후 1년 내에 종결되어야 하고, 연장이 필요한 어떠한 경우라도 18개월은 초과할 수 없다AD 협정 5.10조 & SCM 협정 11.11조.

다섯째, 규제의 '기간duration'이다. 반덤핑 제도나 상계 관세 제도나 모두 그 규제 발효일로부터 '5년 내not later than 5 years' 종료가 원칙이다AD 협정 11.3조 & SCM 협정 21.3조. 이런 까닭에, 미국은 '일몰 재심sunset review'이라는 이름으로, EU는 '종료 재심expiry review'이라는 명칭으로, 반덤핑 / 상계 관세 규제가 발효된 후 5년 경과 시점에 그 규제의 지속 여부에 대해 별도로 심사하는 제도를 두고 있다. 그러나, 실무상으로 볼 때, 이 '일몰 재심sunset review', '종료 재심expiry review' 절차를 통해 반덤핑 / 상계 관세 규제가 최장 '무한대無限大, ∞'까지도 지 속될 수 있음에는 주의가 필요하다.

여섯째, 규제의 '방식remedy'이다. 반덤핑이나 상계 관세나 모두 '추가 관세 additional duty'의 형태로만 규제가 가능하다AD 협정 9조 & SCM 협정 19조. 반덤핑의 경우에는 '반덤핑 관세ADD, anti-dumping duty'의 추징으로써만AD 협정 9조, 상계 관 세에 있어서는 '상계 관세CVD, countervailing duty'의 추징으로써만SCM 협정 19조 수 입 제한이 가능한 것이다. 이러한 점에서 가격 규제인 '추가 관세additional duty' 추징 외에도 물량 규제인 '수입 쿼터import quota' 설정이 가능한 세이프가드SG, safeguards 구제 조치와 구별된다고 할 것이다. 세이프가드SG, safeguards 제도에 대해서는 다음 장에서 별도로 다루기로 한다.

○ 폴 크루그먼의 전략적 무역 정책 이론

본서 1장의 돋보기 보론 중의 하나였던 「자유 무역의 기초, 아담 스미스로부터 폴 크루그먼까지」에서, 경제 지리학economic geography을 접목한 규모의 경제economies of scale의 틀로써 국가 간의 '산업 내 무역intra-industry trade'을 설명한 폴 크루그먼Paul

R. Krugman에 대해 기억할 것이다. 이에 대한 학문적 공과로 美 프린스턴 대학 교수 시절이던 2008년에 노벨 경제학상을 수상했음도 이미 언급한 바 있다.

그런데, 폴 크루그먼Paul R. Krugman(1953~)은 그의 신新 무역 이론에서, 본 절의 정부 보조금 및 상계 관세 제도와 관련해 우리의 정신적 지평spiritual horizon을 넓혀 주는 또다른 지적 통찰을 제공하고 있다. 그의 '전략적 무역 정책strategic trade policy' 이론이 바로 그것이다. 폴 크루그먼이 공식화한 전략적 무역 정책strategic trade policy이란, 자국 기업의 이윤을 증대시킴으로써 자국 기업 vs. 외국 기업 사이에 존재하는 '전략적 선택을 변경시키는altering strategic choice' 정부의 개입을 뜻하고, 그 중심에는 정부 보조금이 자리잡고 있다.

자국 내 규모의 경제economies of scale를 가지는 독과점monopoly or oligopoly 기업에 대해 정부의 보조금이 공여되면, 해당 독과점 기업의 초과 이윤excess return or rent은 증가하게 되고 국내외 시장 모두에서 대량 생산, 가격 인하라는 '전략적 선택의 변경altering strategic choice'이 가능하게 된다. 그리고, 이에 따라 자국의 독과점 기업과 경쟁하는 외국의 독과점 기업의 초과 이윤excess return or rent은 감소하게 되어, 해당 외국 독과점 기업의 '전략적 선택도 변경altering strategic choice'될 수밖에 없게 되는 것이다.

이런 맥락에서, 1961년 5.16 쿠데타coup d'etat 집권과 동시에 대한민국의 '기아飢餓, 굶주림 극복'을 위해 가속화된 박정희 행정부의 수출 지향 정책export-oriented policy은, 폴 크루그먼Paul R. Krugman이 주장한 전략적 무역 정책strategic trade policy의 연장선상에 있었다고 하겠다. 박정희 행정부의 전폭적인 지원 아래에 독과점 기업monopoly or oligopoly으로서의 대기업, 다시 말해 '재벌Chaebol' 그룹이 태동, 성장할 수 있었기 때문이다.

WTO 상계 관세SCM(subsidies & countervailing measures) 협정이, 수출 촉진export performance, 수입 대체domestic use를 직접 의도하는 '금지 보조금prohibited subsidy'이나 특정성specificity, 피해 야기adverse trade effect를 요소로 갖춘 '조치 가능 보조금actionable subsidy' 모두를 불공정 보조금unfair subsidy 규제의 대상으로 삼고 있는 진정한 의미에 대해 다시금 생각하게 된다.

산업은행의 정책금융과 보험공사의 채권보험, 어떻게 볼 것인가

　　본 절에서 다루어질 내용은 상계 관세가 그 뿌리로 삼고 있는 '보조금의 가치 평가subsidy valuation'의 문제이다. 본서 2장의 「가치 평가로서의 덤핑 마진과 4대 제약 조건」에서 덤핑 마진 산정을 수출 가격에 대한 하나의 '평가valuation'로서 언급한 바 있다. 보조금의 경우도 마찬가지이다. 반덤핑 관세 부과를 위한 덤핑 마진의 산정이 '덤핑 마진 가치 평가dumping valuation'라면, 상계 관세 부과를 위한 보조금의 산정은 '보조금 가치 평가subsidy valuation'인 것이다.

　　이하에서는 이 '보조금 가치 평가subsidy valuation'의 문제를 우리 나라 수출 기업의 상계 관세 조사에서 그 쟁점의 중심에 서 있는 산업 은행KDB, Korea development bank의 정책 금융preferential government financing, 보험 공사K-Sure, Korea trade insurance corporation의 채권 보험credit insurance의 관점에서 살피기로 하겠다. 어떤 기업이 제품을 양산해 수출 거래를 통해 수익을 실현하는 과정은 '수출 제품 양산(1단계) → 해당 제품 수출(2단계) → 수출 대금 회수(3단계)'를 거치게 된다. 그런데, 여기서 1단계인 '수출 제품 양산'과 2단계인 '해당 제품 수출'은 사업 자체의 고유 영역인 반면에, 3단계인 '수출 대금 회수'는 사업의 특성으로부터 유래되는 금융 영역으로 구분지을 수 있다. 이 때, 3단계인 '수출 대금 회수'에 대한 정부 기관government or public body 지원을 불공정 보조금으로 볼 수 있는지가 주된 쟁점이 되곤 한다.

　　수출 거래의 1단계인 '수출 제품 양산'과 관련된 연구 개발R&D, research & development 등 산업 지원 보조금은 그 '특정성specificity'과 '피해 야기adverse trade effect'의 유무에 따라 비교적 손쉽게 그 불공정 여부가 판단될 것이다. 한편, 수출 거래의 2단계인 '해당 제품 수출'에 있어서는 '관세 환급import duty drawback' 제도를 특징적인 것으로 언급할 수 있다. 수출 제품에 투입된 수입산 자재에 대한 '관세 환급import duty drawback' 제도는 WTO 상계 관세 협정SCM(subsidies & countervailing measures)에서 예외적으로 이를 허용하고 있다협정 1.1조(a).(1).(ii)의 각주 1. 수출 제품은 수출국 내에서 사용되지 않고 해당 수입국 내에서 최종 소비된다. 그리고 수입국 내 소비자는 해당 수출 제품에 대해 현지 소비세consumption tax를 부담한다. 따라서, 수출 제품에 대한 '소비지국 과세 원칙destination principle'에 따라 수출입 양국에서의 '이중 과세double taxation'를 방지하기 위한 별단의 제도로서 그 예외성이 인정되는 것이다. 이런 까닭에, 수출 거래의 3단계인 '수출 대금 회수'로 보조금 논의의 쟁점이 집중화되는 경향이 있고, 우리 나라의 경우 그 중심에는 산업 은행의 정책 금융과 보험 공사의 채권 보험이 놓여 있다.

산업 은행KDB, Korea development bank의 정책 금융preferential government financing과 보험 공사K-Sure, Korea trade insurance corporation의 채권 보험credit insurance에 대한 구체적인 논의에 앞서, '수출 대금의 회수'에 관한 논의의 출발점이 되는 '수출 대금의 결제' 방식에 대해 살펴 보기로 하자. 다음의 [표 3.4]에는 수출 기업이 국제 거래에서 일반적으로 사용하는 대금 결제의 방식이 총 여덟 가지로 구분되어 있다.

표 3.4 수출 대금의 결제 방식

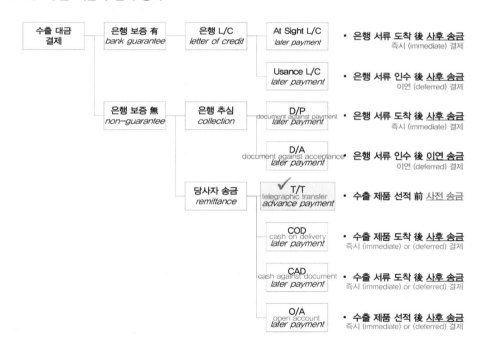

수출 대금의 결제 방식은 크게 '은행 보증bank guarantee' 방식과 '은행 非보증non-guarantee' 방식으로 양대별된다. 이 때, '은행 보증bank guarantee' 방식은 국제 거래에 있어서의 '은행 보증서bank guarantee letter'라고 할 수 있는 (1) '신용장L/C, letter of credit'으로 구체화되고, '은행 非보증non-guarantee' 방식은, (2) 은행이 수출입 당사자 사이에서 단순 메신저 역할을 수행하는 '추심collection' 방식과 (3) 은행의 매개 없이 수출입 당사자가 직접 거래하는 '송금remittance' 방식으로 다시 나누어진다.

앞의 [표 3.4]의 우측에는, 이러한 (1) '신용장L/C, letter of credit' 방식, (2) '추심collection' 방식, (3) '송금remittance' 방식에 따른, 국제 무역의 여덟 가지 대금 결제 방식이 유형화되어 있다.

- At Sight L/C
  - 은행에 서류 도착 後 보증 은행이 즉시 <u>사후 결제</u>
- Usance L/C
  - 은행에 서류 인수 後 보증 은행이 일정 기간 후 <u>사후 결제</u>
- D/P (document against payment)
  - 은행에 서류 도착 後 수입 업체가 즉시 <u>사후 결제</u>
- D/A (document against acceptance)
  - 은행에 서류 인수 後 수입 업체가 일정 기간 후 <u>사후 결제</u>
- T/T (telegraphic transfer)
  - 수출 제품 선적 前 수입 업체가 <u>사전 결제</u>
- COD (cash on delivery)
  - 수출 제품 도착 後 수입 업체가 즉시 / 일정 기간 후 <u>사후 결제</u>
- CAD (cash against document)
  - 수출 서류 도착 後 수입 업체가 즉시 / 일정 기간 후 <u>사후 결제</u>
- O/A (open account)
  - 수출 제품 선적 後 수입 업체가 즉시 / 일정 기간 후 <u>사후 결제</u>

앞의 여덟 가지 결제 방식이 바로 그것이다. 그런데 이 여덟 가지의 대금 결제 방식 중 선수금cash in advance인 'T/Ttelegraphic transfer'를 제외한 나머지 일곱 가지의 대금 결제 방식은 모두 '사후 결제later payment, 후수금(credit sales)'이다. 수출 제품을 공급받는 수입 업체의 입장에서 볼 때, 물건은 받지도 못했는데 대금을 먼저 건네는 경우는 이례적이라고 할 것이다. 그리고, 은행 보증서bank guarantee로서의 신용장L/C, letter of credit 거래에 있어서조차도 신용장이 그 하자

L/C(letter of credit) discrepancy로 인해 은행 보증서로서 기능할 수 없거나 보증 은행 자체가 파산할 가능성도 배제할 수는 없다. 이 때, 수출 업체로서는 수출된 제품의 결제가 지연되거나 대금 회수 자체가 불가능한 수출 채권export AR(account receivable) 리스크에 노출된다. 결국 수출 대금 결제 방식의 전형은 '결제 지연payment delay', '회수 불능non-payment or payment default'의 리스크가 잠재된 '사후 결제later payment'로 정리되고, 이 대목에서 산업 은행KDB, Korea development bank의 정책 금융preferential government financing과 보험 공사K-Sure, Korea trade insurance corporation의 채권 보험credit insurance이 등장하게 된다.

널리 알려진 것과 같이, 산업 은행KDB, Korea development bank이나 보험 공사 K-Sure, Korea trade insurance corporation는 모두 정부 투자 기관이다. WTO 상계 관세 협정이 규율하고 있는 '정부government' 또는 '공공 기관public body'의 범주 안에 포섭되는 것이다. 그리고 이들 기관이 수출 기업에 공여하는 기업 여신 corporate loan, 채권 보험credit insurance은 모두 WTO 상계 관세 협정이 규정하고 있는 '재정적 기여financial contribution'에 해당된다. 산업 은행KDB, Korea development bank의 기업 여신corporate loan은 수출 대금의 '결제 지연payment delay' 리스크에 직면한 수출 기업에게 일시적인 자금 부족에 따른 유동성 위기liquidity crisis를 벗어날 수 있는 숨쉴 수 있는 공간breathing space를 제공해 준다. 같은 맥락에서, 보험 공사K-Sure, Korea trade insurance corporation의 채권 보험credit insurance은 수출 대금의 '회수 불능non-payment or payment default' 리스크에 노출되어 있는 수출 기업에게 채권 회수의 불확실성을 제거하는 안전판이 되어 준다. 따라서, 수출 기업은 제공받는 '수혜benefit'가 있게 된다. 그렇다면 이들 정부 투자 기관이 수출 기업에게 공여하는 기업 여신corporate loan, 채권 보험credit insurance은 어떤 기준에서 그 공정성 여부를 판단할 수 있을까?

먼저, 산업 은행KDB, Korea development bank 기업 여신corporate loan의 경우에는, 해당 여신을 지원받는 수출 업체가 다른 시중 은행으로부터 조달하는 평균 차입 금리market-based commercial loan가 그 기준benchmark interest rate이 된다. 다시 말해, 해당 수출 업체의 '산업 은행 차입 vs. 시중 은행 차입' 사이에 존재하는 금리 차이만큼이 정부 기관public body에 의한 불공정한 보조금으로 간주되는 것이다. 전 세계를 대상으로 사업을 영위하는 글로벌 기업의 경우에는 차입 조달의 원천 또한 글로벌화되어 있다. 이런 까닭에, 글로벌 기업에 있어서 불공정한 재정적 기여로 간주되는 '산업 은행 차입 vs. 시중 은행 차입' 사이의 금리차는 없거나 무시할 만한 수준이라고 할 수 있다.

다음으로, 보험 공사K-Sure, Korea trade insurance corporation의 채권 보험credit insurance을 살펴 보자. 同 채권 보험credit insurance 제도는 그 활용을 희망하는 우리 나라의 모든 기업들에게 열려 있다. 다시 말해, 특정 기업, 특정 산업에 대한 지원을 의도했다는 특혜성 논란, 즉 '특정성specificity'의 이슈 자체가 없는 것이다. 그렇다면 이것이 WTO 상계 관세 협정이 규율하고 있는 '수출 촉진export performance 보조금', 다시 말해 '금지 보조금prohibited subsidy'으로 간주될 가능성은 없는 것일까? 이에 대한 해답은 보험 공사K-Sure, Korea trade insurance corporation의 재무 제표financial statement에 있다. 상거래 주체로서 보험 공사K-Sure, Korea trade insurance corporation가 우리 나라 수출 기업들을 상대로 채권 보험credit insurance 사업을 영위하면서 적정한 사업 이윤을 지속적으로 시현해 왔다면, 同 보험 공사K-Sure, Korea trade insurance corporation의 채권 보험credit insurance 프로그램은 불공정한 재정적 기여로 간주될 수 없을 것이다. 반대로, 현저하게 낮은 채권 보험료premium rate 징구 및 이에 따른 영업 손실이 계속되고 있다면, 보험 공사K-Sure, Korea trade insurance corporation의 채권 보험credit insurance 제도는 불공정한 보조금으로 '상계 관세'라는 규제의 칼날 아래에 놓이게 될 것이다.

◯ 가치 평가로서의 반덤핑 · 상계 관세 / 관세 / 이전 가격

이상에서 반덤핑 / 상계 관세 조사에 있어서의 가치 평가valuation와 관련된 주요 내용들을 살펴 보았다. 그런데, 이 가치 평가valuation는 글로벌 수출 기업의 조세tax 관리 관점에서 다양한 형태로 개재된다. 글로벌 수출 기업의 제품은 '생산 자재 도입(1단계) → 양산 제품 수출(2단계) → 수출 제품 수입(3단계) → 수입 제품 판매(4단계)'의 4단계를 거쳐 글로벌 거점별로서 판매된다. 이 때, 각각의 단계별로 조세tax 관리 관점에서 각기 다른 영역에서의 가치 평가valuation가 있게 된다. 관세 평가customs valuation, 덤핑 / 보조금 평가dumping / subsidy valuation, 이전 가격 평가transfer pricing valuation가 바로 그것이다.

1. 관세 평가: 생산 자재 도입1단계 & 수출 제품 수입3단계

관세 평가customs valuation는 세관 신고가customs value의 적정성 여부에 대한 심사이다. 수입 통관 시 납부되는 관세액customs duty이, 관세율 책정의 기준이 되는 품목 분류HS(harmonized commodity description & coding system) code classification의 오류나 로열티royalty 등 관세 과표 가산 항목의 누락 등으로 인해 과소 신고undervalue되지 않았는지를 중점적으로 점검하게 된다. 국제 기준은 'WTO 관세 평가CV(customs valuation) 협정'이다.

2. 덤핑 / 보조금 평가: 양산 제품 수출2단계 & 수입 제품 판매4단계

덤핑 / 보조금 평가dumping / subsidy valuation는 불공정 저가 수출unfair price undercutting 여부에 대한 심사이다. 기업 자체로 불공정 덤핑 행위가 있었는지(덤핑 평가dumping valuation), 정부로부터의 불공정 보조금 수혜가 있었는지(보조금 평가subsidy valuation)를 중점적으로 판단하게 된다. 국제 기준은 'WTO 반덤핑AD(anti-dumping) 협정', 'WTO 상계 관세SCM(subsidies & countervailing measures) 협정'이다.

3. 이전 가격 평가: 양산 제품 수출2단계 & 수입 제품 판매4단계

이전 가격 평가TP(transfer pricing) valuation는 글로벌 기업의 불공정 조세 회피unfair tax avoidance 여부에 대한 심사이다. 글로벌 기업의 관계사 거래가 '정상 가격arm's length price'과 비교할 때 '고가高價 구매'로, 혹은 '저가低價 판매' 여서 관할국의 과세 소득이 다른 국가로 이전되지 않았는지를 중점적으로 점검하게 된다. 국제 기준은 'OECDorganization for economic cooperation & development, 경제협력개발기구 이전 가격 가이드라인OECD Transfer Pricing Guidelines'이다.

4장
수입국 경제의 위급 상황?
세이프가드 규제 대응

희망은 모든 악 중에서도 가장 나쁜 것이다. 그것은 인간의 고통을 연장시키기 때문이다.

In reality, hope is the worst of all evils, because it prolongs man's torments.

– 니체의 〈인간적인, 너무나 인간적인〉 中 –

널리 알려진 것과 같이, 서구의 전통적 권위를 부정하면서 새로운 가치 체계의 수립을 열망했던 '망치를 든 철학자' 프리드리히 니체Friedrich Nietzsche (1844~1900)는 19세기 독일의 대표적 사상가 중의 하나이다. 니체는 그의 <인간적인, 너무나 인간적인Human, All Too Human(1878)>에서 인간의 고통을 연장시키는 쓸데 없는 희망은 과감하게 걷어낼 것을 권고하고 있다. 소중한 인생을 희망 고문에 허비하지 말라는 것이다. 그의 이러한 권고는 세이프가드 Case를 치열하게 고민하고 대응하는 수출 기업들에게 많은 단상斷想을 불러 일으킨다. 그것은 세이프가드 규제가 수출 기업의 불공정 무역unfair trade 혐의와는 아무런 관계가 없는 글로벌 사업의 외생 변수exogenous variable이기 때문이다. 세이프가드 규제 대응은 과연 실익이 있는 것일까?

앞서 1장의 「통상의 쟁점 영역과 무역 구제」에서 언급된 것과 같이, 세이프가드는 WTO 공정 무역 체제의 사각 지대blind spot이다. 수출 기업이나 수출국 정부는 모두 아무런 잘못이 없지만 수입국 자체의 산업 기반이 취약해 발생한 산업 피해를 구제하는 장치이기 때문이다. 수입국 경제의 구조적인 문제로 인해 산업 조정 등이 필요한 경우에 예외, 한시적으로 공정 무역을 제한하는 것임에는 이론異論이 없지만, 해당 수입국에 제품을 수출하는 역외 기업으로서는 감당하기 힘든 고통일 수밖에 없다. 특히나 수입국 내에 판매 법인을 설립해 현지 밀착형 사업을 수행해 온 글로벌 기업에 있어서는 세이프가드 규제가 단순히 현지 판매량의 감소에 국한되지 않는다. 현지 시장을 개척하기 위해 투여한 인적, 물적 자원의 사업 인프라 자체에 커다란 영향이 있을 수 있는 까닭에서이다.

세이프가드 규제, 악화가 양화를 구축하다

'구축'이라는 단어는 동음이의어同音異義語를 가지고 있다. 하나는 '構築구축, construction'이고, 다른 하나는 '驅逐구축, driving out'이다 경제 이론에서 '정부 지출↑ → 국공채 발행↑ → 정부 자금 수요↑ → 금리↑ → 민간 자금 수요↓ → 민간 투자 / 소비↓'를 뜻하는 'Crowding Out' 효과도 '구축(驅逐)' 효과로 번역됨을 미리 밝혀 둔다. 본 장 서두의 말미에서 언급된 세이프가드 규제의 영향을 '구축'이라는 단어의 동음이의어同音異義語로 풀어 보면, 세이프가드 규제는 수출 업체들이 현지에 '구축構築, construction' 한 사업 '인프라를 '구축驅逐, driving out'하는 효과를 갖고 있다. 세이프가드 규제를 통해 '구축驅逐, driving out'된 사업력은 이것을 다시 '구축構築, construction'하는 데 많은 노력과 시간이 필요하다. 시장을 한순간에 잃기는 쉬워도, 잃어 버린 시장을 다시 찾는 데에는 상당한 인적, 물적 자원의 투입이 전제되어야 하기 때문이다.

엘리자베스 여왕Elizabeth I(1533~1603)의 재정 고문이었던 16세기 영국의 토마스 그레샴 경Sir Thomas Gresham(1519~79)은 '그레샴의 법칙Gresham's law'으로 알려진 화폐 법칙을 주장했다. "악화惡貨, bad money가 양화良貨, good money를 구축驅逐한다Bad money drives out good money"라는 표현으로 회자되곤 하는 그의 법칙은, 금화가 사용되던 16세기 당시에 순도가 높은 금화와 순도가 낮은 금화가 함께 통용되기 시작하면, 순도가 높은 금화는 시장에서 사라지고 순도가 낮은 금화만이 시장에 유통된다는 것이다. 세이프가드 규제는 양화良貨, good money로서의 수출 업체가 현지에 구축construction한 사업 인프라를 구축driving out하면서, 사업 경쟁력이 없는 악화惡貨, bad money로서의 역내 업체를 지원, 보호한다. 이런 맥락에서 세이프가드 규제에는 '그레샴의 법칙Gresham's law'이 적용된다. '악화惡貨, bad money가 양화良貨, good money를 구축驅逐, driving out'하는 것이다.

표 4.1 세이프가드란

수입 급증 예외Safeguard Exception

앞의 [표 4.1]은 '세이프가드SG, safeguards란 무엇인가'에 대한 이해를 돕기 위해 구조화된 도식이다. 원래 WTO 협정 체계가 예정한 '세이프가드SG, safeguards'란 특정 물품의 수입 급증이 있는 경우 이에 대해 한시적으로 시행되는 무역 구제trade remedy만을 의미한다. GATTgeneral agreement on tariffs & trade, 관세및무역에관한일반협정 19조 및 WTO 세이프가드SG, safeguards 협정이 규율하고 있는 수입 규제 조치가 바로 그것이다. 예상치 못한 특정 제품의 수입 급증unforeseen development, GATT 19.1조에 따라 역내 산업에 심각한 피해serious injury가 초래cause되거나 우려threat되는 경우에, 수입국 규제 당국은 원칙적으로 4년 동안 혹은 연장이 필요한 경우에는 최대 8년까지개도국은 최대 10년까지 가능(SG 협정 9.2조) 세이프가드를 발동할 수 있다

(WTO 세이프가드 협정 7.1 & 7.3조). '201조 규제美 1974년 통상법(Trade Act of 1974) 201조'로 알려지며 2018년부터 미국에서 시행된 세탁기 / 태양광 제품에 대한 수입 규제'17.6월 조사 개시 & '18.2월 규제 발효나 2019년에 EUEuropean Union, 유럽연합에서 발동한 철강에 대한 수입 규제'18.3월 조사 개시 & '19.2월 규제 발효가 그 구체적인 사례이다. 이하에서는 이를 '협의狹意, 좁은 의미'의 세이프가드로 일컫기로 하겠다.

그런데, GATT 19조 및 WTO 세이프가드 협정이 예정하고 있는 수입 규제가 아님에도 불구하고, '세이프가드'라는 용어로 정부 부처나 언론 매체를 통해 회자되곤 하는 수입 규제들이 있다. (1) '안전 보장security exception, GATT 21조', (2) '국제 수지BOP(balance-of-payment) exception, GATT12 & 18.B조', (3) '일반 예외 general exception, GATT 20조'와 관련된 수입 제한 조치들이 바로 그것이다. 아래에서는 '협의'의 세이프가드와 이 (1)~(3)의 수입 규제들을 함께 묶어 '광의廣義, 넓은 의미'의 세이프가드로 명명하기로 한다. 순서대로 살펴 보자.

안전 보장 예외Security Exception

먼저, '안전 보장security' 수호를 위한 수입 규제이다. 안전 보장security에 관해서는 WTO상 별도의 협정은 없고 GATT 21조에서 직접 규율하고 있다. ① 안보 정보, ② 핵 물질·군수 물자·비상 조치, ③ 국제 평화·안보 유지 등 총 세 가지 사항에 대해 발동이 필요한 경우, 규제 당국은 '안전 보장 예외security exception'로서 수입 규제를 실시할 수 있다. '232조 규제美 1962년 통상확대법(Trade Expansion Act of 1962) 232조'로 알려진 2018년 미국의 철강 / 알루미늄 수입 규제'17.4월 조사 개시 & '18.3월 규제 발효와 미국 자동차 및 부품 수입 규제'18.5월 조사 개시가 이에 해당한다.

국제 수지 예외BOP(balance-of-payment) Exception

다음으로, '국제 수지BOP, balance-of-payment' 보호를 위한 수입 규제이다. 국제 수지BOP, balance-of-payment의 경우도, 안전 보장security과 마찬가지로, WTO상 별단의 협정은 없고 GATT 12 & 18.B조에서 직접 규정하고 있다. 국제 수지 적자, 보유 외환 부족의 개선을 위해 필요한 범위 내에서, 관할 당국은 '국제 수지 예외BOP(balance-of-payment) exception'로서 수입 규제를 발동할 수 있다. 2015년 에콰도르에서 전자 / 자동차 / 식료품 등 소비재 품목들에 대해 일반 관세 외에 추가 관세 5~45%를 부과한 수입 규제'15.3월 공고 & 발효가 대표적인 사례이다.

일반 예외 조항General Exception

마지막으로, '일반 예외general exception'와 관련된 수입 규제이다. 일반 예외general exception에 있어서도, 안전 보장security이나 국제 수지BOP(balance-of-payment)와 동일하게, GATT상에 명문의 근거 규정을 두고 있다.(GATT 20조). ① 공중 도덕, ② 인간·동물·식물 보호WTO 위생 검역(SPS, sanitary & phytosanitary mesaures) 협정이 별도로 있음에는 유념, ③ 금·은 수출입, ④ 통관·독점·특허 / 상표 / 저작권 보호WTO 지적 재산권(TRIPS, trade-related intellectual properties) 협정이 별도로 있음에는 유념, ⑤ 교도소 노동 상품, ⑥ 국보 보호, ⑦ 천연 자원 보존, ⑧ 정부간 상품 협정, ⑨ 국내 원료 확보, ⑩ 공급 부족 상품 등 총 열 가지 사항에 대해 필요가 인정되는 경우, 규제 당국은 '일반 예외general exception'로서 수입 규제를 시행할 수 있다. '337조 규제美 1930년 관세법(Tariff Act of 1930) 337조'로 회자되며 2011년 국내외 언론 매체들이 앞다퉈 보도했던 삼성 vs. 애플社 간의 휴대폰 특허 분쟁이 이 '일반 예외general exception' 조항의 4번째 사유인 '통관·독점·특허 / 상표 / 저작권 보호'와 관련된 사안이다([표 4.2] 참조)'11.8월 美 무역委(ITC, international trade commission) 조사 개시 後 '13.8월 삼성 휴대폰에 대해 美 수입 금지 판정.

이상의 광의廣義의 세이프가드, 즉 (1) '수입 급증 예외safeguard exception, GATT 19조 & WTO SG(safeguards) 협정', (2) '안전 보장 예외security exception, GATT 21조', (3) '국제 수지 예외BOP(balance-of-payment) exception, GATT12 & 18.B조', (4) '일반 예외 조항general exception, GATT 20조'에 따른 수입 규제는, 반덤핑 / 상계 관세와 비교할 때 규제 방법상에 공통적인 특질이 있다. 반덤핑 / 상계 관세의 경우에는 '추가 관세additional duty'로써만 규제가 가능한 반면에, 광의廣義의 세이프가드인 (1)~(4)에 있어서는, '추가 관세additional duty' 외에 '수입 쿼터import quota'로도 규제가 가능하다는 점이다. 공정 무역임에도 불구하고 그 규제가 인정될 수밖에 없는 급박하고 불가피한 상황에 대한 예외 허용이라는 점에서 '수입 쿼터import quota' 규제까지도 허용하는 것이다. 그러나, 이런 까닭에, 세이프가드 규제는 더더욱 '그레샴의 법칙

Gresham's law'이 적용될 수밖에 없다. 악화惡貨, bad money가 양화良貨, good money를 '더더욱' 구축驅逐, driving out하는 것이다.

표 4.2 삼성 vs. 애플社 휴대폰 특허 분쟁

오바마, '삼성 구형 스마트폰 수입금지' 수용
YTN(입력 2013-10-09 16:02)

[앵커]
…오바마 미국 대통령이 미국 국제무역위원회의 삼성전자 구형 휴대폰 수입금지 결정을 수용하기로 결정했습니다.

애플 제품 수입금지 결정에 대해서는 거부권을 행사한 것과 대조를 이루고 있습니다…

[기자]
…오바마 대통령은 미국 국제무역위원회가 지난 8월 9일 삼성전자의 일부 구형 제품에 대해 수입금지 조치를 취한 것에 대해 거부권을 행사하지 않기로 결정했습니다.

프로먼 미국 무역대표부 대표는 오바마 대통령을 대리해 성명을 발표하고 이같이 밝혔습니다.

프로먼 대표는 소비자 부문과 공정경쟁 정책에 미칠 영향 각 기관의 조언 그리고 이해 당사자의 주장 등을 종합적으로 검토한 결과 수입금지 조치가 그대로 진행되는 것을 허용하기로 했다고 밝혔습니다.

이에 따라 삼성전자는 미국 내에서 갤럭시S와 갤럭시S2, 갤럭시 넥서스, 갤럭시 탭 제품을 수입 판매할 수 없게 됐습니다.

오바마 대통령의 이번 조치는 국제무역위원회의 애플 제품 수입금지 결정에 대해 지난 8월4일 거부권을 행사한 것과는 극명하게 대비되고 있습니다.

오바마 대통령은 애플이 침해한 것은 표준특허이고 삼성전자가 침해한 것은 상용특허라는 논리로 자신의 조치를 정당화하고 있지만 미국 기업 편들기라는 비판은 피하기 어려울 것으로 보입니다…

* 출처: 연합 뉴스(https://www.yna.co.kr, * 출처: YTN 뉴스(https://www.ytn.co.kr/)

공정 무역의 사각 지대, 어떻게 헤쳐 나갈 것인가

세이프가드는 공정 무역fair trade 규율의 사각 지대blind spot이다. 그렇다면 세이프가드 규제의 기로에 서 있는 수출 기업으로서는 조사에 어떻게 대응해야 할 것일까? '반덤핑 / 상계 관세 vs. 세이프가드' 조사의 비교론적 관점에서 논의를 진행키로 한다. 다음의 [표 4.3]에 도표화되어 있는 것과 같이, 세이프가드 조사 SG(safeguards) investigation는 기본적으로 불공정 무역 조사unfair trade investigation인 반덤핑 / 상계 관세의 조사 절차를 원용하고 있다. 이하에서는 세이프가드 조사 대응상의 특징적인 내용들을 마진 심사margin test or valuation, 피해 심사injury test or valuation로 대별해 살펴 보도록 한다.

표 4.3 **반덤핑 / 상계 관세 vs. 세이프가드 조사**

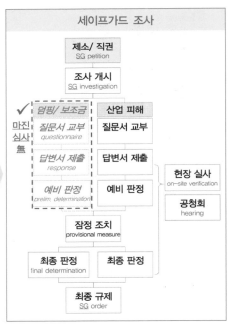

첫째, 마진 심사margin test or valuation이다. 앞의 [표 4.3]의 좌 / 우측을 비교해 보면 쉽게 간취할 수 있는 것처럼, 반덤핑 / 상계 관세와는 달리, 세이프가드

조사는 마진 심사margin test or valuation가 없다. 불공정 무역 규제의 대상이 되는 덤핑dumping이나 보조금subsidy 자체가 존재하지 않기 때문이다. 따라서 가치 평가로서의 덤핑 평가dumping valuation나 보조금 평가subsidy valuation가 개재될 여지는 원천 봉쇄된다. 이것은 반덤핑／상계 관세 조사에서 볼 수 있었던 업체별 '성적표'가 없다는 것을 뜻하고, 세이프가드 피소된 모든 수출 기업들이 한 배를 탄 '공동 운명체all in the same boat'가 됨을 의미한다. 세이프가드 규제가 전적으로 없던가, 그렇지 않다면 동일한 규제의 칼날 아래에 놓이는 양자택일兩者擇一의 상황이기 때문이다. 이런 까닭에, 세이프가드 대응은 반덤핑／상계 관세 Case와 비교할 때 소관 협회를 통한 업계 공조, 산업부MOITE, ministry of trade, industry & energy, 외교부MOFA, ministry of foreign affairs 등 정부 부처와의 민관 공동 대응이 더욱 중요해진다.

　세이프가드 조사에 마진 심사margin test or valuation가 없다는 것은 조사 소요 기간에 있어서도 반덤핑／상계 관세 조사와 차별화되는 특징을 결과한다. 마진 심사margin test or valuation 자체가 개재되지 않는 까닭에, 세이프가드 조사는 반덤핑／상계 관세의 그것에 비해 신속히 진행된다. 반덤핑／상계 관세의 경우에는 조사 개시 후 약 12~18개월이 지난 후에야 최종 규제 여부가 결정된다AD 협정 5.10조 & SCM 협정 11.11조. 반면에, 세이프가드에 있어서는 조사 개시 후 약 6~12개월만에 최종 규제 여부가 확정된다규제 발동국의 입법 & 관할 당국 실무 관행, SG 협정상 명문은 無. 이런 맥락에서, 조사에 참여하는 수출 기업의 세이프가드 대응은 소관 협회, 우리 정부와의 전방위 공조의 틀을 유지하면서도 발빠르게 이루어져야 한다.

　둘째, 피해 심사injury test or valuation이다. 반덤핑／상계 관세 조사의 경우에서 뜻하는 산업 피해란 '실질적 피해material injury'이다. 반면에, 세이프가드 조사에서 의미하는 산업 피해는 '심각한 피해serious injury'이다. 반덤핑／상계 관세의 '실질적 피해material injury'는 세이프가드의 심각한 피해serious injury와 비교할 때 그 피해 수준이 상대적으로 작고 느슨한 것을 의미하고, 세이프가드의 '심각한 피해serious injury'란 반덤핑／상계 관세의 실질적 피해material injury와 비교할 때 그 피해 수준이 상대적으로 크고 엄격한 것으로 이해할 수 있다. 이 둘 사이에 실무상 유의미한 계량화된 기준은 없다. 단지 세이프가드의 산업 피해 기준이 반덤핑／상계 관세의 그것과 비교할 때 좀더 엄격한 관점에서 신중하게 고려된다는 정도로만 논의가 가능하다. 경쟁력을 상실한 악화惡貨, bad money가 좋은 품질과 가격을 갖춘 양화良貨, good money를 구축驅逐, driving out하는 절박한 상황임에도 불구하고, 수출 기업으로서는 난감하지 않을 수 없다. 그렇다고 손놓고 규제의 밀물을 바라보기만 할 수도 없는 노릇이다. 피해 심사injury test or valuation 대응을 위한 최선의 논리는 무엇일까?

· 반덤핑 규제:　　① Injury피해 + ② By인과 + ③ Dumping덤핑
· 상계 관세 규제:　① Injury피해 + ② By인과 + ③ Subsidy보조금
· 세이프가드 규제:　① Injury피해 + ② By인과 + ③ Unforeseen Development수입 급증

　　　바로 앞에는 반덤핑 / 상계 관세 / 세이프가드 규제의 논리적 요소들이 ①~③으로 구분되어 있다. ①은 산업 피해인 'Injury피해'를, ②는 인과 관계인 'By인과'를 ③은 가격 / 물량 지표인 'Dumping덤핑 / Subsidy보조금 / Unforeseen Development 수입 급증'를 각각 의미한다. 먼저, 산업 피해 'Injury피해' 요소인 ①은, 전술한 것과 같이, 반덤핑 / 상계 관세 제도의 '실질적 피해serious injury'와 세이프가드 절차상의 '심각한 피해material injury' 사이에 실무상 유의미한 차이를 발견하기 어렵다. 그렇다면, 세이프가드 조사에 대응하는 수출 기업이 집중적으로 대응해야 할 영역은 ②와 ③이 된다. 다시 말해, '역외 업체 수출 vs. 역내 업체 피해' 사이에 유의미한 상관관계가 없다는 것과(② 인과 관계 'By인과'), 역외 수출 업체에 의한 갑작스런 수입 급증이 없었다는 것을(③ 가격 / 물량 지표 'Unforeseen Development수입 급증') 정교화된 논리 체계로 구조화해 규제 당국을 설득할 수 있어야 한다.
　　　이 때, ②와 ③의 영역, 다시 말해 '인과 관계by'와 '수입 급증unforeseen development' 요소에 대한 기업 대응은 두 가지 형태 중의 하나로 전략화될 수 있다. 첫째는, '규제 대상 전체'에 대해 세이프가드 규제의 부당성 / 종료를 주장하는 것이고, 둘째는, '규제 대상 중 일부'에 대해서만 그 규제의 부당성 / 종료를 주장하는 것이다. '규제 대상 전체'에 대해 부당성 / 종료를 주장하는 것이 규제 당국에 의해 인용될 가능성이 없어 보인다면, 애초부터 방향을 선회해 규제에서 반드시 제외되어야 하는 특정 제품군에 집중해 '규제 대상 중 일부'에 대해서만 규제의 부당성 / 종료를 주장하는 것이 보다 현실적인 대안일 수 있다.
　　　본서 2장에서 반덤핑 규제 대응을 위한 제반 절차들을 소개하면서, 마진 영

역은 회계사가 주도하는 '숫자의 영역area of figures'으로, 피해 영역은 변호사가 중심에 서는 '논리의 영역areas of logics'으로 소개한 바 있다. 세이프가드의 경우에는 마진 심사margin test or valuation가 없기 때문에 회계사의 도움에 의존할 필요가 없다. 바꾸어 말하면, 회계사의 지원 없이도 Case 대응이 가능하다는 것이다. 그러나, 변호사와의 긴밀한 밀착 협업co-work은 다른 어떤 무역 구제trade remedy Case보다 중요하다. 피해 심사injury test or valuation가 규제 대응의 유일한 탈출구인 까닭에서이다. 자문 변호인단과 함께 준비한 대응 논리가 사실 관계에 기반해 좀더 정교화, 고급화될 필요성이 있다면, 통상 관련 경제 분석사economic consulting firm를 대응 논리 구성의 한 축으로 활용할 수 있음도 유념해야 한다.

표 4.4 반덤핑 / 상계 관세 vs. 세이프가드 제도

	반덤핑(AD)	상계 관세(AD)	세이프가드(SG)
근거 (foundation)	• GATT 제 6조 및 WTO 반덤핑(AD) 협정	• GATT 제6 & 16조 및 WTO 상계 관세(CVD) 협정	• GATT 제 19조 및 WTO 세이프가드(SG) 협정
목적 (purpose)	• 기업의 수출 이윤 희생 (−) → '불공정 무역을 시정'	• 정부의 수출 이윤 보전(+) → '불공정 무역을 시정'	• 예상치 못한 수입 급증 → '공정 무역을 한시 제한'
요건 (condition)	• 덤핑 마진 & 산업 피해 − ① 덤핑 존재(dumping) ② 산업 피해(material injury) ③ 인과 관계(causal link) − 덤핑 마진 2% 미만은 무혐의 美 무혐의 기준은 원심 2%↓ & 재심 0.5%↓	• 보조금 마진 & 산업 피해 − ① 보조금 수혜(subsidy) ② 산업 피해(material injury) ③ 인과 관계(causal link) − 보조금 마진 1% 미만은 무혐의 美 무혐의 기준은 원심 1%↓ & 재심 0.5%↓	✓ 수입 급증 & 산업 피해 GATT 19.1조 − ① 수입 급증(unforeseen development) ② 산업 피해(serious injury) ③ 인과 관계(causal link) − 무혐의 기준 (de minimis) 자체가 無
시점 (effectiveness)	• 조사 개시 後 약 12~18개월 − 원칙 12개월 & 최장 18개월 AD 협정 5.10조	• 조사 개시 後 약 12~18개월 − 원칙 12개월 & 최장 18개월 SCM 협정 11.11조	• GATT/WTO상 명문 無 − 조사 개시 後 통상 6~12개월 안팎
기간 (duration)	• 5년 규제가 원칙 − 5년 단위로 지속 연장 可 (최장 무한대) AD 협정 11.3조	• 5년 규제가 원칙 − 5년 단위로 지속 연장 可 (최장 무한대) SCM 협정 21.3조	✓ 4년 규제가 원칙 − 4년 限 추가 연장 可 (최장 8년) SG 협정 7.1 & 7.3조
방식 (remedy)	• '추가 관세' 로만 규제 − 반덤핑 관세(ADD) Only (anti-dumping duty) AD 협정 9조	• '추가 관세' 로만 규제 − 상계 관세(CVD) Only (countervailing duty) SCM 협정 19조	✓ '추가 관세 + 수입 쿼터' 모두 가능 − ① 추가 관세(import tariff) or ② 수입 쿼터(import quota) or ③ 할당 관세(tariff rate quota: TRQ)

이제, 본서 3장의 「반덤핑 vs. 상계 관세, 조사 절차상의 차이는?」에서 살펴본 것과 같은 방식으로, 지금까지 논의된 반덤핑, 상계 관세 및 세이프가드 제도를 비교론적 관점에서 종합해 보도록 하자. 앞의 [표 4.4]에는 '반덤핑 / 상계 관세 vs. 세이프가드' 제도가 그 규제의 (1) '근거foundation', (2) '목적purpose', (3) '요건condition', (4) '시점effectiveness', (5) '기간duration', (6) '방식remedy'이라는 여

섯 가지 차원에서 비교되어 있다.

첫째, 규제의 '근거foundation'이다. 전술한 것과 같이, 반덤핑 / 상계 관세 제도는 모두 GATTgeneral agreement on tariffs & trade, 관세및무역에관한일반협정 6조에 근거하고 있다상계 관세 제도의 경우 GATT 6조 外 GATT 16조에도 근거하고 있음은 전술. 반면에, 세이프가드 제도는 GATT 19조에 그 뿌리를 두고 있다. 주지하는 것과 같이, 1995년 출범한 WTOworld trade organization, 세계무역기구는 반덤핑, 상계 관세, 세이프가드 각각에 대해 별도의 협정을 마련했다. 반덤핑 제도는 WTO 반덤핑AD(anti-dumping) 협정으로, 상계 관세 제도는 WTO 상계 관세SCM(subsidies & countervailing measures) 협정으로, 세이프가드 제도는 WTO 세이프가드SG(safeguards) 협정으로 그 규율 체계가 구체화되어 있다.

둘째, 규제의 '목적purpose'이다. 반덤핑 / 상계 관세 제도는 모두 '불공정 무역unfair trade'에 대한 시정을 그 목적으로 하고 있다. 반면에, 세이프가드는 '공정 무역fair trade'에 대한 한시적인 제한을 그 제도적 취지로 삼고 있다. 반덤핑 제도는 불공정 저가 수출unfair price undercutting 중 기업 차원에서 발생한 저가 수출, 즉 수출 이윤의 희생(−)에 대한 규제이고, 상계 관세 제도는 불공정 저가 수출 unfair price undercutting 가운데 정부 차원에서 의도된 저가 수출, 다시 말해 수출 이윤의 보전(+)에 관한 규율이라는 점에 대해서는 본서 3장의 「반덤핑 vs. 상계 관세, 조사 절차상의 차이는?」에서 전술된 것과 같다. 결국 반덤핑 / 상계 관세 제도가 '불공정 무역 제한법law against unfair trade'이라면 세이프가드 제도는 '공정 무역 제한법law against fair trade'이라고 할 수 있다.

셋째, 규제의 '요건condition'이다. 반덤핑이나 상계 관세 제도는 모두 '마진AD / CVD margin', '피해injury', '인과causation'라는 제1~3요건이 충족되어야만 규제가 가능하다. 반면에, 세이프가드 제도는, 반덤핑 / 상계 관세 제도에 있어서의 '마진'에 대한 심사'margin' test or valuation 없이, '수입 급증unforeseen development, GATT 19.1조', '피해injury', '인과causation'의 제1~3요건만 충족되면 그 규제가 가능하다. 달리 말해, 반덤핑 제도는 '덤핑 '마진'으로 인한 피해injury by 'dumping margin'를, 상계 관세 제도는 '보조금 마진'으로 인한 피해injury by 'subsidy margin'를 규율하는 반면에, 세이프가드 제도는 '예상치 못한 수입 급증'으로 인한 피해injury by 'unforeseen development'를 그 요건으로 하고 있는 것이다.

'마진 심사'margin' test or valuation'가 개재되는 반덤핑, 상계 관세 제도는 마진

margin의 '무혐의de minimis, 미소' 기준이 있게 되고, 반덤핑 제도는 '2% 미만less than 2 percent, AD 협정 5.8조'이, 상계 관세 제도는 '1% 미만less than 1 percent, SCM 협정 11.9조'이 그 기준으로 명문화되어 있다. 반면에, '마진 심사'margin' test or valuation' 자체가 존재하지 않는 세이프가드 제도는 그 논리적 귀결로서 마진margin의 '무혐의de minimis, 미소' 기준 또한 존재하지 않는다. 미국이 특징적으로 운영 중인 반덤핑 / 상계 관세 '연례 재심administrative review'에 있어서 마진margin의 무혐의de minimis, 미소 기준이 모두 '0.5% 미만less than 0.5 percent'인 점은 본서 3장의 「반덤핑 vs. 상계 관세, 조사 절차상의 차이는?」에서 이미 소개한 바 있다.

넷째, 규제의 '시점effectiveness'이다. 반덤핑이나 상계 관세나 모두 조사 개시 후 12~18개월 이내에 규제 여부가 결정, 발효된다AD 협정 5.10조 & SCM 협정 11.11조. 반면에, 세이프가드에 있어서는 통상적으로 조사 개시 후 6~12개월 안팎의 시점에 그 규제 여부가 최종 확정, 발효된다. 가격 평가price valuation를 위해 많은 공수 투입과 심사 과정이 필요한 '마진 심사'margin' test or valuation' 자체가 없을 뿐만 아니라, 예상치 못했던 산업 경제 위기를 '긴급히 타개'하기 위해 발동된다는 점에서 당연한 결과라고 할 수 있다. 세이프가드의 조사 종결, 규제 발효 시점에 관한 GATT / WTO상의 명문의 규정은 없다. 세이프가드 규제 발동 국의 입법 및 관할 당국의 실무 관행에 의거한다.

다섯째, 규제의 '기간duration'이다. 반덤핑 제도나 상계 관세 제도나 모두 그 규제 발효일로부터 '5년 내not later than 5 years' 종료가 원칙이다AD 협정 11.3조 & SCM 협정 21.3조. 반면에 세이프가드 제도는 그 규제 발효일로부터 '4년 내not exceeding 4 years' 종료가 원칙이다SG 협정 7.1조. '불공정 무역unfair trade'을 규제하는 제도인 반덤핑 / 상계 관세의 경우에는 '일몰 재심sunset review, 미국', '종료 재심expiry review, EU' 등 규제 지속 여부에 대한 추가 심사 결과에 따라 그 규제가 최장 '무한대無限大, ∞'로 연장될 수 있다. 반면에, '공정 무역fair trade'에 대한 예외적 조치인 세이프가드에 있어서는 4년의 추가 연장 기간을 포함해 최장 8년까지만 그 예외성을 인정받을 수 있다SG 협정 7.3조.

여섯째, 규제의 '방식remedy'이다. 반덤핑이나 상계 관세나 모두 '추가 관세 additional duty'의 형태로만 규제가 가능하다AD 협정 9조 & SCM 협정 19조. 반덤핑 규제는 '반덤핑 관세ADD, anti-dumping duty'의 추징만, 상계 관세 규제는 '상계 관세 CVD, countervailing duty'의 추징만 허용되는 것이다. 반면에, 세이프가드에 있어서는 가격price 규제인 '추가 관세import tariff'뿐만 아니라 물량volume 규제인 '수입 쿼터import quota', 가격 & 물량price & volume 혼합 규제인 '할당 관세tariff rate quota, TRQ'가 모두 가능하다SG 협정 5.2조(a). 심지어는 세이프가드 규제의 원천이 되었던 수입국 내 피해 산업의 구조 조정 촉진facilitation of industry adjustment을 위한 보조금도 공여할 수 있다SG 협정 5.1조, '필요한 범위 내(to the extent necessary)'에서 조치. 사실상 모든 역외 업체 규제, 역내 업체 지원에 걸쳐 있는 무소불위無所不爲의 규제인 것이다.

○ 회색 지대 조치 VER / OMA와 세이프가드

1995년 WTO 출범과 더불어 세이프가드 제도는 공정 무역fair trade에 대한 유일한 수입 규제 제도로 자리매김하게 되었다. WTO 출범 및 세이프가드 협정 발효 이전에는 세이프가드 이외에도 다양한 형태의 일방적인 수입 규제 수단들이 존재해 왔다. 이를 '회색 지대 조치grey area measure'라고 하고, 그 대표적인 수단으로는 'VERvoluntary export restraint, 수출 자율 규제', 'OMAorderly marketing arrangement, 시장 유지 협정'가 있어 왔다. 각각에 대해 살펴 보자.

1. VER *voluntary export restraint*: 수출 자율 규제

VERvoluntary export restraint은 수출입국 당국이 '간접적으로' 수입 물량에 개입하는 무역 규제 수단이다. 수입국 당국의 강력한 압박과 보복 위협 아래에서, 양국간 협상을 통해 '민간 수출자'가 자발적으로 수출 물량을 감축할 것을 '약속'하는 형태를 띤다. 조치 수단은 추가 관세가 아닌 '물량 제한quantitative restriction, QR'이고, 조치 형태는 모든 국가가 아닌 특정 국가에 대한 '선별 적용selectivity'이다.

2. OMA *orderly marketing arrangement*: 시장 유지 협정

OMAorderly marketing arrangement는 수출입국 당국이 '직접적으로' 수입 물량에 개입하는 무역 규제 수단이다. 수입국 당국의 강력한 압박과 보복 위협 아래에서, 양국간 협상을 통해 '수출국 당국'이 수입국 시장을 교란하지 않는 수준으로 수출 물량을 감축할 것을 내용으로 하는 '협정'을 체결하는 형태를 띤다. 조치 수단은 추가 관세가 아닌 '물량 제한quantitative restriction, QR'이고, 조치 형태는 모든 국가가 아닌 특정 국가에 대한 '선별 적용selectivity'이다.

이와 같이 수입국 당국의 강압, 위협 아래에 이루어지는 일방적 수입 규제 수단들이 갖는 세계 경제 통상에 있어서의 폐단들로 인해, WTO 세이프가드 협정은 'VERvoluntary export restraint', 'OMAorderly marketing arrangement' 등 회색 지대 조치grey area measure를 명시적으로 금지하고 있다. 同 협정에서는 "어떠한 수출 자율 규제voluntary export restraint, 시장 질서 유지 협정orderly marketing arrangement, 또는 그 밖의 유사한 조치도, 모색하거나, 취하거나, 유지하지 않는다"고 규정하고 있는 것이다(협정 11.1조(b)).

또한, WTO 세이프가드 협정은, 'VERvoluntary export restraint', 'OMAorderly marketing arrangement'라는 불공정한 일방 규제의 중심에 놓여 있던 특정 국가에 대한 '선별 적용selectivity' 이슈를 원천적으로 봉쇄하기 위해, 세이프가드 조치를 시행하는 데에 그 원산지국에 관계없이irrespective of its source 무차별적으로 적용할 것을 주문하고 있다(협정 2.2조). 그럼에도 불구하고, 수입 쿼터import quota가 세이프가드 조치로서 사용되는 경우에는, 해당 수입 쿼터import quota를 국가별로 차등 배분할 수 있도록 규정하고 있음에 유의가 필요하다(협정 5.2조(a))

규제 기간 '3년+1일'의 미학과 한-미 FTA 규정

이제 세이프가드에 관한 논의의 마지막인 '규제 기간duration'과 '적용 제외exclusion'의 문제를 다루기로 한다. 주지하는 것과 같이, 근대 철학의 아버지로 불리는 17세기 프랑스의 물리학자 데카르트René Descartes(1596~1650)는 그의 <방법 서설Discourse on the Method(1637)>에서 진리의 표준으로 '명석, 판명한clear & distinct' 판단을 강조했다. 널리 알려진 '나는 생각한다. 고로 존재한다cogito ergo sum, I think therefore I am'는 명제도 그의 '명석, 판명한clear & distinct' 성찰의 논리적 귀결이었던 것이다. 여기서는, 지금부터 살펴 볼 세이프가드의 '규제 기간duration'과 '적용 제외exclusion'에 관한 '명석, 판명한clear & distinct' 이해를 돕기 위해, 2017년 6월에 조사 개시된 美 세탁기 세이프가드 Case의 실전 사례를 논의의 출발점으로 삼기로 한다.

다음의 [표 4.5]는 2018년 1월 23일 발표된 트럼프 대통령의 美 세탁기 세이프가드 규제 선포문proclamation이다. 그 다음 달인 2018년 2월 7일부터 발동된 同 규제 조치는, [표 4.5]의 좌측 하단에 제시되어 있는 것과 같이, 가격 & 물량 price & volume 혼합 규제인 '할당 관세tariff rate quota, TRQ' 방식이 적용되었다. 그런데 트럼프 대통령의 同 선포문을 유심히 살펴 보면, 선포문을 읽는 사람들의 관심을 이끄는 세 가지의 내용이 담겨 있다. (1) 첫째는, 규제 기간이 '3년＋1일 3 years plus 1 day'인 것이고, (2) 둘째는, '연차별 규제 수준 경감annual reduction'이 명시화되어 있고, (3) 셋째는, 미국이 캐나다, 멕시코와 함께 체결한 FTAfree trade agreement, 자유무역협정인 NAFTANorth American Free Trade Agreement, 북미자유무역협정(1992년 서명 & 1994년 발효). 기존의 NAFTA를 폐기, 대체하는 新 NAFTA라고 할 수 있는 'USMCA(United States–Mexico–Canada Agreement, 미국–멕시코–캐나다 협정)'가 2018년 11월에 서명의 협정 당사국들캐나다. 멕시코에게 '규제 제외selective exclusion'를 별도로 검토하고 있는 것이다. 무슨 까닭에서일까?

표 4.5 **트럼프 대통령의 美 세탁기 세이프가드 규제 선포문**

출처: 美 백악관(https://www.whitehouse.gov/)

규제 기간으로서의 '3년+1일'3 years plus 1 day

먼저, 규제 기간 '3년＋1일3 years plus 1 day'에 대해 살펴 보자. 트럼프 대통령의 美 세탁기 세이프가드 규제 기간 '3년＋1일' 발표의 정확한 의미를 포착하기 위해서는 WTO 세이프가드 협정에 대한 이해가 선행되어야 한다. 아래의 [표 4.6]에는 WTO 세이프가드 협정 7.4조가 소개되어 있다.

표 4.6 세이프가드의 순차적 규제 완화 & 중간 재심

WTO 긴급수입제한조치에 관한 협정	WTO Agreement ON Safeguards
제 7 조 긴급수입제한조치의 존속기간 및 검토	Article 7 Duration and Review of Safeguard Measures
4. 제12조제1항의 규정에 따라 통보된 긴급수입제한조치의 예상 존속기간이 1년을 넘는 경우 조정을 촉진하기 위하여 이러한 조치를 적용하는 회원국은 적용기간 동안 정기적으로 이를 점진적으로 자유화한다. 조치의 존속기간이 3년을 초과하는 경우 이러한 조치를 적용하는 국가는 조치의 중간시점 이전에 상황을 검토하며, 적절한 경우 동 조치를 철회하거나 자유화를 가속화한다. 제2항에 따라 연장된 조치는 최초기간의 종료 시점보다 더 제한적이어서는 아니되며 계속하여 자유화되어야 한다.	4. In order to facilitate adjustment in a situation where the expected duration of a safeguard measure as notified under the provisions of paragraph 1 of Article 12 is over one year, the Member applying the measure shall progressively liberalize it at regular intervals during the period of application. If the duration of the measure exceeds three years, the Member applying such a measure shall review the situation not later than the mid-term of the measure and, if appropriate, withdraw it or increase the pace of liberalization. A measure extended under paragraph 2 shall not be more restrictive than it was at the end of the initial period, and should continue to be liberalized.

* 출처: 무역위원회(https://www.ktc.go.kr:20443/) 〉 정보 · 자료 〉 국제 규범 〉 WTO 협정.

WTO 세이프가드SG, safeguards 협정에 따르면, 세이프가드의 규제 기간이 3년을 초과하는 경우에는exceeding 3 years, 그 규제의 중간 시점 이전에not later than mid-term 同 조치와 관련된 제반 상황들을 재검토review해야 한다(협정 7.4조 2문). 그리고 이것이 미국의 규제 기간 '3년＋1일3 years plus 1 day'의 법적 출처이다. 주지하는 것과 같이, 세이프가드는 공정 무역fair trade임에도 불구하고 예외적으로 허용되는 통상 장벽 설정 조치이다. 이런 까닭에, 세이프가드가 발동되고 나면, 그 규제의 아래에 놓이게 되는 수출국 정부들은, 활용 가능한 모든

정치, 외교 채널을 동원해 해당 규제가 거세될 수 있도록 경주하는 동시에 해당 수입 규제의 부당성을 지속적으로 토로할 것이다. 이 때, 해당 세이프가드의 규제 기간이 '3년³ years'이 아니라 '3년＋1일³ years plus 1 day'이라면, 수입국 규제 당국 입장에서는 '숨쉴 수 있는 공간breathing space'을 확보할 수 있게 된다.

세이프가드 규제 기간 '3년³ years'에서 '1일¹ day'이 덧붙여진다면, 수입국 당국은 총 규제 기간의 중간 시점mid-term에, 다시 말해 규제 발동 후 '1년 반' 경과 시점에, 규제와 관련된 제반 상황들을 재심사review해야 하고, 수출국 정부에 게는 그 이의異意 사항을 종합적으로 재검토해 보겠으니 同 재심사 절차에서 그 의견 사항을 명확히 전달해 달라고 대응할 수 있기 때문이다. 결국 미국의 세이 프가드 발동에 있어서 규제 기간 '3년＋1일³ years plus 1 day'이 갖는 의미는 수출 국 정부에 대한 정치적인 '협상력bargaining power의 확보'에 있는 것으로 요약할 수 있다.

연차별 규제 수준 경감annual reduction

다음으로, '연차별 규제 수준 경감annual reduction'이다. 앞의 [표 4.6]으로 다시 돌아가 보자. WTO 세이프가드SG(safeguards) 협정은 7.4조의 1문에서, 세이프가드의 규제 기간이 '1년을 넘는 경우over 1 year' 이를 '점진적으로 자유화progressively liberalize' 할 것을 명문화하고 있다. '필요 범위 내의 최소 규제'를 달리 표현한 것이다. 불공정 무역에 대한 '당연' 규제가 아니라 공정 무역에 대한 '예외' 규제라는 제도적 취지로 볼 때 너무나도 당연한 법문法文이다. 이런 까닭에 트럼프 대통령의 美 세탁기 세이프 가드 규제 선포문에도 '연차별 규제 수준 경감annual reduction'이 명시적으로 언급되어 있는 것이고, 이는 세이프가드 규제에 있어서의 '체감성degressivity'의 원칙으로 불리고 있다.

앞의 [표 4.5]의 우측 하단에 제시된 美 세탁기 세이프가드의 연차별 규제 방식에도 이 '체감성degressivity'의 원칙이 적용되어 있다. 먼저, 물량volume 규제 인 '수입 쿼터import quota'의 경우, 세탁기 '완제품 / 부품'의 수입 쿼터import quota' 는 각각 규제의 '1차년 1.2백만대 / 50천대 → 2차년 1.2백만대 / 70천대 → 3차 년 1.2백만대 / 90천대'로 점차 확대되고 있음을 볼 수 있다. 다음으로, 가격price & volume 규제인 '추가 관세import tariff'의 경우의 경우에도, 세탁기 '완제품 / 부품'

의 '쿼터 內in-quota' 추가 관세가 각각 규제의 '1차년 20% / 0% → 2차년 18% / 0% → 3차년 16% / 0%'로 점차 축소되고 있음을 확인할 수 있다. '쿼터 外out-of-quota' 추가 관세에 있어서도, 세탁기 '완제품 / 부품' 각각 규제의 '1차년 50% / 50% → 2차년 45% / 45% → 3차년 40% / 40%'로 점차 감축되고 있다. 단, 이 '연차별 규제 수준 경감annual reduction'의 기본 전제는, 세이프가드 규제를 청원한 역내 업체 또한 연차별로 구조 조정을 실시하고 연차별로 경쟁력을 확대해야 한다는 것이다. 결국 '연차별 규제 수준 경감annual reduction'은 역내 / 외 업체 모두에게 수입 규제국 내 사업 계획에 대한 단계적, 연도별 조정을 요구하고 있는 것이다.

FTA 협정국에 대한 '규제 제외'selective exclusion

마지막으로, FTA 협정국에 대한 '규제 제외selective exclusion'이다. 앞서 본 장의 「공정 무역의 사각 지대, 어떻게 헤쳐 나갈 것인가」의 돋보기 보론인 「회색 지대 조치 VER / OMA와 세이프가드」에서, 'VERvoluntary export restraint', 'OMAorderly marketing arrangement' 등의 회색 지대 조치grey area measure가 갖고 있었던 특정 국가에 대한 '선별 적용selectivity'의 이슈를 언급한 바 있다. 그런데 FTA 협정국에 대한 '규제 제외selective exclusion'의 문제는 VERvoluntary export restraint, OMAorderly marketing arrangement 등 회색 지대 조치grey area measure의 이슈와 정확히 반대 상황이다. '선별성selectivity'이 개재된다는 점에서 양자는 동일하다. 그러나, 회색 지대 조치grey area measure에서의 규제 대상국에 대한 선별성selectivity은 특정 국가를 규제 대상에 '포함시키는inclusive' 반면에, 세이프가드의 FTA 협정국에 대한 선별성selectivity은 특정 국가를 규제 대상에서 '제외하게exclusive' 된다. 이런 까닭에, 회색 지대 조치에서의 규제 대상국에 대한 선별성을 '포함의 선택성inclusive selectivity(규제 적용selective inclusion)'이라고 한다면, 세이프가드의 FTA 협정국에 대한 선별성은 '제외의 선택성exclusive selectivity(규제 제외selective exclusion)'으로 명명할 수 있다.

그런데, 세이프가드 규제에 있어서 FTA 협정국에게 이와 같이 '규제 제외selective exclusion'의 특혜를 부여하는 것이, 모든 국가들의 평등에 기초해 자유 무역을 그 이념으로 삼고 있는 현행 GATT / WTO 체제 안에서 허용될 수 있는 것일까? '그렇다'고 할 수 있다. GATT / WTO 체제는 FTA 등 지역 통상 협력 체제의 특별성을 인정하고 있다. GATT^{general agreement on tariffs & trade, 관세및무역에 관한일반협정}는 그 24조에서 同 협정이 관세 동맹^{customs union, CU}, 자유 무역 지역 ^{free trade area, FTA}의 형성을 방해하지 않음을 명문으로 규정하고 있다(협정 24.5 조). FTA와 같은 지역 통상 협력 체제 아래에서 협정 당사국 간에 공여되는 특혜 대우를 부인하고 있지 않은 것이다. 그렇다면, FTA 협정국에 대한 '규제 제외^{selective exclusion}'라는 특혜는 실무적으로 유의미하게 실제 Case에 적용될 수 있는 것일까?

표 4.7 **한-미 FTA의 세이프가드 규제 제외 규정**

한-미 FTA	Korea-U.S. ('KORUS') FTA
제 10.5조 다자 긴급수입제한조치	ARTICLE 10.5: GLOBAL SAFEGUARD ACTIONS
1. 각 당사국은 1994년도 GATT 제19조 및 긴급수입제한조치협정상의 권리 및 의무를 유지한다. 이 협정은 다른 쪽 당사국의 원산지 상품의 수입이 <u>심각한 피해</u> 또는 그에 대한 우려의 실질적인 원인이 <u>아닌 경우</u>에는 다자 <u>긴급수입제한조치</u>를 취하는 당사국이 그러한 수입을 <u>배제할 수</u> 있다는 것을 제외하고 1994년도 GATT 제19조 및 긴급수입제한조치협정에 따라 취하여진 조치에 대하여 양 당사국에 어떠한 추가적인 권리나 의무도 부여하지 아니한다. (협정 10.5.1 조)	1. Each Party retains its rights and obligations under Article XIX of GATT 1994 and the Safeguards Agreement. This Agreement does not confer any additional rights or obligations on the Parties with regard to actions taken under Article XIX of GATT 1994 and the Safeguards Agreement, except that a Party taking a global <u>safeguard measure</u> <u>may exclude</u> imports of an originating good of the other Party <u>if</u> such imports are <u>not</u> a substantial cause of <u>serious injury</u> or threat thereof.

* 출처: 한미 FTA 홈페이지(https://www.fta.go.kr/us/) 〉 협정문 및 기본 문서.

앞의 [표 4.7]은 미국, 우리 나라 사이에 체결되어 있는 한-미 FTA^{Korea-US ('KORUS') Free Trade Agreement, '07년 서명 & '12년 발효}에 포함되어 있는 한-미 양국의 상대국에 대한 세이프가드 '규제 제외^{selective exclusion}' 조항이다(협정 10.5조). 수입국 내에 '심각한 피해^{serious injury}'가 초래되지 않는 경우라면 한-미 양국은 세이프가드 규제 대상에서 상대국을 '제외할 수^{may exclude}' 있다는 내용이다. 이와 동일한 취지로, 트럼프 대통령의 美 세탁기 세이프가드 규제 선포문에 언급되어 있는

NAFTA^{North American Free Trade Agreement, 1992년 서명 & 1994년 발효}의 경우에도, 미국, 캐나다, 멕시코 3국이 다른 협정 당사국에 대해 세이프가드 조치에서 '규제 제외^{selective exclusion}'할 것을 조문화하고 있다. 한-미 FTA의 '규제 제외^{selective exclusion}' 조항이 규제에서 '제외할 수(may)^{may exclude}' 있다고 규정한 반면에, NAFTA의 '규제 제외^{selective exclusion}' 조문은 규제에서 '제외되어야(shall)^{shall exclude}'하는 것으로 규정했다는 차이는 있을지언정, 한-미 FTA나 NAFTA나 모두 협정 당사국에 대한 세이프가드 '규제 제외^{selective exclusion}'를 명문화하고 있다는 점에서는 동일하다.

그러나, 2018년 1월 23일에 발표된 트럼프 대통령의 美 세탁기 세이프가드 규제 선포문은, 이러한 FTA의 '규제 제외^{selective exclusion}' 조항을 실질적으로 인정하지 않았다. 널리 알려진 것과 같이, 美 세탁기 시장은 월풀, 삼성, LG의 3강 구도이고 GE^{General Electric}, 일렉트로룩스^{Electrolux}社 등이 이 3강의 경쟁의 장場 위에 일부 합류하고 있는 형세이다. 애초부터 캐나다산은 美 세탁기 시장에서 '존재감^{presence}' 자체가 없는 것이다. 이러한 시장 경쟁의 구도 속에서, 美 세탁기 세이프가드 규제는 캐나다에 대해서만 FTA의 '규제 제외^{selective exclusion}' 조항을 적용했고, 한국, 멕시코는 FTA의 '규제 제외^{selective exclusion}' 조항을 인정받지 못했다. 美 산업 피해 당국인 무역委^{ITC, international trade commission}가 對 미국 FTA 협정국인 한국, 멕시코에 대해서도 규제 제외로 결론지었음에도 불구하고, 세이프가드의 최종 규제화 과정에서 美 무역 대표부^{USTR, United States Trade Representative}의 추가 검토 및 트럼프 대통령의 법적 권한으로 이를 번복한 것이다.

美 세탁기 세이프가드 Case에서는 한-미 FTA의 '규제 제외^{selective exclusion}' 조항이 인정받지 못했다. 하지만 한 번의 실패가 영원한 실패를 뜻하지는 않는다. 세이프가드 Case 자체가 없는 것이 최선이겠지만, 또다른 Case가 있게 된다면 同 조항이 인정받는 잭팟^{jackpot, 큰 횡재}, 한국의 승전보를 기대한다.

신법 / 특별법 우선의 원칙과 FTA 특혜 관세

본 장의 「규제 기간 '3년＋1일'의 미학과 한-미 FTA 규정」에서 GATT / WTO 규범 체계가 FTA 등 지역 통상 협력 체제의 특별성을 인정하고 있음을 전술한 바 있다(GATT 24조). 이 때, GATT / WTO 규범이 일반적으로 넓게 적용되는 '일반법^{general law}'이라면, FTA 등 지역 통상 협력 규범은 한정적으로 좁게 적용되는 '특별법special law'이라고 할 수 있다. 그렇다면, 양자 사이에 적용상의 우선 순위에 관한 문제가 발생하는 경우 어떤 것이 우선하는 것일까? 이와 관련된 법 적용의 원칙을 살펴 보고, 특별법으로서의 FTA 상호간에 있어서의 법 적용 문제에 대해서도 논의해 보자.

1. 신법新法 우선 원칙 *principle of lex posterior*

'신법 우선 원칙principle of lex posterior'은 법 적용에 있어 신법新法, lex posterior (later law)이 구법舊法, lex superior (earlier law)에 우선한다는 원칙으로서, 신법에 의한 구법의 폐지 효과를 뜻한다.

2. 특별법 우선 원칙 *principle of lex specialis*

'특별법 우선 원칙principle of lex specialis'은 법 적용에 있어서 특별법特別法, lex specialis (special law)이 일반법一般法, lex generalis (general law)에 우선한다는 원칙으로서, 특별법에 의한 일반법의 폐지 효과를 뜻한다.

특별법 우선 원칙principle of lex specialis은 신법 우선 원칙principle of lex posterior이 작동하는 한계가 된다. 구법이 일반법이고 신법이 특별법이라면 당연히 신법인 특별법이 우선한다. '특별 신법 > 일반 구법'인 것이다. 하지만, 구법이 특별법이고 신법이 일반법이라면, 구법인 특별법이 우선하게 된다. '특별 구법 > 일반 신법'인 것이다.

이와 같이, 특별법이 일반법에 우선하는 것이라면, 특별법으로서의 FTA 상호간에 있어서는 특혜 제도 적용상에 우선 순위가 어떻게 되는 것일까? 이른바 '1개 국가 & 2개 FTA' 제품의 문제이다. 예컨대, 한국이 베트남에 어떤 제품을 수출하는 경우, '한-베트남 FTA'15년 서명 & '16년 발효상의 특혜 세율을 적용할 수도 있고 '한-아세안 FTA'05년 서명 & '07년 발효상의 특혜 세율을 적용할 수도 있을 것이다. 한국은 베트남과 '한-베트남 FTA'를 체결했고, 베트남을 그 회원국으로 하는 아세안ASEAN(association of southeast asian nations, 동남아국가연합), 회원국은 '19.9월말 현재 총 10개국으로 태국, 라오스, 미얀마, 베트남, 필리핀, 브라나이, 싱가포르, 캄보디아, 말레이시아, 인도네시아과도 '한-아세안 FTA'가 체결되어 있기 때문이다. 이러한 경우에는, 양兩 협정 특혜 세율 중에서 관세 절감 효과가 더욱 큰 낮은 세율로 수입 신고가 가능하다. 관련된 내용은 우리 관세청 홈페이지(https://customs.go.kr/)에서도 확인 가능하다.

통상의 정석 – 글로벌 기업의 경제 통상과 규제 대응

A Ladder of Trade

열린 경제와 그 적들

5장

GATT/WTO,
통상의 글로벌 권리 장전

이러한 세계사의 축은 기원전 약 500년경으로서, 기원전 800년과 200년
사이에 이루어진 정신적 과정 속에 존재하는 것 같다. 이 시기가 우리에게
는 가장 심오한 역사의 기점이 되었다. 오늘날 살고 있는 우리 인간이 바로
그 때부터 살기 시작한 것이다. 이 시기를 우리는 요약해서 '축의 시대 (die
Achsenzeit, axial age)'라고 부른다.
- 칼 야스퍼스의 〈역사의 기원과 목표〉 中 -

    20세기 독일 실존주의 철학의 문을 연 칼 야스퍼스Karl Jaspers(1883~1969)는
그의 〈역사의 기원과 목표The Origin & Goal of History(1949)〉에서 인류가 정신적으
로 성장하는 데 중심이 된 시기를 '축의 시대axial age'로 명명했다. 기원전 800년에
서 기원전 200년까지의 약 600년 동안 세계의 4개 지역을 기점으로 인류의 정신에
자양분이 될 위대한 전통들이 탄생했다는 것이다. 인도의 힌두교와 불교, 중국의
유교와 도교, 이스라엘의 유일신교, 그리스의 철학적 합리주의가 바로 그것이다.
    이 시기 인도는 힌두교 사상의 정수인 '우파니샤드Upanisads(BC 8~3세기)'의 시
대인 동시에 고타마 싯다르타Siddhattha Gotama(BC 624~544)가 '사성제四聖諦, four
noble truths'와 '팔정도八正道, noble eightfold path'의 가르침을 펼치던 시대였다. 중국
에서는 공자孔子, Confucius(BC 551~479)와 맹자孟子, Mencius(BC 372~289)가 '인의예
지仁義禮智, humaneness, righteousness, propriety & knowledge'의 덕성에 기초한 윤리 지
침을, 노자老子, Laozi(BC 571~471), 장자莊子, Chuang Tzu(BC 369~286)는 '무위자연無
爲自然, untouched nature'의 '도道, Tao('The Way')'를 설파하고 있었으며, 이스라엘에서

는 엘리야Elijah(BC 9세기), 이사야Isaiah(BC 8세기), 예레미야Jeremiah(BC 7세기)와 같은 선지자들이 활약했다. 그리스에서는 소크라테스Socrates(BC 470~399), 플라톤 Plato(BC 438~348)으로 대표되는 서양 사상사의 천재들이 '다이몬daimon, 신성한 정령' 과 '이데아idea, 원형으로서의 보편자'의 세계를 새롭게 개척해 가고 있었다.

그런데, 야스퍼스Karl Jaspers(1883~1969)가 그 날카로운 시선을 생존 당시의 세계 정치 경제 질서로 돌릴 수 있었다면, 그는 20세기에 태동한 인류사의 또 하나의 '축axis'을 목도할 수 있었을 것이다. '세계 대전1차 1914~18 & 2차 1939~45'이라는 선례를 찾을 수 없는 인류사의 대참사를 교훈삼아 미국의 주도 아래에 구축된 UN, GATT / WTO, IMF / Work Bank 체제가 바로 그것이다.

제도적 축의 시대와 그 설계자 미국

다음의 [표 5.1]에 정리되어 있는 것과 같이, '세계 정치 경제international political economy'는 크게 '정치political' 영역과 '경제economic' 영역으로 나뉘어지고, '경제economic' 영역은 다시 '무역trade' 섹터와 '금융finance' 섹터로 양대별된다. 국 제 교역은 '물건goods'의 이동과 '돈money'의 이동으로 구성되어 있다. 어떤 제품 이 교역된다는 것은 '물건goods'의 이동을 의미하고, 그 '물건goods'의 이동에 수 반되는 가치 제공에 대한 대가로서의 대금 결제가 '돈money'의 이동으로 귀결되 기 때문이다. 본서의 주제인 '통상'은 이 '물건goods vs. 돈money'의 흐름 중 '물건 goods'의 흐름과 관련된 각종 규제 장벽에 관한 것임은 주지하는 것과 같다.

정치political 영역에서는, 2차 세계 대전1939~45이 막을 내리던 해인 1945년 에 UNunited nations, 국제연합(1945년 채택 & 1945년 출범)이 출범해 현재에도 세계 각 국의 안보 공조 및 협력 증진을 도모하고 있다. 경제economic 영역 중 무역trade 섹터에서는, 2차 세계 대전1939~45의 3년 뒤인 1948년에 세계 차원의 무역 장 벽 감축 및 철폐를 목적으로 GATTgeneral agreement on tariffs & trade, 관세및무역에관 한일반협정(1947년 채택 & 1948년 출범)가 그 모습을 드러냈다.

표 5.1 세계 정치 경제와 '무역 vs. 금융'

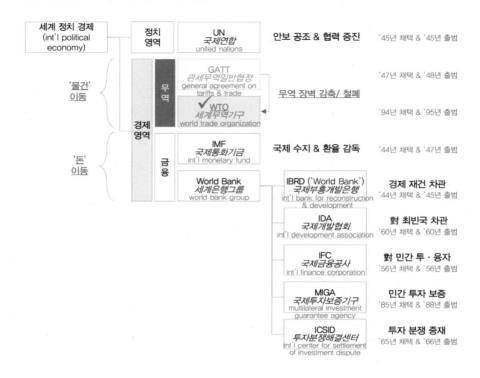

경제economic 영역 가운데 금융finance 섹터의 경우에는, 2차 세계 대전 1939~45 종전 2년 뒤인 1947년부터 IMFinternational monetary fund, 국제통화기금(1944 년 채택 & 1947년 출범)가 전 세계 국가들의 국제 수지 및 환율을 감독하는 기구로서 작동하기 시작한다. 그런데 2차 세계 대전은 유럽을 비롯한 세계의 많은 국가들을 폭탄과 미사일의 잿더미로 만들었다. 때문에, 전 세계적 관점에서 전후의 경제 재건이 하나의 지상명령至上命令으로 요청되었고, 이 경제 재건을 위한 차관 제공을 목적으로 '세계 은행world bank'으로 불리는 IBRDinternational bank for reconstruction & development, 국제부흥개발은행(1944년 채택 & 1945년 출범)가 1945년에 발족, 그 기능을 수행하기 시작했다.

그런데, IBRD가 그 기능을 수행하면서 세계 경제 부흥을 위해 특별히 고려해야만 하는 이슈들이 수면 위로 부상하기 시작했다. (1) '최빈 국가 지원', (2) '민간 투자 활성화' 및 (3) '투자 분쟁 해결'이 바로 그것이었다. 그리고, 이러한 쟁점 영역들을 독립적으로 관장하고 국제적인 협력을 이끌어 내기 위해 태동한

IBRD의 하위 기관들이 바로 'IDA', 'IFC', 'MIGA', 'ICSID'이다. 먼저, (1) '최빈 국가 지원'에 대해서는, 최빈 국가에 대한 차관 공여를 목적으로 IDAinternational development association, 국제개발협회(1960년 채택 & 1960년 출범)가 1960년에 설립, 운영되기 시작했고, (2) '민간 투자 활성화'와 관련해서는, 민간 부문에 대한 투자 및 융자를 지원하는 IFCinternational finance corporation, 국제금융공사(1956년 채택 & 1956년 출범)가 발족했으며(1956년), 민간 투자에 수반되는 투자 위험을 보증하는 기구로서 MIGAmultilateral investment guarantee agency, 국제투자보증기구(1985년 채택 & 1988년 출범)가 출범했다(1988년). (3) '투자 분쟁 해결'에 있어서는, 투자 분쟁을 중재arbitration하는 기능을 수행하는 ICSIDinternational center for settlement of investment dispute, 국제투자분쟁해결센터(1965년 채택 & 1966년 출범)가 설립, 운영되었다(1966년). 세계 은행world bank으로 불리는 'IBRD'와 그 산하에서 최빈 국가 지원, 민간 투자 활성화, 투자 분쟁 해결 기능을 담당하는 'IDA', 'IFC', 'MIGA', 'ICSID'의 기관들은 하나로 묶어 '세계 은행 그룹world bank group'으로 일컬어진다.

정말로 놀랍지 아니한가. '세계 대전'이라는 참혹한 인류사의 경험이 세계 정치 경제international political economy의 모든 분과 영역들을 제도, 규범화된 형태로 일원화한 것이다. 그리고 이러한 '갈등의 문명화civilization of conflict'의 중심에는 세계 제1의 패권국으로서의 미국이 자리 잡고 있었다. 미국에 의한 국제 정치 경제의 재편, 즉 '팍스 아메리카나Pax Americana'가 현실화된 것이다. 그런데, 여기서 눈길을 이끄는 대목이 하나 있다. 국제 정치 경제 질서의 모든 제도 규범화가 '기구organization'의 형태로 이루어졌는데 그 유일한 예외가 '무역trade' 섹터였던 것이다. GATTgeneral agreement on tariffs & trade, 관세및무역에관한일반협정(1947년 채택 & 1948년 출범)는 무역 섹터의 국제 규율을 위한 제도화된 '기구organization'가 아니라 느슨한 형태의 '협정agreement'이었던 것이다. 이는 2차 세계 대전 직후 제도화된 '기구organization'로서 예정되어 있었던 'ITOinternational trade organization, 국제무역기구(1944년 채택 & 1948년 불발)'가 美 상원의 비준 거부로 그 출범이 좌초된 것에 따른 것이었다. 그러나, '기구organization'를 통한 국제 무역 체계의 고도화된 제도적 규율은 필요한 것이었고, 결국 21세기를 코 앞에 둔 1995년에 이르러서야 비로소 단순한 '협정agreement'이 아닌 제도적 '기구organization'로서 WTOworld trade organization, 세계무역기구(1994년 채택 & 1995년 출범)가 출범할 수 있게 된 것이다. 이로써, 세계 정치 경제 제도의 지도 혹은 지형도는 완성된 것이다.

칼 야스퍼스가 주목했던 기원전 800년에서 기원전 200년까지의 약 600년 동안의 기간을 '정신적' 축의 시대'spritual' axial age로 표현한다면, 지금까지의 논의를 통해 살펴본 것과 같이, 세계 대전 이후 미국에 의해 주도된 '팍스 아메리카나Pax Americana'의 과정, 다시 말해 20세기 세계 정치 경제의 제도적 지형도를 그려 가는 여로에 놓여 있던 일련의 기간들은 '제도적' 축의 시대'institutional' axial age로 명명할 수 있을 것이다. 세계 정치 경제에 있어 20세기는 제도적 축의 시대institutional axial age였고, 그 중심에는 설계자designer로서 미국이 있었다. 이제 이상에서의 세계 정치 경제 질서에 대한 이해의 기초 위에서, 경제 영역 무역 섹터의 제도이자 규범이라고 할 수 있는 GATT / WTO 체제에 대해 논의하기로 한다.

○ ICSID vs. UNCITRAL? '투자자 vs. 국가' 분쟁 해결

본 절에서 소개된 앞의 [표 5.1]의 우측 최하단에는 세계 은행 그룹world bank group의 5개 기관 중 하나로 국제 투자 분쟁 중재 기관인 'ICSIDinternational center for settlement of investment dispute가 자리 잡고 있었다. 그리고 이 'ICSID'는 '해외 투자자investor vs. 투자 유치국state' 사이의 투자 분쟁을 해결하는 조항인 'ISDS investor-state dispute settlement투자자-국가분쟁해결'를 작동하게끔 하는 분쟁 해결의 양 대 축 중의 하나이다. 'ISDSinvestor-state dispute settlement'란 FTA 등의 국가 간 협정이 체결되는 경우 그 협정 안에 포함되어 있는 협정 당사국의 투자자 보호 및 분쟁 해결을 위한 조항을 뜻한다. 그리고 ISDSinvestor-state dispute settlement에 따른 분쟁 해결은 '중재arbitration'의 형태를 띠게 되는데, 어떤 기관이 중재하느냐에 따라 ICSIDinternational center for settlement of investment dispute 방식과 UNCITRALUN commission on international trade law 방식으로 양대별된다.

1. ICSID *투자분쟁해결센터* 방식: 세계 은행의 분쟁 중재

'ICSIDinternational center for settlement of investment dispute'는 세계 은행 그룹world bank group의 5대 기관 중 하나로서, 1966년에 설립이 채택되어 1966년에 출범한 '해외 투자자 vs. 투자 유치국 분쟁 해결the settlement of investment disputes between States & nationals of other states'을 위한 IBRDinternational bank for reconstruction & development 산하 기관이다. 사무국은 미국의 워싱턴 DC에 위치하고 있다.

2. UNCITRAL *UN국제무역법委* 방식: UN 기관의 분쟁 중재

'UNCITRAL^{UN commission on international trade law}'은 UN^{united nations} 산하 기관 중 하나로서, 1966년에 그 설립이 채택되어 1968년에 출범한 '국제 무역법의 단계적인 조화와 통일을 촉진^{the promotion of the progressive harmonization & unification of the law of international trade}하는 UN 총회^{general assembly, GA} 보조 기관^{subsidiary organization}이다. 사무국은 EU 오스트리아의 빈에 위치하고 있다.

무역 구제^{trade remedy}의 3대 영역인 '반덤핑, 상계 관세, 세이프가드' 가운데, 불공정 무역^{unfair trade}에 대한 규제인 반덤핑 / 상계 관세의 경우에는 ISDS^{investor–state dispute settlement}가 개재될 여지가 없다고 할 것이다. 반덤핑 / 상계 관세 피규제 업체에게 불공정 무역의 '원죄原罪, original sin'가 있기 때문이다. 그러나, 공정 무역^{fair trade}에 대한 규제인 세이프가드에 있어서는 ISDS^{investor–state dispute settlement}가 쟁점화될 가능성이 높다. 세이프가드 피규제 업체에게 불공정 무역의 '원죄原罪, original sin' 자체가 없기 때문이다. 이런 맥락에서, 세이프가드 규제의 경우는, 그 규제에 수반되는 기업 손실에 대해 수입국 규제 당국의 적절한 보상이 있어야 하는 것은 아닌지의 문제가 언제든지 ISDS^{investor–state dispute settlement}의 형태로 수면 위로 부상할 수 있다.

GATT / WTO 원칙과 무역 규범 체계

주지하는 것과 같이, GATT / WTO 체제는 세계 차원의 무역 장벽 감축 및 철폐를, 좀더 간명하게 말해 '자유 무역^{free trade}'을 그 이념으로 삼고 있다. 그렇다면 이러한 GATT / WTO의 '자유 무역^{free trade}' 이념은 어떠한 원칙들에 기반해 제도 및 규범으로서 작동하게 되는 것일까? GATT / WTO의 자유 무역^{free trade} 이념을 실현하기 위한 작동 원리는 크게 세 가지의 원칙으로 설명할 수 있다.

먼저, '관세 인하 / 철폐^{concession for tariff reduction}' 원칙이다. 同 원칙은 '예외 없는 관세화^{tariffication without exception}'와 '수량 제한 금지^{elimination of quantitative}

restriction(QR)'를 그 두 축으로 하고 있다. 수량 제한quantitative restriction, QR을 포함한 다양한 형태의 '비관세 조치non-tariff measure'들은 그 예측 가능성의 결여로 자유 무역을 저해하는 요소로 작용할 수 있다. 이런 까닭에, GATT / WTO에서는 모든 무역 제한 행위는 예측 가능성이 담보되는 '관세 조치tariff measure'로써 이루어져야 할 것을 요구하고 있다(GATT 11조). 뿐만 아니라, 유일한 무역 제한 수단인 '관세 조치tariff measure' 자체도 지속적으로 인하, 철폐할 것을 주문하고 있다. 이런 까닭에, '예외 없는 관세화tariffication without exception'와 '수량 제한 금지elimination of quantitative restriction(QR)'를 두 구성 요소로 갖는 '관세 인하 / 철폐concession for tariff reduction' 원칙은 '자유의 원칙principle of liberty'으로 명명할 수 있을 것이다.

다음으로, '비차별non-discrimination' 원칙이다. GATT / WTO의 규율 아래에 놓여 있는 모든 국가들을 동등하게 대우해야 한다는 것이다. 이 '비차별non-discrimination' 원칙은 다시 두 가지의 하위 원칙들로 구성된다. 그 첫째는 '최혜국 대우most favored nation, MFN' 원칙으로서, 수입국으로 유입되는 역외산 간에, 즉 '역외산 vs. 역외산'에 대해 동등하게 취급해야 한다는 것이다(GATT 1조). 그리고, 둘째는 '내국민 대우national treatment, NT' 원칙이다. 同 원칙에서는 수입국 내에서 양산되는 역내산과 수입국으로 유입되는 역외산을, 다시 말해 '역내산 vs. 역외산'을 동등하게 취급할 것을 주문하고 있다(GATT 3조). 이런 맥락에서, 무역 자유화trade liberalization를 그 핵심 취지로 하는 '관세 인하 / 철폐concession for tariff reduction' 원칙이 '자유의 원칙principle of liberty'이라면, GATT / WTO 회원국 사이의 동등을 요구하며 '최혜국 대우most favored nation, MFN'와 '내국민 대우national treatment, NT'를 두 구성 요소로 갖는 '비차별non-discrimination' 원칙은 '평등의 원칙principle of equality'으로 일컬을 수 있겠다.

마지막으로, '투명성transparency' 원칙이다. 전술한 자유의 원칙principle of liberty으로서의 '관세 인하 / 철폐concession for tariff reduction' 원칙과 평등의 원칙 principle of equality으로서의 '비차별non-discrimination' 원칙이 실효적으로 준수되기 위해서는 이에 대한 정례화된 검토, 쉽게 말해 '감시surveillance'가 필요하다. 이런 까닭에, GATT / WTO 체제는 '무역 정책 검토 기구trade policy review body, TPRB'를 창설해, GATT / WTO 회원국들의 정책이 GATT / WTO의 제반 원칙들에 기반해 투명하게 입안, 집행되고 있는지를 모니터링한다. 그리고 이를 '투명성transparency' 원칙이라고 일컫는데, GATT / WTO의 무역 정책 검토 제도trade policy review mechanism, TPRM에서는 무역 정책 검토 주기를 국가별 교역 규모에 따라 차등화하고 있다. 첫째, 교역 규모 1~4위인 EU, 미국, 중국, 일본에 대해서는 3년 단위로 무역 정책을 검토하고 있고, 둘째, 우리 나라를 포함한 교역 규모 5~20위국들에 대해서는 5년 주기로 무역 정책을 점검하고 있다. 셋째, 교역 규모 21위 이하의 기타 국가들에 대해서는 7년 단위로 무역 정책을 검토하고 있다. 국가별 교역 규모에 따른 이 무역 정책 검토 주기는 1995년 WTO가 출범할 당시에는 원래 '2 / 4 / 6년'이었다. 2019년부터 그 검토 주기가 '3 / 5 / 7년'으로 변경되었음에 유의가 필요하다.

'관세 인하 / 철폐concession for tariff reduction' 원칙을 '자유의 원칙principle of liberty'으로, '비차별non-discrimination' 원칙을 '평등의 원칙principle of equality'으로 규정짓는다면, '투명성transparency' 원칙은 '감시의 원칙principle of surveillance'이라고 할 수 있다. 이런 관점에서, GATT / WTO 체제는 '자유liberty', '평등equality', '감시surveillance'의 원칙에 기초하고 있다고 할 것이다. 이상에서의 논의는 다음의 [표 5.2]로 요약된다.

표 5.2. GATT / WTO의 자유 무역 원칙

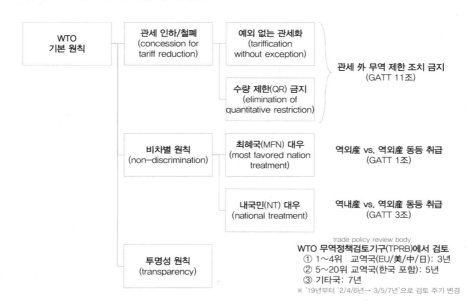

그런데, 이러한 GATT / WTO의 기본 원칙에는 예외가 허용되지 않는 것일까? 물론 있다. 그렇다면, 어떠한 예외가 허용되는 것일까? 먼저, 자유의 원칙principle of liberty으로서의 '관세 인하 / 철폐concession for tariff reduction'와 관련된 대표적인 예외 사항은 '세이프가드safeguards, SG'이다. 본서 4장의 「세이프가드 규제, 악화가 양화를 구축하다」에서 논의된 것과 같이, 광의廣義의 세이프가드, 다시 말해, (1) 수입 급증 예외safeguard exception, GATT 19조 & WTO SG(safeguards) 협정, (2) 안전 보장 예외security exception, GATT 21조, (3) 국제 수지 예외BOP(balance-of-payment) exception, GATT12 & 18.B조, (4) 일반 예외 조항general exception, GATT 20조에 따른 수입 규제는, 추가 관세additional duty 외에도 '수입 쿼터import quota' 규제가 가능하다. 이것은 모든 무역 제한 행위는 예측 가능성이 담보되는 관세 조치tariff measure로써 이루어져야 할 것을 요구하고 있는 '수량 제한quantitative restriction, QR' 원칙(GATT 11조)에 대한 중대한 예외인 것이다.

다음으로, 평등의 원칙principle of equality으로서의 '비차별non-discrimination' 원칙과 관련된 대표적인 예외 사항은 'FTAfree trade agreement'이다. 본서 4장의 「규제 기간 '3년＋1일'의 미학과 한－미 FTA 규정」에서 소개된 것과 같이, GATT는 관세 동맹customs union, CU, 자유 무역 지대free trade area, FTA 등의 지역 통상 협력 체제의 특수성을 명문으로 인정하고 있다(협정 24조). FTA와 같은 지역 통상 협력 체제 아래에서 협정 당사국 간에 공여되는 특혜 대우를 예외적으로 허용하고 있는 것이다.

이제 지금까지 살펴본 GATT / WTO의 '원칙 & 예외'에 대한 이해의 연장선 상에서, GATT / WTO의 '무역 규범'을 살펴 보도록 하자. 이 '무역 규범'의 체계에 대한 구체화된 논의에 앞서 먼저 '무역'이란 무엇인지를 되짚어 보자.

본서 1장의 「자유 무역과 통상 게임」의 서두에서는, '무역貿易, trade' 혹은 '통상通商, trade'을, 국경을 넘어 이루어지는 교역, 즉 국제적인 경제 활동으로서의 '상행위商'에 대해, 이를 정상적이면서도 막힘 없이 원활하게 '통通'할 수 있게 해 주는 일련의 행위, 합의, 준칙, 규범, 제도 및 분쟁 해결 절차로 설명한 바 있다. 그렇다면, 이 때, '무역貿易, trade' 내지는 '통상通商, trade'의 대상이 되는 '상행위商'란 어떻게 정의할 수 있을까? 우리 나라의 대외무역법을 살펴 보도록 하자.

다음의 [표 5.3]에서 확인할 수 있듯이, 우리 나라의 대외무역법은 '무역'을 '물품', '용역', '무체물'의 수출입으로 정의하고 있다(동법 2조 1). 이 때, 대외무역법상의 '물품', '용역', '무체물'이라는 용어를 상거래에서 일상적으로 사용되는 좀더 친숙한 단어로 다시 풀어본다면, 그 각각은 '상품goods', '서비스services', '지적 재산권intellectual properties, IPs'이 될 것이다. 결국 우리 나라의 대외무역법은 '상품goods', '서비스services', '지적 재산권intellectual properties, IPs'의 수출입을 무역으로 정의하고 있는 것이다.

표 5.3 **대외무역법상 '무역'의 정의**

대외무역법*

제2조 (정의) 이 법에서 사용하는 용어의 뜻은 다음과 같다.

1. "무역"이란 다음 각 목의 어느 하나에 해당하는 것(이하 "물품 등"이라 한다) 수출과 수입을 말한다.

가. **1** 물품

나. 대통령령으로 정하는 **2** 용역

다. 대통령령으로 정하는 전자적 형태의 **3** 무체물(無體物)

...

제3조 (자유롭고 공정한 무역의 원칙 등) ① 우리나라의 무역은 헌법에 따라 체결·공포된 무역에 관한 조약과 일반적으로 승인된 국제 법규에서 정하는 바에 따라 ✓자유롭고 공정한 무역을 조장함을 원칙으로 한다.

② 정부는 이 법이나 다른 법률 또는 헌법에 따라 체결·공포된 무역에 관한 조약과 일반적으로 승인된 국제 법규에 ✓무역을 제한하는 규정이 있는 경우에는 그 제한하는 목적을 달성하기 위하여 필요한 ✓최소한의 범위에서 이를 운영하여야 한다.

* 출처: 국가법령정보센터(http://www.law.go.kr/법령/대외무역법/)

그리고, 우리 나라의 대외무역법은, 상품goods, 서비스services, 지적 재산권intellectual properties, IPs의 수출입으로 정의되는 무역에 대해, 이를 '자유롭고free' '공정하게fair' 이루어질 수 있도록 조장할 것을 원칙으로 하고 있고(동법 3조 ①), 무역을 제한하는 경우에는 최소한의 범위에서 운영할 것을 명문화하고 있다(동법 3조 ②). 결국 우리 나라의 대외무역법도 GATT / WTO 체제의 기본 이념과 그 궤를 같이 하고 있는 것이다. 우리 나라 대외무역법이 명문화하고 있는 '자유무역free trade', '공정 무역fair trade', '최소 규제principle of proportionality'의 원칙은 GATT / WTO 규범 체계에서도 동일한 모습으로 재방문된다. 어떻게 재방문되는지 살펴 보도록 하자.

다음의 [표 5.4]에는 GATT / WTO 무역 규범 체계가 도식화되어 있다. 1995년 출범한 WTO는 모로코의 관광 도시인 마라케쉬Marrakesh에서 체결된 WTO 설립 협정에 근거하고 있다. 이 WTO 설립 협정은 '다자간 협정multilateral trade agreement, MTA'과 '복수국 협정plurilateral trade agreement, PTA'으로 구성되어 있는데, 전자前者인 다자간 협정multilateral trade agreement, MTA은 WTO의 모든 회원국 간에 체결된 협정인 반면에, 후자後者인 복수국 협정plurilateral trade agreement은 WTO의 회원국 중 일부 국가들 사이에서 체결된 협정이라는 점에서 차이가 있다.

표 5.4 GATT / WTO 무역 규범 체계

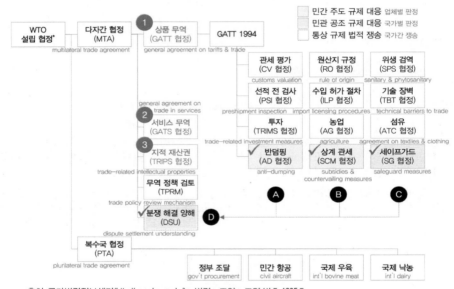

* 출처: 국가법령정보센터(http://www.law.go.kr/) > 법령 > 조약 > 조약 번호 1265호.

WTO 다자간 협정multilateral trade agreement, MTA은 다섯 가지 영역으로 구분된다. 첫째는 상품 무역 협정인 'GATTgeneral agreement on tariffs & trade', 둘째는 서비스 무역 협정인 'GATSgeneral agreement on trade in services', 셋째는 지적 재산권 협정인 'TRIPStrade-related intellectual properties', 넷째는 무역 정책 검토 제도인 'TPRMtrade policy review mechanism', 다섯째는 분쟁 해결 양해인 'DSUdispute settlement understanding'이다. 첫째~셋째 영역은 국제 무역의 대상을 섹터별로 구분해 규율하는 것이고, 넷째 영역은 국가별 정책에 대한 WTO의 감시surveillance

기능과 관련된 것이고, 다섯째 영역은 WTO 회원국들 사이에 분쟁이 발생할 경우 이를 해결하는 절차를 법제화한 것이다. 앞서 우리 나라의 대외무역법이 무역을 정의함에 있어서 그 규율 대상을 '상품goods', '서비스services', '지적 재산권intellectual properties, IPs'으로 하고 있음을 소개한 바 있는데, GATT / WTO 체제에서도 동일하게 '상품goods(GATT)', '서비스services(GATS)', '지적 재산권intellectual properties, IPs(TRIPS)'을 그 규율 대상으로 하고 있음은 특징적이라고 할 것이다.

앞의 [표 5.4]의 하단에 도식화되어 있는 WTO 복수국 협정plulateral trade agreement, PTA은 네 가지 영역으로 구분된다. 첫째는 공공 부문이 공개 입찰 등을 통해 필요 자원을 조달하는 데 적용되는 '정부 조달government procurement' 협정, 둘째는 민간 부문이 항공기를 운영함에 있어서 적용되는 '민간 항공civil aircraft' 협정, 셋째는 국가 간의 쇠고기 교역에 적용되는 '국제 우육international bovine meat' 협정, 넷째는 치즈 등 낙농 제품의 국제 교역에 적용되는 '국제 낙농international dairy' 협정이다. 이 4개의 복수국 협정plulateral trade agreement, MTA 가운데 우리 나라는 'GPAgovernment procurement agreement'로도 불리는 '정부 조달government procurement' 협정에만 참여 중에 있고, '국제 우육international bovine meat', '국제 낙농international dairy' 협정은 해당 협정들의 법적 시한인 1997년 12월 31일자로 종료되어 더 이상의 법적 효력이 없음에 유의가 필요하다.

이제 [표 5.4]의 우측 상단으로 돌아가 보자. WTO 상품 무역 협정은 GATT 1994년 및 12개의 부속 협정으로 구성되어 있다. 먼저, GATT 1994년1995년 발효은 GATTgeneral agreement on tariffs & trade의 최초 협정인 GATT 1947년1948년 발효을 계승, 보완한 것이다. 최초 협정인 GATT 1947년 성립 이후 47년 사이의 추가 고려 사항들이 보완 반영되어 있다. GATT 외에 WTO 상품 무역 협정을 구성하는 12개의 부속 협정들에 관해서는, 앞의 [표 5.4]의 우측에 가로로는 3개, 세로로는 4개로 구획화되어 있다. 이 12개의 부속 협정들은 협정이 규율하는 대상의 성격에 따라 다시 4개 범주로 유형화가 가능하다. (1) '관세 조치tariff measure', (2) '비관세 조치non-tariff measure', (3) '민감 산업sensitive industry', (4) '무역 구제trade remedy'가 그것이다.

첫째, '관세 조치tariff measure' 협정이다. ① 관세 평가customs valuation, CV 협정과 ② 원산지rules of origin, RO 협정이 이에 해당한다. 수입국 당국이 수입되는 제품에 대해 적정한 관세율을 책정, 적용하기 위해서는 '적정 과표에 대한 심사

customs valuation, CV' 및 '원산지국에 대한 확인rules of origin, RO'이 필수적이다. 이런 까닭에 GATT / WTO는 '관세 조치tariff measure'와 관련된 규율 사항을 별도의 협정으로 명문화한 것이다.

둘째, '비관세 조치non-tariff measure' 협정이다. ③ 위생 검역sanitary & phytosanitary measures, SPS 협정, ④ 선적전 검사preshipment inspection, PSI 협정, ⑤ 수입 허가 절차import licensing procedures, ILP 협정, ⑥ 기술 장벽technical barriers to trade, TBT 협정, ⑦ 투자trade-related investment measures, TRIMS 협정이 이에 해당한다. 수출 기업의 입장에서 볼 때, 어떤 제품을 양산해 수출 및 해외 현지에서 판매하기 위해서는, '위생 검역sanitary & phytosanitary measures, SPS'에 관한 위반 사항은 없는지 사전 점검이 필요하고, 수출국 내에서의 '선적 전 검사preshipment inspection, PSI'도 필수적이다. 또한, 해당 제품이 수입국 현지에 도착하면 '수입 허가 절차import licensing procedures, ILP'를 따라야 하고, 수입국 현지의 제품 규격 요건, 다시 말해 '기술 장벽technical barriers to trade, TBT' 규정을 준수해야 하며, 경우에 따라서는 수입국 현지에 직접 '투자trade-related investment measures, TRIMS' 해 현지 양산 체제를 구축할 수도 있다. 이런 맥락에서 GATT / WTO는 '비관세 조치non-tariff measure'와 관련된 관할 당국의 정책 투명성policy transparency을 확보하기 위해 별단의 관련 협정들을 마련했다.

셋째, '민감 산업sensitive industry' 협정이다. ⑧ 농업agriculture, AG 협정, ⑨ 섬유agreement on textiles & clothing, ATC 협정이 이에 해당한다. 인간 생존의 기본은 '의衣, clothing', '식食, food', '주住, house'이다. 이 '의', '식', '주'의 도움 없이는 인류의 정상적인 생활 자체가 불가능한 까닭에, 이와 관련된 산업은 '생존 산업survival industry'인 동시에 '안보 산업security industry'이다. 다시 말해, '민감 산업sensitive industry'인 것이다. 때문에, GATT / WTO에서도 '의衣, clothing'에 해당하는 '섬유agreement on textiles & clothing, ATC', '식食, food'에 해당하는 '농업agriculture, AG'에 대해 특별히 규율하는 별도의 협정을 두고 있다. 근자에 조립 주택assembly house 등 새로운 형태의 주거 산업이 태동하고 있다., '주住, house'의 영역도 국제 교역의 대상이 가능한 시대가 도래한다면, GATT / WTO 체제 내에서도 '주택house' 협정이 체결될 수 있지 않을까 싶다.

넷째, '무역 구제trade remedy' 협정이다. ⑩ 반덤핑anti-dumping, AD 협정, ⑪ 상계 관세subsidies & countervailing measures, SCM 협정, ⑫ 세이프가드safeguard measures, SG 협정이 이에 해당한다. 본서의 1부에서 상세화된 논의가 있었던 것

처럼, 반덤핑 anti-dumping, AD은 '덤핑으로 인한 피해injury by dumping'를, 상계 관세subsidies & countervailing measures, SCM는 '보조금으로 인한 피해injury by subsidy'를, ⑫ 세이프가드safeguard measures, SG는 '예상치 못한 수입 급증으로 인한 피해injury by unforeseen development'를 각각 규율하는 '무역 구제trade remedy' 제도이다. GATT / WTO의 별도의 협정 체제 내에서 이를 어떻게 제도화했는지에 대해서는 이미 설명한 것과 같다.

그런데, 이 반덤핑, 상계 관세, 세이프가드라는 '무역 구제trade remedy'의 규범적 골격 안에서 이해 당사국 사이에 분쟁이 발생한다면 이를 어떻게 해결할 수 있는 것일까? 앞의 [표 5.4]의 하단에 도식화되어 있는 것과 같이, 이는 GATT / WTO 체제의 분쟁 해결 절차인 'DSUdispute settlement understanding'를 통해 해결된다. 다음 절에서는 WTO의 분쟁 해결 절차에 대해 살펴 보기로 한다.

WTO 분쟁 해결 절차, 어떻게 진행되나

GATT / WTO 체제의 원칙과 규범에 관한 지금까지의 여러 논의들을 통해, 반덤핑 / 상계 관세 / 세이프가드 규제가 글로벌 다자 무역 규범 체계 내에서 어떻게 자리매김되는 것인지 좀더 선명한 이미지를 갖게 되었을 것이다. 이제 본서 1장의 「통상의 쟁점 영역과 무역 구제」에서 소개되었던 [표 1.2]로 돌아가 일람一覽한 후 다음의 [표 5.5]와 차이점을 살펴 보자. [표 5.5]의 하단에 WTO 분쟁 해결 기구dispute settlement body, DSB 절차가 추가된 것을 확인할 수 있을 것이다. 반덤핑 / 상계 관세 / 세이프가드 규제 모두에 있어서, 수입국 당국의 규제에 이의가 있는 수출국 당국은 WTO 안의 '분쟁 해결 절차dispute settlement understanding, DSU'를 활용할 수 있고, 이 분쟁 해결 절차를 관할하는 기관이 '분쟁 해결 기구dispute settlement body, DSB'이다.

그런데 WTO의 분쟁 해결 절차dispute settlement understanding, DSU는 '국가 vs. 국가'로만 진행이 가능하고 이해 당사 업체들은 소속 국적국의 분쟁 대응을 측면에서 지원하는 형태로 그 법적 절차가 진행된다. 본 장의 「제도적 축의 시대와 그 설계자 미국」의 돋보기 보론이었던 「ICSID vs. UNCITRAL? '투자자 vs. 국가' 분쟁 해결」에서 언급되었던 ICSID^{international center for settlement of investment} dispute나 UNCITRAL^{UN commission on international trade law}과 같은 'ISDS^{investor-state} dispute settlement' 제도에 있어서는 그 분쟁 당사자가 '민간 vs. 국가'였다는 것을 기억해 볼 때, WTO 분쟁 해결 절차는 '단단한 당구공^{hard-shelled billiard ball}'으로 서의 국가들이 WTO 분쟁 해결 절차라는 '게임의 규칙^{rules of the game}' 아래에서 서로 경합하는 과정으로 볼 수 있을 것이다.

표 5.5 **WTO 무역 구제 제도**

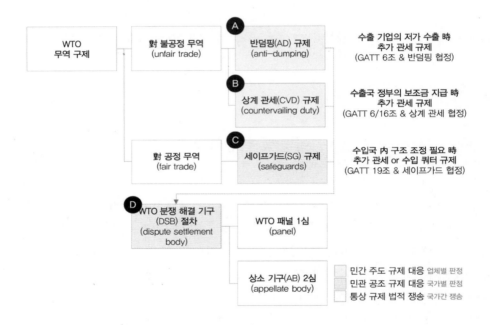

그렇다면, WTO의 분쟁 해결 절차는 어떤 단계들을 거쳐 최종 결론에 도달하고, 최종 결론에 도달하기까지는 얼마만큼의 시간이 소요되는 것일까? 다음의 [표 5.6] 우측에 도표화되어 있는 것과 같이, WTO 분쟁 해결 절차^{dispute settlement understanding, DSU}는 총 4단계에 걸쳐 진행된다. '1심 패널^{panel}(1단계) → 2심 상소^{appellate body, AB}(2단계) → 이행 중재^{implementation arbitration}(3단계) → 보복 중재^{retaliation arbitration}(4단계)'가 바로 그것이다. 이 가운데, 분쟁 당사국들이 본안 판단을 다투는 것은 1단계인 '1심 패널^{panel}'과 2단계인 '2심 상소

appellate body, AB'로 국한된다. 3단계인 '이행 중재implementation arbitration'와 4단계인 '보복 중재retaliation arbitration'는, 2단계인 '2심 상소appellate body, AB'의 최종 판정 이후 그에 따른 이행이 적시에 적절하게 이루어지지 않는 경우에 추가적으로 진행되는 후속 절차일 뿐이다. 이와 같이, WTO 분쟁 해결 절차의 법적 심사는 '2심제two-tiered system'에 기초하고 있고, 그 결과가 이행되지 않는 경우 최후의 보루last resort로서 분쟁 패소국에 대한 승소국의 '보복 조치retaliation'가 예정되어 있는 것으로 압축할 수 있다.

표 5.6 **무역 구제 vs. 분쟁 해결**

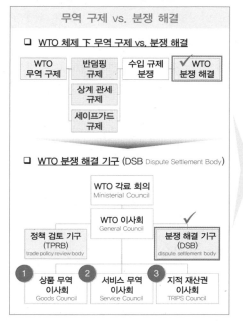
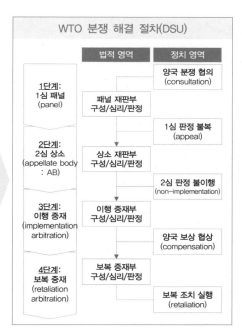

그런데, 앞의 [표 5.6]의 우측 상단을 보면, 지금까지 소개된 1~4단계의 분쟁 해결 단계가 '법적judicial' 영역과 '정치political' 영역으로 구분되어 있는 것을 볼 수 있다. 이것은 국가 간 통상 분쟁에 대한 해결 자체가 분쟁 당사국 사이의 정치적 '협상negotiation'에 기초해 타결, 종료될 가능성이 많기 때문이다. 이런 까닭에, WTO는 그 분쟁 해결 절차의 0순위로서 분쟁 당사국 간의 '분쟁 협의consultation'를 예정하고 있다.

이런 맥락에서, WTO 분쟁 해결 절차dispute settlement understanding, DSU는,

그 법적judicial 영역 외에 정치political 영역까지도 모두 포함할 때, '양국 분쟁 협의consultation(1라운드) → 패널 재판부 구성 / 심리 / 판정panel(2라운드) → 1심 판정 불복appeal(3라운드) → 상소 재판부 구성 / 심리 / 판정appellate bod, AB(4라운드) → 2심 판정 불이행non-implementation(5라운드) → 이행 재판부 구성 / 심리 / 판정implementation arbitration(6라운드) → 양국 보상 협상compensation(7라운드) → 보복 중재부 구성 / 심리 / 판정retaliation arbitration(8라운드) → 보복 조치 실행 retaliation(9라운드)'이라는 1~9라운드의 경기를 통해 승자와 패자가 가려지는 권투 경기로 비유할 수 있을 것이다.

그런데 이러한 WTO 분쟁 해결 절차는 얼마나 기다려야 그 결과를 얻을 수 있는 것일까? 다음의 [표 5.7]의 좌측에 정리되어 있는 것과 같이, 첫째, WTO 분쟁 심사의 1단계인 '1심 패널panel'은 패널 구성으로부터 1심 판정까지 6개월을 그 시한으로 하고 있고 최대 9개월로 연장이 가능하다. 이 때, 1심 패널 재판부는 의장 1명과 위원 2명으로 구성된 총 3인으로 구성된다. 둘째, 2단계인 '2심 상소appellate body, AB'의 경우에는 상소appeal 통보로부터 2심 판정까지 3개월, 정확히는 90일을 그 시한으로 한다. 그리고, 상소 재판부는, 1심 패널 재판부와 동일하게, 의장 1명과 위원 2명으로 구성된 총 3인으로 구성된다.

여기서, 분쟁 당사국들이 본안 판단을 다투는 1심 패널panel의 판정 시한인 '6~9개월'과 2심 상소appellate body, AB의 '3개월'을 합산해 보면, 총 '9~12개월'이라는 시한이 산출된다. 분쟁 당사국 간의 정치 과정인 '양국 분쟁 협의consultation'와 '1심 판정 불복appeal'에 소요되는 분쟁 해결 기간을 제외하고 볼 때, WTO에 상정된 분쟁 사안을 다루는 데 요구되는 법정 시한은 최대 '9~12개월'인 것이다.

앞서 언급된 것과 같이, 3단계인 '이행 중재implementation arbitration'와 4단계인 '보복 중재retaliation arbitration'는, 2단계인 '2심 상소appellate body, AB'의 최종 판정 이후에 그 이행이 적시에 적절하게 이루어지지 않을 때 추가적으로 진행되는 후속 절차이다. 분쟁 심사의 3단계인 '이행 중재implementation arbitration'는 중재 회부로부터 중재 판정까지 3개월을 그 시한으로 하고 있고 총 1인으로 구성된 재판부에서 심사하게 된다. 4단계인 '보복 중재retaliation arbitration'에 있어서는 주어진 법정 시한이 없고, 의장 1명과 위원 2명으로 구성된 총 3인의 보복 중재부에서 보복 조치retatilation에 대해 심사하게 된다. [표 5.7]의 우측에는 WTO 분쟁 해결 절차의 현장감을 느낄 수 있도록, 同 분쟁 해결 절차의 중심에 서 있는 WTO

표 5.7 WTO 분쟁 해결 시한

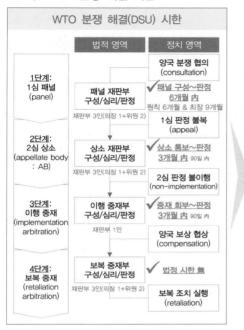

사무국스위스 제네바 소재과 그 회의장 모습이 담겨 있다.

이상에서의 논의를 종합해 보면, WTO 분쟁 해결 절차dispute settlement understanding, DSU는, 최종 판정 불이행에 따른 후속 절차인 단계인 '이행 중재 implementation arbitration'와 '보복 중재retaliation arbitration'를 제외하고 볼 때, 신속하게 진행되는 것처럼 보여진다. WTO에 상정된 분쟁 사안을 재판부에서 심사하는 데 '9~12개월'만이 소요되기 때문이다. 그런데, 과연 그러할까? 실제 사례를 살펴 보도록 하자.

다음의 [표 5.8]에는 한국산 세탁기에 대한 美 반덤핑 / 상계 관세 판정에 대한 법적 쟁송이었던 WTO 한－미 세탁기 분쟁United States-Anti-Dumping & Countervailing Measures on Large Residential Washers from Korea, WTO 사건 번호 DS464(2013~19)의 진행 경과 및 소요 일수가 요약되어 있다. 2013년 8월 29일 우리 정부의 對 미국 협의consultation 요청으로 개시된 同 Case는 현재 1~8라운드의 경기를 마치고 對 미국 보복 조치retaliation인 9라운드만을 남겨 놓고 있는 상태이다. 同 Case는, WTO 분쟁 해결 절차의 '법적judicial' 영역에서 볼 때, 1단계인 '1심 패널 panel'은 약 27개월'13.12월~'16.3월이, 2단계인 '2심 상소appellate body, AB'는 약 5개

표 5.8 WTO 한-미 세탁기 분쟁 소요 기간

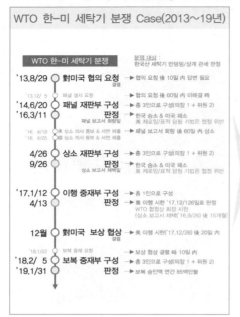

월'16.4월~'16.9월이, 3단계인 '이행 중재implementation arbitration'는 약 3개월'17.1
월~'17.4월이, 4단계인 '보복 중재retaliation arbitration'는 약 13개월'18.1월~'19.1월이 경
과되었다. 총 48개월1단계 27개월 + 2단계 5개월 + 3단계 3개월 + 4단계 13개월이 소요된
것이다. 그리고, 이 가운데 본안 판단인 1~2단계는 총 32개월1단계 27개월 + 2단계
5개월이, 후속 절차인 3~4단계는 16개월3단계 3개월 + 4단계 13개월이 소요되었다.
WTO의 분쟁 해결 절차라는 것이 그것에 대한 개념적인 이해 수준과 비교해볼
때 지난하면서도 멀고 먼 여정임을 반증하는 것이라고 하겠다.

그런데, WTO 분쟁 해결 절차는 '법적judicial' 영역뿐만 아니라 '정치political'
영역까지도 개재되는 라운드별 경기이다. 라운드별 경기의 관점에서 볼 때, 1라
운드인 '양국 분쟁 협의consultation'에는 약 3개월'13.8월~'13.12월이, 2라운드인 '1
심 패널 절차panel'에는 약 27개월'13.12월~'16.3월이, 3라운드인 '1심 판정 불복
appeal'에는 약 1개월'16.3월~'16.4월이, 4라운드인 '2심 상소 절차appellate body, AB'
에는 약 5개월'16.4월~'16.9월이 소요되었다. 그리고, 5라운드인 '2심 판정 불복
non-implementation'에는 약 4개월'16.9월~'17.1월이, 6라운드인 '이행 중재 절차
implementation arbitration'에는 약 3개월'17.1월~'17.4월이, 7라운드인 '양국 보상 협상

compensation'에는 약 9개월'17.4월~'18.1월이, 8라운드인 '보복 중재 절차retaliation arbitration'에는 약 13개월'18.1월~'19.1월이 소요되었다.

결국, 법적judicial 영역뿐만 아니라 정치political 영역까지도 포함된 'WTO 분쟁'이라는 전체 경기의 관점에서 보면, 본안 판단에는 3.0년36개월을, 후속 절차에 2.4년29개월을 필요로 했던 것이다. 이와 같이 WTO 분쟁 해결 절차는 많은 노력과 시간을 필요로 하는 마라톤 경기이다. 더군다나 '5.4년본안 판단 3.0년 + 후속 절차 2.4년'이라는 긴 여정을 통해 對 미국 보복 권한을 확보했음에도 불구하고, 미국은 여전히 WTO 판정 결과에 대해 그 이행 입법을 마치지 못했다. '판정 결과에 대한 집행력 확보'라는 측면에서 WTO 분쟁 해결 절차가 갖는 제도적 취약성을 보여주는 것이라고 할 수 있다. WTO 한－미 세탁기 분쟁 당시 쟁점화된 법적 사안에 대해서는 다음 절에서 별도로 다루기로 한다.

○ 상소 기구 vs. 항소 기구? 상소 / 항소 / 상고 / 항고

전술한 것과 같이, WTO 분쟁 해결 절차는 '2심제two-tiered system'에 기초하고 있다. 그리고, 이 2심제two-tiered system의 최종 판정 기관을 '상소 기구appellate body, AB'로 소개했다. 그런데, 도서에 따라서는 이 '상소上訴' 기구appellate body, AB를 '항소抗訴' 기구appellate body, AB로 번역하기도 한다. 본서는 통상 실무에서 일반적으로 사용되는 '상소 기구appellate body, AB'라는 용례를 따랐다. 그렇지만, '3심제three-tiered system'를 채택하고 우리 나라 법 체계 내에서 '상소上訴 vs. 항소抗訴'는 구분되는 의미를 담고 있다. 이에 대해 살펴 보도록 하자.

이에 대한 명확한 이해를 위해서는 법원의 '재판裁判'에 대한 이해가 선행되어야 한다. 법원의 '재판裁判'은 그 주체와 절차에 따라서 '판결判決', '결정決定', '명령命令'으로 3대별된다. 먼저, '판결判決'은 '법원'이 주체가 되어 소송 절차상 '중요' 사항에 대해 '변론을 거쳐' 이루어지는 법적 판단이다. 반면, '결정決定'은 '법원'이 주체가 되어 소송 절차상 '경미' 사항에 대해 '변론 없이' 이루어지는 법적 판단이다. 한편, '명령命令'은 '법관'이 주체가 되어 소송 절차상 '경미' 사항에 대해 '변론 없이' 이루어지는 법적 판단이다.

1. 상소上訴 : 법원의 '판결'에 불복

'상소上訴'는 법원의 '판결判決', '결정決定', '명령命令' 가운데 법원의 '판결判決'에 대해 불복하는 절차로서, 이는 다시 1심 판결에 대한 불복인 '항소抗訴'와 2심 판결에 대한 불복인 '상고上告'로 나뉘어진다.

1) 항소抗訴: 법원의 '1심' 판결에 불복

'항소抗訴'는 법원의 '1심' 판결判決에 대한 불복 절차로서, 1심 지방 법원의 판결 결과에 불복해 2심 고등 법원에 재판을 청구하는 경우가 이에 해당한다.

2) 상고上告: 법원의 '2심' 판결에 불복

'상고上告'는 법원의 '2심' 판결判決에 대한 불복 절차로서, 2심 고등 법원의 판결 결과에 불복해 3심 대법원에 재판을 청구하는 경우가 이에 해당한다.

2. 항고抗告: 법원의 '결정 / 명령'에 불복

'항고抗告'는 법원의 '판결判決', '결정決定', '명령命令' 가운데 법원의 '결정決定', '명령命令'에 대해 불복하는 절차이다.

결국 1심 판정에 대한 최종 불복 기관으로서의 WTO 'Apllellate Body'AB, 상소 기구는, '판정'에 대한 불복의 측면이 좀더 강조된다면 '상소上訴' 기구appellate body, AB로, '1심'에 대한 불복의 측면이 보다 강조된다면 '항소抗訴' 기구appellate body, AB로 불릴 수 있을 것이다.

WTO 한-미 세탁기 분쟁과 제로잉의 세대별 진화

다음의 [표 5.9]는 우리 산업부MOITE, ministry of trade, industry & energy가 2016년 9월 7일 언론 매체에 배포한 WTO 한－미 세탁기 분쟁United States-Anti-Dumping & Countervailing Measures on Large Residential Washers from Korea, WTO 사건 번호 DS464(2013~19) 최종 승소 보도 자료이다. 2016년 9월 7일 판정 후 20일 뒤인 9 / 26일에 채택된 同 최종 판정에서, 한국은 반덤핑 쟁점에서는 전부 승소했고, 상계 관세 영역은 우리 나라의 수도권 과밀 억제권에 대한 투자 세액 공제 제도에 대한 법적 판단인 '지역적 특정성regional specificity' 이슈를 제외한 모든 쟁점에서 승소했다.

표 5.9 **한-미 세탁기 분쟁 판정 결과**

○ **반덤핑** 쟁점) 상소기구는 미 상무부가 삼성·엘지(LG)의 블랙 프라이데이 세일 판매를 **표적덤핑(targeted dumping)**으로 판단 한 것과 **제로잉(zeroing)**을 적용하여 고율의 반덤핑관세를 부과 한 조치가 세계무역기구(WTO) 협정에 위반된다고 판정하여, 우리측이 전부 승소했다.

  • (표적덤핑) 특정 시기, 장소, 구매자에 대해 덤핑이 발생하는 경우로서, 세계무역기구(WTO) 협정은 이 경우 해당 거래와 정상가를 비교하여 덤핑율을 산정할 수 있도록 규정함

  • (제로잉) 덤핑마진 산정시 수출가격이 국내 정상가격보다 낮은 경우(덤핑)만 반영하고 수출가격이 국내 정상가격보다 높은 경우에는 이를 마진 계산시 반영하지 않고 "0"으로 처리하여 최종 덤핑마진을 높게 부풀리는 방식

○ **상계관세** 쟁점) 보조금 계산방식과 관련하여 패널단계에서 우리측이 패소했던 판정을 상소기구에서 우리측이 최종 승소하는 등 우월한 분쟁결과를 도출했다.

  • 동 판정이 이행되는 경우, 한국 정부가 보조금을 지급했다는 이유로 미국이 부과하는 상계관세율(삼성 1.85%, 재심 34.77%)는 그 조치 자체가 종료될 수 있을 것으로 예상

  - (계산방식 쟁점1) 삼성전자의 전체 연구개발(R&D)지출에 대한 세액공제를 세탁기에 대한 보조금을 계산에 반영한 미국 상무부의 조치를 세계무역기구(WTO) 보조금 협정 위반으로 판정했다.(한국 승소)

  - (계산방식 쟁점2) 보조금 계산시 삼성전자의 해외매출을 고려하지 않은 미국 상무부의 조치를 세계무역기구(WTO) 보조금 협정 위반으로 판정했다.(한국 승소)

  - 다만, '수도권 과밀억제권역' 이외 지역에 투자할 경우 세액공제를 제공하는 것은 '지역적 특정성'이 인정되는 것으로 판정했다. (패널 결정 재확인, 미국승소)

  • 이외 연구개발(R&D) 세액공제가 사실상 특정 기업에 지급된 보조금이라고 간주한 미국 상무부의 조치가 세계무역기구(WTO) 보조금 협정 위반이라는 패널의 판정도 확정됨 (한국 승소: 미국이 상소를 포기함)

* 출처: 산업통상자원부(http://www.motie.go.kr/)〉알림 · 뉴스〉보도자료〉보도/해명(등록일 '16.9/7일).

반덤핑 영역에서는 美 상무부의 제로잉zeroing, 표적 덤핑targeted dumping 기법을 WTO 반덤핑AD(anti-dumping) 협정 위반으로 판단했고, 상계 관세 영역에서

는 美 상무부의 보조금율 계산 방식에 오류가 있었음을 지적하면서 이를 WTO 상계 관세SCM(subsidies & countervailing measures) 협정 위반으로 판단했다. 그런데, WTO로부터 반덤핑AD(anti-dumping) 협정 위반으로 판단받은 美 상무부의 제로잉zeroing, 표적 덤핑targeted dumping이란 과연 무엇일까? 다음의 [표 5.10]을 살펴보도록 하자.

표 5.10 **한-미 세탁기 분쟁 쟁점 사안**

	붙임 2 주요쟁점별 패널/상소심 판정 비교			
구분		쟁점	상소기구 판정 (16.9.7)	패널판정 (16.3월)
반덤핑	표적 덤핑	- 표적덤핑 판단기준: 미측의 표적덤핑 판단기법 (Differential Price Test)이 반덤핑협정에 위배되는지 여부	승소	승소
		- 설명의무: 미측이 통상적인 가격비교방법(평균-평균, 거래-거래)을 적용할 수 없는 이유를 충분히 설명했는지 여부	승소	승소
	제로잉	- 제로잉 허용 여부: 표적덤핑이 인정될 경우 제로잉 가능여부	승소	승소
		- 평균-거래 비교방법의 적용범위: 표적덤핑된 거래뿐 아니라 조사대상 거래 전체에 제로잉을 적용할 수 있는지 여부	승소	승소
		- 표적덤핑된 거래와 기타 거래군의 덤핑마진 합산시 제로잉 적용가능성(SystemK disregarding)	승소	패소
보조금	특정성	- 사실상 특정성: 삼성에 대한 세액공제(보조금)의 절대액이 크다는 점이 보조금에 사실상 특정성이 있다고 인정되는지 여부	승소	승소
		- 지역적 특정성: 수도권과밀억제권역 이외의 지역(전체 국토의 98%)에 투자시 세액공제를 제공한 것에 특정성 인정여부	패소	패소
	보조금 계산 방식	- Tying: 세탁기에 거래된 금액이 아닌 삼성전자 전체에 지원된 금액으로 보조금 비율을 계산한 점이 보조금협정을 위배했는지 여부	승소	패소
		- 해외매출액 포함 여부: 보조금 비율 계산시 삼성의 해외매출액을 제외한 점이 보조금협정을 위배했는지 여부	승소	패소

✓ **제로잉**zeroing & **표적 덤핑**targeted dumping

❑ 상소심 판정: 美 제로잉/ 표적 덤핑 기법은 WTO 협정 위반
　　　　　　　　　　　　　　　　　　AD 협정 2.4.2조

－ **제 로 잉**: 음수(-) 덤핑 마진을 Zero로 치환, 덤핑 마진을 과다 발생케 하는 美 정부의 제로잉은 WTO 협정 위반

－ **표적 덤핑**: ① 특정 거래처/지역/기간의 수출 가격이 현저히 낮다는 표적 덤핑 판정은 예외적으로만 허용
　　美 정부는 `내수평균 vs. 수출 건별` 가격 비교 後
　　가격 편차 통계 기법을 활용, 제로잉을 무차별적으로 적용
　　② 표적/비표적 거래의 덤핑 마진은 별도 산정하되, 표적 덤핑 적용 時는 명시적 설명이 있어야 함

❑ 美 과거 행보: WTO 패소 時마다 신규 기법으로 이행 대응

① **1세대 제로잉**: 정당한 근거 없이 음수(-) 덤핑 마진을 Zero化
'95년 WTO 출범 前~
↓
'06.5월 WTO 위반 판정: 美 제로잉 방법론 분쟁(유럽 vs. 미국)

② **2세대 제로잉**: 특정 거래 가격이 현저히 낮다는 이유로 제로잉
'08.1월~　　　(통계적 가격 편차 기법 → 표적 덤핑 간주)
↓
'16.9월 WTO 위반 판정: 한국산 세탁기 분쟁(한국 vs. 미국)

③ **3세대 제로잉**: 新 통계 방법 등 덤핑 마진 신규 기법 도입 可

* 출처: 산업통상자원부(http://www.motie.go.kr/)〉 알림·뉴스〉 보도자료〉 보도/해명(등록일 '16.9/7일).

앞의 [표 5.10]의 우측에 요약된 것과 같이, 제로잉zeroing이란 음수(-)의 덤핑 마진이 발생되는 수출 거래들이 있는 경우, 해당 수출 거래들의 덤핑 마진을 제로zero로 치환해 덤핑 마진을 과다 발생시키는 美 상무부의 덤핑 마진 산정 기법이다. 한편, 표적 덤핑targeted dumping은 특정 거래처customer / 지역region / 기간period의 수출 판가가 통상적인 수준 대비 현저히 낮은 미국 내에서의 가격 차별price discrimination을 뜻하는 것으로서, 美 상무부는 'DPAdifferential pricing analysis' 혹은 'DPMdifferential pricing methodology'으로 불리는 통계학적 가격 편차 기법을 동원해 기계화된 무차별적 방식으로 표적 덤핑targeted dumping을 판정하고 표적

덤핑targeted dumping으로 판정된 모든 수출 거래들에 대해서는 제로잉zeroing을 적용해 왔다. WTO는 이와 같은 미국의 제로잉zeroing, 표적 덤핑targeted dumping 기법을 WTO 협정 위반으로 판단한 것이다.

미국의 통계학적 가격 편차 기법DPA or DPM에서 표적 덤핑targeted dumping으로 판단하는 가격 편차의 기준은 아래와 같다.

$$\frac{|\text{대상}_{\text{거래처 / 지역 / 기간}} \text{ 판가 평균} - \text{非대상}_{\text{거래선/지역/기간}} \text{ 판가 평균}|}{\text{'대상 vs. 非대상 판가' 표준 편차의 평균}_{\text{제곱 평균 제곱근}}} > 0.8$$

그리고, 이 가격 편차의 허용선'코헨의 D(Cohen's D)' 값으로 명명인 '0.8'을 넘는 美 대상 판매액의 美 전체 판매액 대비 비중이, ① '33% 이하'인 경우는 모든 美 판매 거래에 대해 제로잉을 적용하지 않고'Non-Zeroing', ② '33% 초과~66% 미만'인 경우는 가격 편차가 발생한 美 판매 거래에 대해서만 제로잉을 적용하고 'Partial Zeroing'을, ③ '66% 이상'인 경우는 모든 美 판매 거래에 대해 제로잉을 적용한다'Total Zeroing'.

그런데, 이 산식에는 일반인의 상식을 거부하는 통계학적 함정이 자리잡고 있다. 분자에 '절대값(|　|)'이 씌워져 있는 것이다. 수출 판가를 인상하더라도 그 인상폭이 가격 편차의 허용선을 넘어가면 제로잉의 대상이 되는 것이다. 수출 판가를 과도하게 인상하면 덤핑 마진이 더욱 악화되는 '가격 편차 기법DPA or DPM의 역설逆說, paradox'이 발생하는 것이다. 이는 반덤핑 규율의 기본 취지나 일반 상식, 현지 사업의 관점에서 양립하기 어렵다. 반덤핑 제도 자체가 불공정 저가 수출을 규제하기 위해 고안된 장치임에도 불구하고, 수출 판가 인상이 덤핑 마진을 악화시키고 있는 것이다. 더군다나, 미국에는 추수 감사절Thanksgiving Day, 매년 11월 넷째주 목요일, 블랙 프라이 데이Black Friday, 매년 추수 감사절 다음 날, 독립 기념일Independence Day, 매년 7월 4일 등 대형 프로모션promotion 기간이 있다. 미국의 통계학적 가격 편차 기법DPA or DPM에 따르면 이 기간에 이루어진 프로모션promotion 판매들은 표적 덤핑targeted dumping 및 제로잉zeroing의 아래에 놓일 가능성이 기하급수적으로 증가하게 된다.

14세기 영국 프란체스코 수도회의 수사修士, brother이자 철학자였던 오캄William of Ockham, Occam(1280~1349)은 '오캄의 면도날Ockham's Razor'로 알려진 금언金言을 남겼다. "많은 것들을 필요 없이 가정해서는 안 된다plurality is never to be posited without necessity", "더 적은 수의 논리로 설명이 가능한 경우, 많은 수의 논리를 세우지 말라it is pointless to do with more what can be done with fewer"가 바로 그것이다. 이해 당사자의 예측 가능성predictability은 담보하지 못한 채 복잡스럽기만 한 제도가 있다면 그것은 그 원천에서 기본 소임을 다하지 못하는 것이다.

앞의 [표 5.10]의 우측 하단에서 확인되는 것과 같이, 미국은 WTO에서 패소할 때마다 덤핑 마진을 과다 산정할 수 있는 신규 기법을 고안함으로써 WTO 분쟁 결과에 대응해 왔다. 1995년 WTO 출범 전 미국의 제로잉zeroing은 음수(−) 덤핑 마진을 소박한 형태로 제로zero로 치환하는 비교적 단순한 구조였고, 이는 '1세대 제로잉1st generation zeroing'으로 일컬을 수 있다. 이 1세대 제로잉1st generation zeroing은 유럽 vs. 미국 사이의 WTO 美 제로잉 방법론 분쟁US-Zeroing(EC), WTO 사건 번호 DS294(2003~09)에서 WTO 협정 위반으로 판정받았다. 2006년 5월의 사건이었다'06.4월 판정 & '06.5월 채택. 이후 미국은 2008년 1월에 '2세대 제로잉2nd generation zeroing'으로 명명할 수 있을 통계학적 가격 편차 기법을 도입했다. 그리고, 이 2세대 제로잉2nd generation zeroing은 또다시 WTO 한−미 세탁기 분쟁United States−Anti−Dumping & Countervailing Measures on Large Residential Washers from Korea, WTO 사건 번호 DS464(2013~19)에서 사형 선고를 받게 되었다. 이런 맥락에서, 본 절에서 소개되는 WTO 한−미 세탁기 분쟁은 미국의 제로잉 규제에 관한 WTO 분쟁사史에서 한 획을 긋는 기념비적인 사건이라고 할 수 있다. 미국의 '3세대 제로잉3rd generation zeroing'은 어떤 형태로 세계 경제 통상의 세계에 발을 딛게 될 것인지 주목하게 된다.

6장
美 트럼프 행정부의
엔트로피 통상 정책

모든 생물체는 주변 환경에서 가능한 한 많은 것을 변화시켜 자신을 위해
사용하려는 일종의 제국주의자이다.

－ 버트란드 러셀 －

　　위의 구절은 20세기 영국의 수학자, 철학자이자 사회 비평가였던 버트란드
러셀Bertrand Arthur William Russell(1872~1970)의 통찰력 있는 금언金言들 중 하나이
다. 자유 무역 옹호론자인 동시에 반反, anti제국주의 운동가로도 활동했던 그는,
인류를 포함한 모든 생물체를 주변 환경을 변화시켜 자신을 위해 사용하려고 하
는 하나의 '제국주의자imperialist'로 표현했다. 미국을 하나의 거대한 생명체로 비
유한다면 美 트럼프 대통령Donald John Trump(1946~)은 그 거대한 생명체의 정점
에서 조타수操舵手, 키잡이를 쥐고 있는 인물이다. 이 트럼프 대통령의 인도 아래
에 놓여 있는 미국이라는 거대한 생명체가, 외부의 통상 환경을 변화시킴으로써
그 변화를 자신의 국익을 위해 사용하려고 하는 최근의 여러 움직임들은, 버트
란드 러셀의 시각으로 볼 때 하나의 '통상 제국주의trade imperialism'로 비춰질 수
있을 것이다.

　　2017년 1월 미국의 트럼프 행정부 출범 이후, 미국은 불공정 무역unfair trade
에 대한 시정을 명분으로 통상 규제를 쏟아 내는 '규제의 패권국'이 되어 가고
있다. 美 워싱턴 DC에 소재하고 있는 통상 로펌들은 '트럼프 특수'에 선례를 찾
을 수 없는 호황을 누리고 있다. 반면에, 통상 규제에 찬성했던 美 현지 업체들
조차도 그들이 예상치 못했던 또다른 영역에서의 갑작스런 통상 규제로 인해 경
영 실적의 악화를 토로하곤 한다.

본서 5장의 「제도적 축의 시대와 그 설계자 미국」에서 다루어진 것과 같이, 전통적으로 미국은 세계 정치 경제의 설계자이자 파수꾼이었다. 이러한 미국임에도 불구하고, '美 우선주의America First'를 내세우며 당선된 트럼프 대통령은 WTO가 미국의 이익을 훼손하고 있음을 지적하면서 WTO 탈퇴 가능성을 공공연히 시사하기도 한다. 미국이 초석을 놓은 세계 경제 통상의 질서가 역설적으로 미국에 의해 다시 위태로워질 수 있는 상황에 직면하게 된 것이다. 이 역설적 상황을 이해하기 위해, 트럼프의 美 정부 조직 개편을 논의의 출발점으로 삼기로 한다.

트럼프 4두 마차 체제와 피터 나바로 위원장

표 6.1 **트럼프 행정부의 4두 마차 체제**

President Trump creates holding company structure for the White House

Brian Wang | January 3, 2017

President elect Trump has re-organized the White House structure into a holding company like setup.

Last week, a new White House entity called the National Trade Council (NTC) was unveiled to oversee many of the same responsibilities of the NEC (National Economic Council) and the USTR (United States Trade Representative). On Tuesday, it announced that it is re-establishing the HSC (Homeland Security Council) as a separate agency.

The transition team also announced the creation of a position called the "special representative for international negotiations," to be filled by a Trump Organization executive vice president and lawyer who will be involved in all U.S. negotiations around the world.

There are now have four major interagency councils in the White House —
* NSC (national Security Council)
* NEC (National Economic Council)
* NTC (National Trade Council)
* HSC (Homeland Security Council)

The structure resembles a loose holding company, which is similar to how the Trump corporation was organized.

Reports from within the Trump Organization say Trump was not that day-to-day manager. He focused on building the brand, being its face, its messenger. He would dip in and make a few decisions on key deals or an element of a construction project — but leave the rest to his managers.

President Carter and Obama were micromanagers.

* 출처: Next Big Future(https://nextbigfuture.com/)

앞의 [표 6.1]은 트럼프 행정부 출범 직후인 2017년 1월 3일에 美 블로그 채널 중 하나인 Next Big Fututue社에 게재된 글을 인용한 것이다. 同 게재문에 따르면, 美 트럼프 대통령은 그의 백악관을 사업가로서의 '트럼프 회사Trump corporation'와 유사한 형태인 '지주 회사holding company' 체제로 운영하게 된다. 그리고, 이 지주 회사loose holding company 체제의 중심에는, (1) 국가안보委NSC, national security council, (2) 국가경제委NEC, national economic council, (3) 국가무역委 NTC, national trade council, (4) 내국안보委HSC, homeland security council라는 4개 위원회가 놓여 있게 된다. 이것은 트럼프의 행정부의 국정 운영이 '4두 마차 체제 quartarchy system'로 작동하게 됨을 뜻하는 것이다. 그런데, 이 4두 마차 체제 quartarchy system에서 트럼프 행정부가 특별히 신설한 위원회가 하나 있다. '국가무역委NTC, national trade council'가 바로 그것이다. 이것이 뜻하는 바는 무엇일까?

다음의 [표 6.2]의 좌측에 위치한 도표는 앞의 [표 6.1]의 게재문을 재구성한 것이다. 트럼프 행정부의 4두 마차 체제quartarchy system는 안보, 경제, 통상, 테러의 4대 영역으로 대별된다. 그리고, 안보 영역은 국가안보委NSC, national

표 6.2 **트럼프 행정부와 피터 나바로**

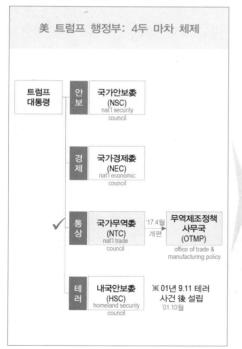

* 출처: 美 백악관(https://www.whitehouse.gov/)

security council가 경제 영역은 국가경제委NEC, national economic council가 통상 영역은 국가무역委NTC, national trade council가 테러 영역은 내국안보委HSC, homeland security council가 국정 운영의 사령탑으로서 그 기능을 수행하게 된다. 이 가운데, 국가안보委NSC, national security council와 국가경제委NEC, national economic council는 미국의 안보, 경제 현안을 통할하기 위한 고전적, 전통적 위원회의 성격을 갖는 반면에, 내국안보委HSC, homeland security council는 2001년 9.11 테러 사건 직후인 2001년 10월에 창설되었다는 점에서 특징적이라고 할 수 있다. 한편, 트럼프 행정부가 새롭게 설립한 국가무역委NTC, national trade council는 미국의 통상 현안을 실효적, 선제적으로 관할하기 위해 '특별히' 설립되었다. 그리고, 그 초대 위원장으로는 통상 영역에서 다양한 저술, 강연 활동을 보여 온 對 중국 강경론자 피터 나바로Peter Navarro(1949~)가 선임되었다. 同 국가무역委NTC, national trade council는 2017년 4월에 그 조직이 개편되어 무역제조정책사무국OTMP, office of trade & manufacturing policy으로 실질적인 권한이 이관되었는데, 초대 사무국장으로는 국가무역委NTC, national trade council와 마찬가지로 피터 나바로가 임명되었다. 이하에서는, 호칭상의 혼선을 피하기 위해, 그를 '국가무역委NTC, national trade council 초대 위원장'으로 통일하기로 한다.

피터 나바로Peter Navarro(1949~)는, 앞서 언급된 것과 같이, 2017년 1월 출범한 트럼프 행정부 내에 신설된 국가무역委NTC, national trade council의 초대 위원장이다. 美 하버드 대학교에서 경제학 박사 학위를 취득한 후 캘리포니아 얼바인 대학교UCI, University of California, Irvine 경영 대학원 교수로 재직하면서 다양한 저술, 강연 활동을 보여 온 對 중국 강경파이다. 트럼프 대통령은 그의 저서를 언급하며 "명확하고 철저한 연구와 주장에 감명을 받았다", "세계화로 미국 노동자와 중산층이 입고 있는 피해를 알리고 이를 회복할 방법을 제시했다"고 극찬한 바 있다. 피터 나바로는 미국의 통상 정책 및 '바이 아메리카Buy America', '하이어 아메리카Hire America' 프로그램 운영의 중심에 서 있는 인물이다. 이런 맥락에서, 피터 나바로에 대한 이해는 트럼프 행정부의 통상 기조 및 對 중국 통상 정책을 이해할 수 있는 핵심적인 단서를 제공하고 있다고 할 수 있다.

트럼프 집권 이후 미국의 통상 정책은 '중국 때리기China bashing'에 집중되고 있다. 그렇다면 이 중국 때리기China bashing는 어떻게 이해할 것이고 어떤 영역, 어떤 수준으로까지 확대 재생산될 것인가? 이에 대한 단서를 잡기 위해 저술을 통해 확인되는 피터 나바로의 對 중국 통상 정책을 살펴 보도록 하자.

표 6.3 피터 나바로의 對 중국 봉쇄 전략

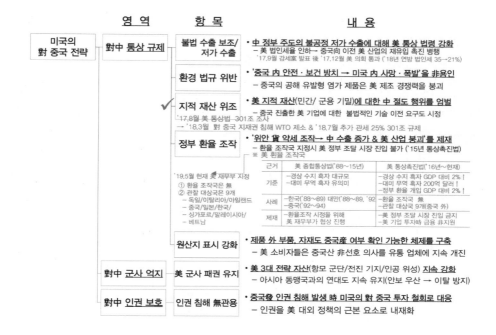

앞의 [표 6.3]은 피터 나바로의 對 중국 봉쇄containment 전략의 핵심이 담겨 있는 그의 <중국에 의한 종말Death by China (2011)> 우리 나라에는 〈중국이 세상을 지배하는 그날〉이란 도서명으로 번역 출간. 지식갤러리, 2012년, <웅크린 호랑이Crouching Tiger (2015)> 우리 나라에도 〈웅크린 호랑이〉란 도서명으로 번역 출간. 레디셋고, 2017년의 내용을 도식으로 종합한 것이다. 피터 나바로의 <중국에 의한 종말Death by China(2011)>이 통상 영역에서의 對 중국 통상 전략을 담고 있다면, 그의 <웅크린 호랑이 Crouching Tiger(2015)>는 안보 영역에서의 對 중국 군사 전략을 처방하고 있다. 피터 나바로에 따르면, 중국은 정부 보조금government subsidy, 지적 재산권intellectual properties, IPs 절도 등 불공정한 방식으로 미국의 부富를 강탈하고 있고, 강탈을 통해 축적된 경제적 이득을 중국이 군사 패권국으로 도약하는 유용한 자원으로 수단화하고 있다. 이런 까닭에 중국에 대한 강력한 제재는 불가결하고 對 중국 불공정 무역 규제는 이러한 악의적인 악순환의 고리를 끊는 제1의 지상명령至上 命令이라는 것이 그의 양대 저작의 요체이다.

피터 나바로가 처방하고 있는 미국의 對 중국 전략은 (1) 통상 규제, (2) 군사 억지, (3) 인권 보호의 세 가지 영역으로 나누어 볼 수 있다. 먼저 (1) 통상 규제 영역에 있어서의 그의 주장은, ① 불법 수출 보조 및 저가 수출 규제, ② 환경 법규 위반 규제, ③ 지적 재산권 위조 규제, ④ 정부 환율 조작 규제, ⑤ 원산지 표시 강화라는 다섯 가지 항목으로 범주화할 수 있다.

첫째, ① 불법 수출 보조 및 저가 수출 규제이다. 피터 나바로에 따르면, 중국 정부 주도의 불공정 저가 수출에 대해 美 통상 법령을 강화해야 한다. 이와 더불어, 중국의 저가 수출로 인해 약화된 美 역내 산업의 경쟁력을 제고하기 위해 미국 내에서의 법인세율을 인하해야 하고 중국으로 이전되었던 美 산업의 미국으로의 재유입도 그 촉진을 병행해야 한다. 실제로 미국은 2017년 9월 법인세 인하를 위한 감세案을 발표했고, 2017년 12월에 同 감세案이 美 의회에서 통과되었다. 2018년부터 美 연방 법인세는 35%에서 21%로 인하되었다.

둘째, ② 환경 법규 위반 규제이다. 피터 나바로에 따르면, 중국은 저가 제품의 양산을 위해 안전, 보건상의 위험을 방치하고 있고, 안전, 보건상 문제가 있는 중국산 제품들이 미국으로 유입되어 美 국민의 사망과 제품 폭발 사고를 야기하고 있다. 그에게 있어서 미국 내 사망, 폭발 사고는 어떤 경우에도 용인되어서는 안 되고, 피터 나바로는 중국의 공해 유발형 염가 제품들이 미국의 제조 경쟁력을 붕괴시키고 있음에 경고를 보내고 있다.

셋째, ③ 지적 재산권 위조 규제이다. 피터 나바로에 따르면, 중국은 미국의 민간, 군용 기밀 등 지적 자산을 절도하고 있고, 미국은 이러한 중국의 절도 행위에 대해 엄벌과 처단으로 대응해야 한다. 이와 더불어, 중국 정부가 중국에 진출하는 미국 기업들에 대해 요구하고 있는 불법적인 기술 이전 요구에 대해서도 지속적으로 시정을 촉구해야 한다. 트럼프 대통령 취임 첫 해인 2017년에 美－中 분쟁의 도화선이 되었던 美 통상법Trade Act of 1974 301조 조사'17.8월 개시 &'18.7월 규제는 중국의 이 지적 재산권 절도 행위에 대한 미국의 통상 대응 조치였다. 2018년 3월 미국의 트럼프 행정부는 중국의 美 지적 재산권 침해를 이유로 WTO에 제소했고, 2018년 7월부터는 미국으로 유입되는 중국산 제품에 대해 추가 관세 25%를 추징하기 시작했다.

넷째, ④ 정부 환율 조작 규제이다. 피터 나바로에 따르면, 중국 정부의 위안Chinese yuan, CNY화 약세 조작으로 인해 중국의 對 미국 수출은 증가하고 있는 반면에, 미국의 역내 산업은 붕괴되고 있다. 따라서 이에 대한 제재는 불가피하다. 이와 관련, 미국은 '1988년 종합통상법Omnibus Trade & Competitiveness Act of 1988'을 통해 환율 조작국을 심사, 지정해 왔는데, 2016년부터는 '2015년 통상촉진법Trade Facilitation & Trade Enforcement Act of 2015'이 시행되면서 그 심사 기준이 보다 정교화되었다.

同 법에 근거한 '환율 조작국enhanced analysis, 심층 분석 대상국'이란, (i) 대상국가의 경상 수지 흑자가 GDPgross domestic product, 국내 총생산의 2% 이상at least 2 percent이면서, (ii) 대상 국가의 對 미국 무역 흑자가 200억 달러 이상at least $20 billion인 동시에, (iii) 대상 국가 정부의 환율 개입정부 기관에 의한 '외환 순매입(net purchase of foreign purchase)'이 1년 중 6개월 이상이 GDPgross domestic product, 국내 총생산의 2% 이상at least 2 percent인 국가이다美 재무부(USDT, United States Department of Treasury)의 '19.5월 對 의회 환율 조작국 보고서 기준. 美 재무부USDT, United States Department of Treasury가 환율 조작국 보고서를 美 의회에 제출한 2019년 5월 당시까지만 해도, 美 재무부가 지정한 '환율 조작국enhanced analysis, 심층 분석 대상국'은 없는 상태였다. 독일, 이탈리아, 아일랜드, 중국, 일본, 한국, 싱가포르, 말레이시아, 베트남의 총 9개국만이 '관찰 대상국monitoring list'으로 지정되어 있을 뿐이었다. 그런데 2019년 8월 5일 스티븐 무누신Steven Mnuchin(1962~) 美 재무부 장관은 트럼프 대통령의 지원 아래에서 중국만을 특정해 환율 조작국으로 전격 지정했다. 2017년 美 통상법trade act of 1974 301조 조사'17.8월 개시 & '18.7월 규제로 촉발된 美-中 통상 분쟁의 소용돌이 속에서, 중국 위안chinese yuan, CNY화가 달러당 환율 '7위안을 넘는파치, 破七' 수준으로까지 그 가치가 떨어진 것이 핵심 원인이었다. 미국이 보기에 중국 정부는 '對 중국 추가 관세 추징'이라는 美 통상법 301조 규제를 상쇄하고 對 미국 수출을 유지, 확보한다는 국가 목표 아래에서, 적극적이면서도 조직화된 형태로 '위안화 가치 하락'이라는 외환 조작을 정책화한 것이다. 미국의 중국에 대한 환율 조작국 지정은 美 클린턴Bill Clinton(1946~) 행정부 당시인 1994년 이후 25년만이다. 환율 조작국enhanced analysis, 심층 분석 대상국'으로 지정되면, 해당 국가는 美 정부 조달 시장에 진입이 금지되고 해당 국가에 투자한 미국 기업은 미국으로부터 금융 지원을 받을 수 없게 된다.

다섯째, ⑤ 원산지 표시 강화이다. 피터 나바로에 따르면, 제품뿐만 아니라 부품, 자재에 대해서도 중국산 여부를 확인할 수 있는 체제를 구축해야 한다. 그리고, 미국 소비자들은 중국산을 선호하지 않는다는 강력한 신호를 미국 내 유통 업체들에게 지속적으로 보내어 미국 내에서 중국산이 확대되지 않도록 거세해야 한다. 쉽게 말해, 미국 내에서 '중국산 불매 캠페인'이 필요하다는 것이다. 이와 관련, 美 통상법Trade Act of 1974 301조 규제로 상징되는 최근의 美－中 통상 분쟁은 미국으로 유입되는 제품들에 대한 美 세관의 원산지rules of origin, RO 검증 강화로 이어질 수 있음에 수출 기업들의 각별한 유의가 필요하다.

다음으로, 피터 나바로는, (2) 군사 억지 영역에 대해, 미국이 '중국에 의한 종말'을 예방하고 현재의 군사 패권을 유지하기 위해서는 항모항공 모함 군단, 전진 기지, 인공 위성 등 美 3대 전략 자산을 지속적으로 강화해야 함을 강조한다. 아울러, 아시아 동맹국과의 연대를 지속적으로 유지해야 하고, 이는 안보 우산의 제공을 통한 이탈 방지로써 가능함을 대안으로 제시한다.

마지막으로, (3) 인권 보호 영역에 있어서, 그는, 중국 정부에 의한 인권 침해가 발생하는 경우 중국에 대한 투자 철회로 미국이 대응해야 함을 처방한다. 인권을 미국 대외 정책의 근본 요소로 내재화함으로써 교도소 노동 등 인권 침해에 기반해 양산되는 중국산 저가 제품들이 미국 내 판매되는 것을 원천적으로 봉쇄해야 한다는 것이다.

2017년 트럼프 행정부 출범 이후 가속화되고 있는 미국의 '중국 때리기China bashing' 통상 정책은, 지금까지 살펴 본 피터 나바로의 對 중국 봉쇄 전략에 기초하고 있고 美－中 통상 분쟁의 모습으로 현재화되고 있다. 그렇다면 미국의 통상 규제 수단에는 어떠한 것들이 있고 그것들의 법적, 제도적 기초는 무엇일까? 다음 절에서는 「미국의 통상 규제 체계와 美 통상법 301조」라는 제목 아래에 이와 관련된 논의를 진행하기로 한다.

○ **피터 나바로의 對 중국 통상 전략, 〈중국에 의한 종말〉**

총 5부로 구성된 <중국에 의한 종말Death by China (2011)>에서 피터 나바로는, 경제·환경(1~2부), 정치·군사(3부), 인권(4부)의 측면에서 '평화롭지 못하게' 부상하고 있는 위험 국가로서의 중국에 대해 경종을 울리면서, 전 지구적 차원의 공존을 위한 미국 주도의 생존 지침(5부)을 제시하고 있다. 먼저 경제·환경 영역에서, 저자는 '중국 때리기China bashing'의 포문을 연다. 비양심적인 중국 기업들이 소비자 안전 측면에서 전 세계를 위험 제품에 노출시키고 있는 바, 발암,

유독 성분이 포함된 중국發 의류, 유아용 장남감, 심지어는 치료용 약품까지 인류의 생명을 앗아가고 있으며, 안전성 검증이 이루어지지 않은 중국산 전자 제품들이 세계 도처에 수출되어 폭발, 발화, 감전 사고를 일으키고 있다.

이러한 중국 기업들의 비양심적인 행태들의 이면에는 중국 공산당식 변칙적인 '국가 자본주의'가 자리를 잡고 있다. 국가 자본주의의 대리인이자 중국 정부의 후원을 받고 있는 중국 대표 기업들은 중국식 중상주의와 보호주의의 비호 아래에 전 세계의 일자리를 강탈하고 있다. 피터 나바로는 이를 '일자리 파괴의 무기'로 명명하면서, 구체적으로는 불법 수출 보조금, 지적 재산의 무분별한 위조, 최소한의 안전도 담보하지 못하는 느슨한 환경 법규, 방치되고 있는 인신 매매 및 노예 노동력, 중국 정부에 의한 환율 조작을 지적하고 있다. 반면에, 미국 기업이 중국 현지 시장에 진출하기 위해서는 '보호주의 만리장성'을 넘기 위한 값비싼 '진입 비용'을 지불해야 한다. 중국 기업에 대한 보유 기술 이전 및 중국 국경 내로의 연구 개발 시설 이전이 그것으로서, 이와 같은 비대칭적인 교역 구조가 미국의 對 중국 무역 적자의 본질임을 저자는 강변한다. 더 나아가, 2001년 WTO[world trade organization, 세계무역기구]에 가입하면서 공언한 '중상주의, 보호주의의 종언'이라는 중국의 거짓 약속이 미국 내 의류, 섬유, 화학, 철강, 전자 등 제조 업계의 생존 기반을 붕괴시켰고, 이를 바탕으로 중국은 부가 가치의 상위 가치 사슬인 자동차, 항공, 태양열 및 풍력 발전, 최첨단 의료 장비 등 분야로까지 美 시장을 잠식하고 있음을 피터 나바로는 지적한다.

둘째는 정치 · 군사 영역이다. 중국은 UN 안전 보장 이사회[UN Security Council, UNSC]의 상임 이사국으로 UN 제재 조치에 대한 거부권을 보유하고 있으나, 이를 '세계의 공장'으로 부상한 자국의 자원 확보 수단으로 오도, 훼손하고 있다. 수단의 서쪽인 다르푸르[Darfur] 지역에서 있었던 인종 학살에 대한 UN 개입을 불발시킴으로써 수단 정부로부터 원유를 공급받은 것이 그 대표적인 사례이다. 중국은 UN의 세계 평화 유지 사명은 외면한 채, 자국의 21세기식 식민주의 정책을 가시화하기 위한 세계 원정을 가속화하고 있다. 아프리카, 아시아, 라틴 아메리카 전역에서 저금리 차관 및 인프라 구축을 제공하고 그 대가로 원료 및 현지 사업권을 획득하고 있는 것이다. 이는 해당 국가들의 현지 산업을 고사시켜 빈곤, 실업의 늪을 가져올 뿐만 아니라 중국에 의한 식민지화를 심화시킨다. 뿐만 아니라, 이러한 중국의 평화롭지 못한 경제 성장은 선례를 찾을 수 없는 속도와 규모의 군비 증강을 가져왔다. 핵 잠수함, 최신식 전투기, 탄도 미사일 등 해군 및 공군의 전면 현대화로 美 항공 모함에 대한 정확한 타격이 가능해졌고, 세계 최대 규모의 보병도 보유하고 있다. 중국의 해커와 스파이를 통해 美 군사 기밀을 빼내어

최첨단 병기를 개발하고 있고, 군사 패권국으로서 벼랑 끝 전술을 사용하며 영토, 항로 등 국제 분쟁에서 자국 중심의 비상식적인 행태를 보이고 있어 군사적 불안감도 조성하고 있다.

셋째로, 인권 영역과 관련해서는, 중국인들은 출신 성분을 기반으로 한 공산당 독재 및 극대화된 오웰식 전체주의—즉 조지 오웰George Orwell(1903~50)의 <1984(1949)>에 등장하는 '빅 브라더Big Brother'에 의한 감시 체제—가 잉태하는 위험에 직면해 있다. 중국 공산당은 반대 세력을 진압하기 위해 100만 명이 넘는 경찰·군사 병력을 갖추고 있고, 사이버 경찰 5만 명이 상주하며 개인들을 감시하고 있으며, 반대 세력은 재판도 받지 못한 채 강제 노동 수용소에 감금되고 총살, 독극물로 처형되고 있다. 이와 같은 억압적 독재 전체주의는 '세계의 공장'이 되고자 하는 중국의 공해 유발형 경제 성장 모델을 가능케 하는 원동력이 된다. 중국의 유독성 대기 오염 물질은 중국 내에서 살상 위협을 결과하고 있을 뿐만 아니라, 한국, 일본, 더 나아가 美 캘리포니아 등 서부 해안 도시에도 독성 폐기물을 투하하고 있다. 산성 비acid rain와 미세 먼지fine particulate가 그것이다. 정치적 폭압과 유독성 물질 속에, 많은 중국인들이 절대 빈곤에 시달리며 적절한 의료 혜택도 받지 못한 채 목숨을 잃어가고 있다.

이와 같은 사고의 궤적의 연장선상에서, 피터 나바로는 베이징發 위협을 극복하기 위한 생존 지침 혹은 로드맵을 다음과 같이 처방한다. 먼저, 미국의 정치계, 기업 및 언론은 중국의 온당치 못한 행보에 대해 침묵의 관행을 끊어야 한다. 저자에 따르면, 현재 미국 내 對 중국 주류 시각은 명시적으로나 묵시적으로 중국에 공모하고 있다. 제너럴 모터스General Motors, GM, 마이크로소프트Microsoft, MS와 같은 美 대기업들도 자신들의 이윤을 중국에서 창출하기 위해 중국과 이권을 공유하고 있다. "네 이웃을 거지로 만들라"는 중국의 現 통상 정책에 대해 미국 내에서도 합법적인 방어 논리 및 수단을 진지하게 고민하고 이와 관련한 논의를 공론화, 활성화시켜야 한다. 다음으로, 중국發 위험을 제어하기 위한 실천적인 행동들이 수반되어야 한다.

(1) 경제·환경 영역에서, 美 의회는 자유·공정 통상 법령을 강화하여, 불법 수출 보조금, 지적 재산 위조, 환경 법규 위반, 정부에 의한 환율 조작 등이 있는 경우 강력한 무역 제재가 부과될 수 있도록 해야 하고, 美 정부는 원산지 표시 규정을 강화하여 완제품뿐만 아니라 그 부품 및 원료에 대해서도 중국산 여부를 확인할 수 있도록 명문화해야 한다. 美 소비자들도 유통 업체에 중국산 제품을 선호하지 않음을 명확히 지속적으로 알려 유통 업체들이 자발적으로 자신들의 판매 제품 구성을 바꿀 수 있도록 유도해야 한다. (2) 한편, 정치·군사 영역은 중국의 '일자

리 파괴 무기'부터 해제시켜야 한다. 프로이센의 군사 전략가인 칼 폰 클라우제비츠Carl von Clausewitz(1780~1831)가 "전쟁은 그 수단은 다르지만 정치의 연속"이라고 그의 <전쟁론On War(1832)>에서 설파한 것과 같이, 오늘날 중국의 급속한 군비 증강은 중국 경제 성장의 연속임을 인식해야 한다. 미국의 對 중국 무역 적자는 중국의 군사적인 부상에 필요한 자금을 자발적으로 제공하는 것과 같고, 이러한 측면에서 對 중국 불공정 무역에 대한 규제는 미국이 취할 수 있는 최선의 對 중국 국가 방위라고 할 수 있다. (3) 아울러, 인권 영역에 있어서는, 인권을 미국 대외 정책의 근본 요소로 채택하고, 중국의 인권 침해 사안에 대해 미국의 對 중국 투자 철회로 대응하는 것이 필요하다.

피터 나바로의 對 중국 안보 전략, 〈웅크린 호랑이〉

<웅크린 호랑이Crouching Tiger(2015)>에서 피터 나바로는, 미국이 서구를 지배한 방식을 모방하면서 아시아에 대한 지배력을 강화하고 있는 중국을 '웅크린 호랑이crouching tiger'로 빗대어 표현하고 있다. 본서가 출간되기 15년 전 개봉된 대만 출신 리안 감독의 영화 '와호장룡臥虎藏龍, Crouching Tiger, Hidden Dragon (2000)'의 제목을 연상시키는 이 책의 제목은, 발톱을 드러내지 않고 웅크리고 있는 '와호臥虎' 중국이 정치, 군사적으로 미국을 위협하는 위험 국가로서 '평화롭지 않게' 부상할 수 있음을 경고하고 있다.

본서는 총 6부로 구성되어 있다. 피터 나바로는 가까운 미래에 초강대국 미국과 새로운 도전자 중국 간에 전쟁이 발발할 수 있다는 가정 위에서, 우선 중국의 군사적 의도 및 美－中 갈등의 근본 원인을 진단한다(1부). 다음으로, 그 군사력을 평가하면서 아시아에서의 美 지역 패권 대체를 위한 중국發 영유권 분쟁 및 전시 상황을 소개하고 갈등의 도화선 및 발생 가능한 궤적을 추적한다(2~4부). 마지막으로, 美－中 갈등의 극복 및 세계 평화를 담보하기 위해 미국 주도의 힘에 의한 평화(5~6부)를 대안으로 제시하고 있다.

먼저, 중국의 군사적 의도이다. 근·현대사는 중국에게 1839년 아편 전쟁1839~60 발발로부터 1945년 중－일 전쟁1937~45 종료까지의 '치욕의 100년'을 경험케 했고, 이 기간 동안 중국인들은 군사 지배, 영토 할양, 전쟁 배상, 대량 학살 등 피지배국이 겪을 수 있는 거의 모든 깊은 상처를 받았다. 외세 침략으로부터의 국가 방위 확보라는 측면에서 중국의 군사 증강은 필연적이라고 할 수 있으나, 현재 중국의 군사력 강화는 이를 뛰어 넘어 경제 성장을 위한 적극적인 동기를 내포하고 있다. 중국이 세계 최대 제조국으로서 석유, 광물 등 에너지, 원자재를 수입하고 세계 각지로 중국산 제품을 수출하기 위해서는 안정적인 수송로의 확보가 필요하고, 미국과 같은 세계 규모의 군사 강국에 의해 수송로가 봉쇄되는 경우 대항을 위해서는 동등 수준 이상의 군사력이 지상 명령으로 요청되는 것이다. 뿐만 아니라, 중국은 자국의 강화된 군사력을 아시아에서의 지역 패권 강화를 위한 지렛대로 활용하려는 불순한 의도를 노정하고 있다. 저자는 중국을 순수하게 경제 협력을 추구하는 책임감 있는 국제 질서의 '현상 유지국'이 아닌 아시아 지역에서의 패권 확대라는 불순한 의도를 가지고 있는 '현상 타파국'으로 결론지으며, 美－中 양국이 '투키디데스의 함정Thucydides Trap'－상호 신뢰가 결여된 기존 패권국과 신흥 도전국 간의 피할 수 없는 충돌－의 비극으로 치달을 수 있음을 시사한다.

둘째는, 중국의 군사력 및 중국發 전시 상황이다. 피터 나바로는 중국 군사력의 원천을 '비대칭', '비동적' 역량이라는 개념적 렌즈로 조망하고 있는 바, (1) 먼저 중국군의 '비대칭asymmetric' 역량에 있어서는, 미국의 군사력은 기술력 우세에, 중국의 군사력은 양적 우세에 기초하고 있다. 중국은 여전히 미국과의 전면전에서 승리를 담보할 기술력은 열세에 있지만, 특정 지역에서의 국지전 발생 시에는 저정밀 염가의 기뢰, 미사일 등의 대량 투하를 통해 미군의 기술력을 무력화할 수 있는 양적 역량을 보유하고 있고, 지속적인 중국의 경제 성장은 '양이 곧 질'이 되는 역설적인 국면을 촉진할 것이다. (2) 다음으로, 군사력 사용에 제약이 많은 현대 사회에서 중국은 '비동적非動的, non-kinetic' 역량을 강화하고 있다. "펜은 칼보다 강하다"는 격언에서 간취할 수 있듯이, 중국은 '삼전三戰, three warfare'을 통해 상대국 및 그 시민을 교란시키고('심리전'), 국내외 여론을 조작하며('여론전'), 국제 협약을 중국에 유리하게 해석, 왜곡하고 있다('법률전').

중국의 공산당 지도부는 세계의 공장인 '중국의 시대'가 도래했다고 생각하고 있고 동시에 미국은 회복 불가능한 하락세에 접어들었다고 판단하고 있다. 그리고 이러한 중국 지도부의 확신은 일말의 겉치레도 찾을 수 없는 도발적인 행동으로 극단화되고 있다. 민주주의 여정을 성공적으로 완수 중인 대만에 대한 격리, 동중국해 및 남중국해 해상의 전략적 요충 도서들에 대한 영유권 주장, '문제아' 김정은의 북한 정권에 대한 비상식적 옹호 등이 그 구체적인 도발의 현장으로서, 이와 같이 공격적이고 극단적인 국수주의는 중국 내 정치, 경제적 불안정에 대한 처방으로 악용되면서 가속화의 악순환을 밟고 있다. 중국 북단의 고비 사막에는 美 항공 모함을 겨냥한 對 항공 모함 탄도 미사일이 실험 중에 있고, 중국 중부의 쓰촨성四川省 시창시西昌市 위성 발사 센터에서는 美 우주 산업의 군사적 우위를 봉쇄할 對 인공 위성 격추 무기가 시험 중에 있다. 중국 최남단의 하이난 섬海南島에서는 거대 잠수함 기지가 지하에 구축되어 있어 대륙간 탄도 미사일intercontinental ballistic missile, ICBM을 탑재한 원자력 잠수함이 언제라도 은밀히 출격할 수 있다. 뿐만 아니라, 중국은 미로처럼 뒤얽힌 지하 터널로 총 4,800킬로미터에 이르며 핵탄도 미사일을 보관하고 있는 '지하 만리만성'을 지속 개발하고 있다.

결론적으로, 피터 나바로의 시각에서, 중국의 군사 증강은 자유와 미국을 위협하는 중국의 도전이고, 美－中 갈등의 본질은 열린 민주주의 체제와 닫힌 독재주의 체제 사이의 생존을 위한 대립으로서, 이 두 체제 중 하나만이 살아 남을 수 있는 것이다. 이러한 맥락에서, 저자는 '의미 없는 평화로 향한 길'을 거부하고, 아시아에서 미국 주도의 '힘에 의한 평화'를 유지하라는 처방을 제시한다. 한 국가의 힘은 '종합 국력comprehensive national power'으로 일컬어질 수 있고, 이에는 정치, 군사 영역의 경성 권력hard power, 경제, 사회, 문화 영역의 연성 권력soft power이 포함된다. 저자가 본서에서 제시하고 있는 '힘에 의한 평화'는 연성 권력에 기초한 평화인 바, 구체적으로는 美 경제력에 의한 평화를 의미한다. 저자에 따르면, 미국이 자국의 국가 안보 수준을 강화하면서 아시아 지역 내의 평화를 개선하기 위해 최우선적으로 추진할 정책은, (1) 우선 美 동맹국들과 연대하여 '중국산' 제품에 대한 의존도를 낮추는 것이다. 美 동맹국들과의 정책 공조 아래에 對중국 무역 관계의 균형 재조정 혹은 중국의 불공정 무역 관행에 대한 개선이 이루어진다면, 미국과 그 동맹국들은 종합 국력을 강화하는 데 불가결한 제조 기반과 성장 동력을 확보할 수 있을 것이고, 중국 자체는 경제 성장의 속도가 늦춰지면서 군비 확장의 규모와 수준도 완화될 것이다. (2) 이는 미국 내 법인세율을 인하해 중국 등 해외로 이전한 미국의 공장과 일자리가 미국으로 재유입될 수 있도록 제도적인 유인 체계를 마련함으로써 그 효과를 극대화시킬 수 있다. (3) 또한 중국에 의한 민간·군사 지적 재산권 절도 행위에 대해 엄벌하는 '무관용' 정책이 취해져야 하고, 중국에서 활동하는 美 기업에 대한 중국 정부의 불법적인 기술 이전 요구에 대해서도 단호하게 대처해야 한다. (4) 마지막으로 美 경제의 장기 번성을 위한 일자리 맞춤형 인재 육성을 위한 교육 제도의 개혁도 병행되어야 한다.

이와 더불어, 피터 나바로는 저자가 제시한 정책 처방이 정상적으로 작동하기 위해서는, 외부의 적인 중국뿐만 아니라 미국 내의 공모자들도 함께 처단되어야 함을 강변한다. 독재 정권인 중국은 미국과 같은 열린 민주주의 국가의 정치 과정에 광범위한 영향력을 행사할 수 있는 반면에, 민주주의 국가인 미국은 폐쇄적이고 불투명한 중국의 독재 정권에 영향력이 봉쇄되는 불균형이 존재하는 것이다.

미국 내의 영세 제조 업체들은 중국으로부터 야기되는 불공정 무역에 대한 규제를 호소하고 있는 반면에, 중국에 생산 거점을 둔 애플Apple, 제너럴 모터스 General Motors, GM와 같은 대형 다국적 기업들은 중국과의 공모를 통해 이윤을 향유하고 있는 갈등 관계가 미국 내의 '자기 분열'을 보여주는 대표적인 사례이다. 이와 같은 미국 내 분열은 동종 업계뿐만 아니라 이종 업계 사이에서도 나타나고 있다. 오하이오 주州 내의 애크런, 클리블랜드 등 공업 도시에 거주하는 공장 노동자들은 자신들이 직면한 실직 위기의 직접적인 원인을 제공한 중국에 대해 강력한 무역 제재를 주장하고 있는 반면에, 같은 주州 내의 다크 카운티, 매디슨 카운티 등 농업 지역에 거주하고 있는 농민들은 옥수수, 대두를 키워 중국에 수출하고 있는 까닭에 중국에 대한 무역 균형 재조정에 공공연히 반대하고 있다.

미국의 통상 규제 체계와 美 통상법 301조

다음의 [표 6.4]에는 미국의 통상 규제 체계가 (1) '반덤핑', (2) '상계 관세', (3) '수입 급증' 세이프가드, (4) '국가 안보' 세이프가드, (5) '국제 수지' 세이프가드, (6) '일반 예외' 세이프가드, (7) '일반 301조', (8) '슈퍼 301조', (9) '스페셜 301조', (10) '통신 301조'의 총 10가지의 수입 규제를 중심으로 도식화되어 있다.

미국의 통상 규제 체계는, '1930년 관세법Tariff Act of 1930'과 '1974년 통상법 Trade Act 1974'을 양대 축으로 하고 있다. 법명法名 자체에 제정 연도인 '1930년', '1974년'이 포함되어 있다. 美 의회에 의해 변경 사항들이 입안, 확정되는 경우, '1930년', '1974년'이라는 제정 연도가 포함된 同 법명은 유지한 채, 관련 조문들만 추가, 변경, 삭제의 형태로 개정되고 있는 점이 특징적이라고 할 수 있다.

앞의 [표 6.4]의 좌측에 구분되어 있는 것과 같이, 美 통상 규제 체계는 'WTO 무역 구제 제도'와 '미국의 일방적 개방 요구'로 양대별되고, 전자前者에는 본서의 제2~4장에서 다루어진 반덤핑anti-dumping, AD, 상계 관세countervailing duty, CVD, 세이프가드safeguards, SG 등 WTO 무역 구제trade remedy 제도가 포함된다. 그리고, 후자後者에는 '301조 규제'로 명명되는 美 통상법Trade Act of 1974

표 6.4 미국의 통상 규제 체계

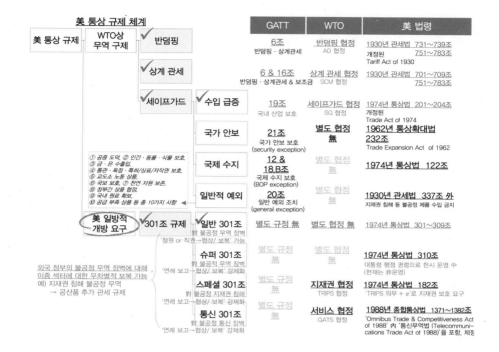

GATT	WTO	美 법령
6조 반덤핑·상계관세	반덤핑 협정 AD 협정	1930년 관세법 731~739조 개정된 751~783조 Tariff Act of 1930
6 & 16조 반덤핑·상계관세 & 보조금	상계 관세 협정 SCM 협정	1930년 관세법 701~709조 751~783조
19조 국내 산업 보호	세이프가드 협정 SG 협정	1974년 통상법 201~204조 개정된 Trade Act of 1974
21조 국가 안보 보호 (security exception)	별도 협정 無	1962년 통상확대법 232조 Trade Expansion Act of 1962
12 & 18.B조 국제 수지 보호 (BOP exception)	별도 협정 無	1974년 통상법 122조
20조 일반 예외 조치 (general exception)	별도 협정 無	1930년 관세법 337조 外 지재권 침해 등 불공정 제품 수입 금지
별도 규정 無	별도 협정 無	1974년 통상법 301~309조
별도 규정 無	별도 협정 無	1974년 통상법 310조 대통령 행정 명령으로 한시 운영 中 (현재는 非운영)
별도 규정 無	지재권 협정 TRIPS 협정	1974년 통상법 182조 'TRIPS 의무 + α'로 지재권 보호 요구
별도 규정 無	서비스 협정 GATS 협정	1988년 종합통상법 1371~1382조 'Omnibus Trade & Competitiveness Act of 1988' 內 '통신무역법 (Telecommuni-cations Trade Act of 1988)'을 포함, 제정

301조 조치가 포함된다.

그렇다면 'WTO 무역 구제 제도'와 '미국의 일방적 개방 요구'는 어떤 차이가 있는 것일까? 반덤핑, 상계 관세, 세이프가드 등 WTO 무역 구제 조치는 모두 '방어적defensive' 견지에서 발동된다. 반덤핑, 상계 관세 등 불공정 무역unfair trade에 대한 규제이든, 세이프가드와 같은 공정 무역fair trade에 대한 예외이든 모두 수입국 내 유입 증가에 따른 역내 산업을 보호하려는 '방어적defensive' 관점에서 발동되는 것이다. 반면에, 301조 규제로 압축되는 美 일방적 개방 요구는 '공격적offensive' 견지에서 발동된다. 미국 기업이 해외에 사업을 진출하면서 외국 정부로부터 요구받는 불공정 무역 장벽이 존재하는 경우, 美 정부 차원에서 그 시정을 요구하며 무차별적으로 보복할 수 있는 '공격적offensive' 규제인 것이다.

앞 장의 「WTO 분쟁 해결 절차, 어떻게 진행되나」에서 언급되었던 WTO 분쟁 해결 절차dispute settlement understanding, DSU상의 판정 불이행에 따라 허용되는 보복retaliation은 '동종 섹터'에 국한된 교차 보복cross retaliation이다. 예컨대, 상품 영역인 GATTgeneral agreement on tariffs & trade가 규율하는 세탁기 분쟁에 대한 보복으로서 같은 상품 영역인 GATT 아래에 놓여 있는 냉장고 제품에 대한 수입 규제는 가능할지언정, 상품 영역인 GATT가 규율하는 세탁기 분쟁에 대한 보복으로서 지적 재산권 영역인 TRIPS^{trade-related intellectual properties} 아래에 놓여 있는 지적 자산 거래에 대한 수입 규제는 불가능하다(DSU^{dispute settlement understanding} 22.3조). 다시 말해, WTO 분쟁 해결 절차상 허용되는 보복^{retaliation}이란 같은 협정의 규율 아래 놓여 있는 동종 섹터에 국한된다.

반면에, 미국의 일방적 개방 요구의 형태로 나타나는 美 통상법^{Trade Act of 1974} 301조 규제에는 이과 같은 동종 섹터에 대한 제한이 없다. 트럼프 대통령 취임 첫 해인 2017년에 美-中 분쟁을 촉발시키는 계기가 되었던 美 통상법 Trade Act of 1974 301조 조사^{'17.8월 개시 & '18.7월 규제}에 있어서도, 그 발단은 중국의 美 지적 재산권^{intellectual properties, IPs}에 대한 침해 혐의였지만, 그 규제는 중국의 전략 육성 산업인 '중국 제조 2025^{中國製造 2025, Made in China 2025}' 품목 818개에 대한 추가 관세 25% 규제였던 것이다. 이런 까닭에, 301조 규제로 대표되는 미국의 일방적 개방 요구는 자극적인 소잿거리를 제공하며 세계 경제 통상 뉴스의 헤드라인을 장식하게 된다.

WTO상 무역 구제: 반덤핑 / 상계 관세 / 세이프가드

앞서 언급된 것과 같이, 미국의 통상 규제 체계는, '1930년 관세법^{Tariff Act of 1930}'과 '1974년 통상법^{Trade Act 1974}'을 양대 축으로 하고 있다. 앞의 [표 6.4]의 우측에서 확인할 수 있는 것과 같이, 반덤핑^{anti-dumping, AD} 무역 구제 제도는 'GATT 6조 → WTO 반덤핑 협정 → 1930년 관세법^{Tariff Act of 1930} 731~739조 & 751~783조'에 의해 규율된다. 상계 관세^{countervailing duty, CVD} 무역 구제의 경우에는 'GATT 6 & 16조 → WTO 상계 관세 협정 → 1930년 관세법^{Tariff Act of 1930} 701~709조 & 751~783조'를 통해 제도화되어 있다. 세이프가드^{safeguards, SG} 무역 구제 제도에 있어서는 'GATT 19조 → WTO 세이프가드 협정 → 1974년 통상법^{Trade Act of 1974} 201~204조'에 의해 규율된다. 이와 같이, 美 통상 규제 체계 내에서 반덤핑, 상계 관세 규제는 '1930년 관세법^{Tariff Act of 1930}'을 통해, 세이프가드 규제는 '1974년 통상법^{Trade Act of 1974}'을 통해 제도화되어 있다.

그런데, 본서 4장의 「세이프가드, 악화가 양화를 구축하다」에서 다루어진 것과 같이, GATT 19조 및 WTO 세이프가드 협정이 예정하고 있는 수입 규제가 아님에도 불구하고, '세이프가드'라는 용어로 정부 부처나 언론 매체를 통해 회자되곤 하는 수입 규제들이 있다. '안전 보장security exception', '국제 수지BOP(balance-of-payment) exception', '일반 예외general exception'와 관련된 수입 제한 조치들이 바로 그것이다. 이 '광의廣義, 넓은 의미'의 세이프가드의 경우, 안전 보장security exception 세이프가드는 'GATT 21조 → 1962년 통상확대법Trade Expansion Act of 1962 232조'에 의해 규율된다. 국제 수지BOP(balance-of-payment) exception 세이프가드에는 'GATT 12 & 18.B조 → 1974년 통상법Trade Act of 1974 122조'를 통해 제도화되어 있다. 일반 예외general exception, GATT 20조 세이프가드에 있어서는 'GATT 19조 → 1930년 관세법Tariff Act of 1930 337조' 등에 의해 규율된다.

'안전 보장security exception' 세이프가드의 경우 1930년 관세법Tariff Act of 1930이나 1974년 통상법Trade Act of 1974이 아니라 별도의 입법인 1962년 통상확대법Trade Expansion Act of 1962 232조를 통해 규율되고 있다는 점이 특징적이다. '일반 예외general exception' 세이프가드와 관련해서는 1930년 관세법Tariff Act of 1930 337조가 지적 재산권intellectual properties, IPs을 침해한 불공정 제품에 대해 미국 내 수입 자체를 금지할 수 있도록 제도화되어 있는 것이 특색이고, 반덤핑, 상계 관세 조사에서 산업 피해 심사를 담당하고 있는 美 무역委ITC, international trade commission가 同 337조에 대한 지재권 심사도 담당하고 있는 것도 특징적이다. 전체적으로 볼 때, '광의廣義'의 세이프가드 중에서 '안전 보장security exception', '국제 수지BOP(balance-of-payment) exception', '일반 예외general exception' 세이프가드에 있어서는, GATT상 근거 조문이 있기는 하지만 WTO상 별도 협정이 존재하지 않는 까닭에 美 소관 법령에서 해당 사안을 직접 규율하게 된다.

美 일방적 개방 요구: 301조 규제

다음으로 미국의 일방적 개방 요구, 다시 말해 301조 규제에 대해 살펴 보도록 하자. 앞서 본서 1장 「자유 무역과 통상 게임」의 돋보기 보론인 「美 통상법 301조란?」에서 다루어진 것과 같이, 미국은 외국의 불공정 무역 행위act, 정책policy, 관행practice에 대해 美 행정부가 통상 차원에서 규제할 수 있는 법적 근거를 마련해 놓았고, 이를 '美 통상법Trade Act of 1974 301조'로 통칭한다. 이 美

통상법 301조는 '일반 301조Regular 301', '슈퍼 301조Super 301', '스페셜 301조Special 301', '통신 301조Telecommunications 301'의 4개 유형으로 다시 세분화된다.

첫째, '일반 301조Regular 301'이다. 일반 301조는 美 1974년 통상법Trade Act of 1974 301~309조에 규정되어 있다. 일반 301조는, '청원 or 직권'에 의거, 외국의 불공정 무역 장벽을 제거하기 위해 美 행정부에 통상 협상 및 보복 권한을 부여하고 있다. 美 업체, 업계의 청원이 있거나 美 무역 대표부USTR, United States Trade Representative의 직권 결정이 있는 경우, 해당 불공정 무역 장벽을 조사, 규제한다.

美-中 통상 분쟁의 발단이 된 2018년 美 트럼프 행정부의 美 통상법 301조 발동'17.8월 조사 개시 & '18.7월 규제 발효과 관련, 일부 언론들이 이를 '슈퍼 301조', '스페셜 301조'로 언급하고 있는데, 그 어느 것도 아닌 '일반 301조' 발동임에 유의가 필요함은 돋보기 보론 「美 통상법 301조란?」에서 설명된 것과 같다.

둘째, '슈퍼 301조Super 301'이다. 슈퍼 301조는 일반 301조의 바로 뒷 조항인 美 1974년 통상법Trade Act 1974 310조에 명문화되어 있다. '연례 보고'에 의거, 외국의 불공정 무역 장벽을 제거하기 위해 美 행정부에 통상 협상 및 보복 권한을 부여하고 있다. 美 무역 대표부USTR, United States Trade Representative는 매년 美 의회 및 대통령에 불공정 무역 현황을 보고해야 하고, 同 보고에 기초해 불공정 무역국을 지정, 통상 협상 및 보복 조치를 취한다.

일반 301조가 규제 사안별로 그때그때 발동된다면, 슈퍼 301조는 매년마다 규제 검토, 협상 및 보복이 강제화되어 있다는 점에서 차이가 있다. 이런 까닭에 '슈퍼'라는 별칭을 갖게 되었지만, 2001년 이후 사문화된 상태이다. 美 행정부는 슈퍼 301조를 일반 301조처럼 정규 입법으로 편제하려는 계획을 갖고 있었다. 그러나, 美 의회의 반대로 정규 입법화는 불발되었고, 이런 까닭에 슈퍼 301조는 정규 입법화된 일반 / 스페셜 / 통신 301조와는 달리 美 대통령의 행정 명령에 의해 한시적으로만 운영이 가능하다.

셋째, '스페셜 301조Special 301'이다. 스페셜 301조는 美 1974년 통상법Trade Act of 1974 182조로 조문화되어 있다. 스페셜 301조는, '연례 보고'에 의거, 외국의 불공정 지재권intellectual properties, IPs 침해를 제거하기 위해 美 행정부에 통상 협상 및 보복 권한을 부여하고 있다. 슈퍼 301조와 마찬가지로, 美 무역 대표부는 매년 美 의회 및 대통령에 불공정 지적 재산권 침해 현황을 보고해야 하고, 同

보고에 기초해 불공정 지재권 침해국을 지정, 통상 협상 및 보복 조치를 취한다.

슈퍼 301조와 마찬가지로, 매년마다 규제 검토, 협상 및 보복이 의무화되어 있지만, 슈퍼 301조가 불공정 무역 전반을 검토 대상으로 한다면, 스페셜 301조는 그 검토 대상이 불공정 지재권 침해로 한정된다는 점에서 차별화된다. 이와 관련, 美 스페셜 301조가 WTO 지재권 협정인 'TRIPStrade-related intellectual properties 의무 + α'로 지재권 보호를 요구하고 있는 것은 특징적이다(美 1974년 통상법Trade Act of 1974 182조(d)(4)). 쉽게 말해, WTO 지재권 협정인 TRIPS상의 모든 의무가 준수되었다고 하더라도 미국 관점에서 볼 때 그 보호가 충분치 않다고 판단되면 지재권 보호를 위해 美 자체적으로 수입 규제를 발동할 수 있다는 것이다.

넷째, '통신 301조Telecommunications 301'이다. 통신 301조는 美 1988년 종합 통상법Omnibus Trade & Competitiveness Act of 1988 1371~1382조에 규정되어 있다. 통신 301조는, '연례 보고'에 의거, 외국의 불공정 통신telecommunication 장벽을 제거하기 위해 美 행정부에 통상 협상 및 보복 권한을 부여하고 있다. 슈퍼 301조, 스페셜 301조와 마찬가지로, 美 무역 대표부는 매년 美 의회 및 대통령에 불공정 통신 장벽을 보고해야 하고, 同 보고에 기초해 불공정 통신 장벽국을 지정, 통상 협상 및 보복 조치를 취한다.

통신 301조는 슈퍼 301조, 스페셜 301조와 마찬가지로, 매년마다 규제 검토, 협상 및 보복이 강제화되어 있으나, 검토 대상이 통신 장비, 통신 서비스 등 통신 산업에 국한된다는 점에서 차이가 있다. 통신 301조를 포함해 지금까지 살펴 본 미국의 일방적 개방 요구로서의 301조 규제는 GATT상 명문의 근거 규정이 없다. 단지, 스페셜 301조나 통신 301조와 관련된 WTO 다자 협정으로 각각 지적 재산권 협정인 TRIPStrade-related intellectual properties나 서비스 무역 협정인 GATSgeneral agreement on trade in services를 언급할 수 있는 수준일 뿐이다. 이런 까닭에, 미국의 일방적 개방 요구인 301조 규제는 美 경제에 수출의 상당 부분을 의존하는 많은 국가들과의 갈등을 항시적으로 잉태하고 있다.

미국에 301조가 있다면 EU에는 TBR이 있다

앞서 살펴 본 것과 같이, 미국의 통상법 301조 규제는 자국 기업의 해외 진출의 장애 요소들을 제거하기 위한 '해외 무역 장벽 조사'이다. 그런데 이와 같은 해외

무역 장벽 조사 제도는 다른 국가들에는 없는 것일까? 미국의 해외 무역 장벽 조사 제도가 '통상법 301조'라면, EU에는 'TBR^{trade barriers regulation}'이, 중국에는 '대외무역장벽조사규칙^{對外貿易壁壘調査規則}'이 있다. 각각에 대해 제도적 특질을 중심으로 간략히 살펴 보자.

1. 미국의 통상법 301조 *Section 301*

미국의 '통상법 301조^{Section 301}' 제도는 '상품, 서비스, 지적 재산권 & 미국에 의한 해외 직접 투자^{foreign direct investment, FDI}'에 대한 해외 무역 장벽을 그 규율 대상으로 한다. 조사 기관은 '美 무역대표부^{USTR, United States Trade Representative}'이고, '청원 or 직권'에 의해 조사가 개시된다. 보복 조치는 'WTO 분쟁 해결 절차를 거치지 않고' 이루어진다.

2. EU의 TBR *Trade Barriers Regulation*

EU의 'TBR^{Trade Barriers Regulation, 무역 장벽 규정}' 제도는 '상품, 서비스, 지적 재산권'에 대한 해외 무역 장벽을 그 규율 대상으로 한다. 조사 기관은 'EU 집행委^{Commission}'이고, '청원'에 의해 조사가 개시된다. 보복 조치는 'WTO 분쟁 해결 절차를 거친 후'에 이루어진다.

3. 중국의 대외무역장벽조사규칙 *對外貿易壁壘調査規則*

중국의 '대외무역장벽조사규칙^{對外貿易壁壘調査規則}'은 '상품, 서비스, 지적 재산권'에 대한 해외 무역 장벽을 그 규율 대상으로 한다. 조사 기관은 '중국 상무部^{MOFCOM, ministry of commerce}'이고, '청원 or 직권'에 의해 조사가 개시된다. 보복 조치는 '양국 협의 or WTO 분쟁 해결 절차를 거친 후'에 이루어진다.

미국의 '통상법 301조^{Section 301}'는 그 규율 대상으로 미국에 의한 해외 직접 투자^{foreign direct investment, FDI}'까지도 포함하고 있고, 보복 조치에 있어서도 'WTO 분쟁 해결 절차를 거치지 않고' 이루어진다. 이러한 특징에서 EU의 'TBR^{trade barriers regulation, 무역 장벽 규정}', 중국의 '대외무역장벽조사규칙^{對外貿易壁壘調査規則}'과 차별화된다고 할 수 있다. 우리 나라의 해외 무역 장벽 조사 제도는 '불공정무역행위조사및산업피해구제에관한법률('산피법')'의 25조의 2에 그 법적 근거를 마련해 놓았다.

中 화웨이社 통신 장비에 대한 사용 금지 명령

월스트리트저널(WSJ)과 로이터 등에 따르면 도널드 트럼프 미국 대통령은 15일'19.5월 중국 등 외부 위협으로부터 美 정보 통신 기술과 서비스를 보호하기 위한 국가 비상 사태를 선포했다. 워싱턴포스트(WP)는 중국과 무역 전쟁이 심화하는 가운데 이번 비상 사태를 계기로 미국 기업들이 화웨이를 포함한 일부 외국 사업자들과 거래하는 것이 금지될 것이라고 설명했다.

- 2019년 5월 한국일보 -

위에 인용된 기사에서 확인되는 것과 같이, 2019년 5월 15일 미국의 트럼프 대통령은 중국 화웨이Huawei社의 통신 장비 사용을 금지하는 명령을 발포했다Executive Order 13873, 행정 명령 자체에는 화웨이社를 직접 언급하고 있지 않음에 유의. 미국과 美 국민을 위협할 수 있는 정보 통신 기술상의 위험 요인들로부터 국가 안보를 사수해야 한다는 것이 규제의 기본 취지였다.

2012년 美 하원의 정보委 보고서에 따르면, 화웨이나 ZTE社와 같은 중국의 정보 통신 업체들은 그들의 통신 장비를 활용해 미국 내에서 통신을 가로채거나 국가 인프라에 사이버 공격을 가할 수 있다. 보안 프로토콜을 우회해 정보를 절취하는 '백도어backdoor'에 대한 우려를 공식화한 것이다. 반면에, 2017년 통과된 중국의 국가 정보법은 중국 시민과 단체로 하여금 국가의 정보 업무를 지지하고 협력해야 한다는 내용을 포함하고 있다. 이것은 중국에 대한 미국의 '정보 보안' 신뢰를 깨뜨리는 결정적인 사건들 중의 하나가 되었다. 결국, 2018년 美 정보 기관인 FBIfederal bureau of investigation, 연방 수사국, CIAcentral intelligence agency, 중앙 정보국, NSAnational security agency, 국가 안보국는 美 국민에게 화웨이Huwai나 ZTE社의 휴대폰을 사용하지 말 것을 '공식적으로' 권유했다. 미국 3대 정보 기관의 이 '공식적인' 경고 및 권고는 중국의 적대적 스파이 활동에 대한 美 정보 기관의 감지 내지 포착이 있지 않았는가라는 합리적인 추론을 가능케 한다.

앞 절에서 '안전 보장security exception' 세이프가드의 발동 근거인 미국의 1962년 통상확대법Trade Expansion Act of 1962 232조를 소개한 바 있다. 이 232조 규제의 경우는 이해 당사자의 의견을 수렴하는 과정이 개재되는 '조사investigation'의 형태를 띠게 되고 그 결과로서 규제가 확정된다. 반면에, 2019년 5월 15일 트럼프 대통령의 화웨이社 통신 장비 사용 금지 명령은 이러한 이해 당사자의 의견 수렴 절차 없이 곧바로 '행정 명령executive order'으로 발포되었다. 그렇다면 이와 같이 예측 가능성이 담보되지 않는 무역 규제란 도대체 어떤 법적 근거에 기초하고 있는 것일까?

　다음의 [표 6.5]에는 2019년 5월 15일 트럼프 대통령의 화웨이社 통신 장비 사용 금지 명령의 근거 법령인 미국의 '국제긴급사태경제권한부여법International Emergency Economic Powers Act, IEEPA' 내용이 요약되어 있다. 同 법은 해외의 '비경상적 위협unusual & extraordinary threat'으로부터 미국을 보호하기 위해, '긴급 사태national emergency'를 선포한 후 해당 국가, 기업들의 對 미국 교역을 규제할 수 있는 경제 권한을 美 대통령에게 부여하고 있다. 1977년에 제정된 同 법은 현재 美 연방 법전U.S. Code의 35장50 U.S. Code Chapter 35에 명문화되어 있다.

표 6.5 中 화웨이社 장비 금지 명령의 법적 근거

> 美 국제긴급사태경제권한부여法Int'l Emergency Economic Powers Act, IEEPA은 국외의 '非경상적 위협unusual & extraordinary threat'으로부터 미국을 보호하기 위해, '긴급 사태national emergency'를 선포한 후 對美 교역을 규제할 수 있는 경제 권한을 美 대통령에게 부여

근거 법령	• 1977년 法 제정('IEEPA') → 美 연방 법전 제 35장(50 U.S. Code Chapter 35)으로 명문화 　- 50 U.S. Code Chapter 35 – INTERNATIONAL EMERGENCY ECONOMIC POWERS §1701~1708
요건 & 효과	• **발동 요건**: 美 국외의 非경상적 위협 & 美 대통령 긴급 사태 선포 　- 美 국외의 非경상적 위협(unusual & extraordinary threat outside U.S.): 안보, 경제 영역 등을 모두 망라 　- 美 대통령 긴급 사태 선포(president declaration of national emergency): 6개월 주기 美 의회 앞 보고 의무 • **위반 효과**: 민/ 형사 처벌 모두 가능 　- 민사 처벌(civil penalty)　 : ① 250K$ 이내의 벌금 or ② 거래 가액 2배 이내의 벌금 　- 형사 처벌(criminal penalty): ① 1,000K$ 이내의 벌금 or ② 20년 이내의 구금imprisonment
발동 사례	• **1995년 對 이란 교역 금지 명령**(Executive Order 12957) • **2008년 對 북한 교역 금지 명령**(Executive Order 13466) • **2019년 中 화웨이**(Huawei) **社 통신 장비 사용 금지 명령**(Executive Order 13873)

'국제긴급사태경제권한부여법International Emergency Economic Powers Act, IEEPA' 상의 첫번째 발동 요건은 해외의 '비경상적 위협unusual & extraordinary threat outside US'이고, 이에는 안보, 경제 등 모든 영역이 망라된다. 그리고, 그 두번째 발동 요건은 미국 대통령의 '긴급 사태 선포president declaration of national emergency'이다. 대통령이 긴급 사태를 선포한 이후 6개월 주기로 美 의회에 보고토록 되어 있는 것은 특징적이다. 同 법에 따른 규제 조치를 위반하는 경우에는 민/형사상으로 모두 처벌이 가능하다. 민사상으로는civil penalty, 25만불 이내의 벌금 또는 거래 가액 2배 이내의 벌금이 부과되고, 형사상으로는criminal penalty, 1백만불 이내의 벌금 혹은 20년 이내의 구금imprisonment이 주어진다.

이 '국제긴급사태경제권한부여법International Emergency Economic Powers Act, IEEPA'에 따른 규제 사례로는, 1995년의 對 이란 교역 금지 명령Executive Order 12957, 2008년의 對 북한 교역 금지 명령Executive Order 13466, 그리고 지금까지 논의된 2019년의 中 화웨이社 통신 장비 사용 금지 명령Executive Order 13873 등이 있다. 결국 국제긴급사태경제권한부여법International Emergency Economic Powers Act, IEEPA에 따른 美 대통령의 행정 명령executive order은 하나의 '경제 계엄령'으로 이해할 수 있고, 이러한 경제 계엄령은 세계 경제 통상의 불확실성을 증대시킨다.

美 중간 선거와 통상 정책과의 관계

정치 영역과 경제 영역은 경우에 따라서는 상호 연계되기도, 경우에 따라서는 서로 독립적으로 존재하기도 한다. 그리고 양자를 구획하는 분기점dividing criteria은 정치 경제political economy의 제도적 '안정성stability'과 '예측 가능성predictability'에 있다고 할 수 있다. 트럼프 행정부에 대한 미국 국민의 중간 평가라고 할 수 있는 2018년 11월 6일의 '중간 선거mid-term election' 당시 전 세계 언론들이 이에 주목하면서 중간 선거 결과에 따른 미국의 통상 정책 변화 가능성에 대해 수많은 분석 기사들을 내놓은 것도 이와 관련지어 이해할 수 있다. 제도적 일관성보다는 협상과 결정을 선호하는 트럼프 대통령의 정치적 성향이 통상 영역에서의 예측 가능성 혹은 경제적 불확실성을 증대시켰기 때문이다. 그런데, 이토록 많은 기사들을 양산해 냈던 미국의 '중간 선거mid-term election'는 어떠한 제도적 골격을 가지고 있는 것일까?

다음의 [표 6.6]에는 트럼프 행정부의 중간 선거를 통해 바라 본 미국의 중간 선거 제도가 도식화되어 있다. 미국의 '중간 선거mid-term election'는 미국의 대통령 선거와 다른 해에 있는 美 상／하원 선거를 통칭하는 것으로서, 미국 대통령의 임기 중반까지의 연방 정치에 대한 美 유권자의 평가를 뜻한다. (1) 유일한 당선자로서의 미국 대통령U.S. president의 임기가 4년인 반면에2선 가능 & 3선 금지, (2) 美 상원 의원senator은 100명의 의석으로 구성되고 그 임기는 6년이다연임 가능. (3) 美 하원 의원house representative의 경우에는 435명의 의석으로 구성되며 그 임기는 2년에 불과하다연임 가능. (4) 한편, 美 주지사governor는 정원이 총 50명이고 그 임기는 4년이다연임 여부는 주별로 상이.

표 6.6 **미국의 중간 선거 제도**

美 트럼프 행정부 중간 선거(mid-term election)('18.11/6(화))					
			인원/ 의석	임기	선출 주기	✓'18년 중간 선거

(표 내용)

			인원/의석	임기	선출 주기	✓'18년 중간 선거
美 중간 선거	White House	대통령 president	1명	4년 중임 限 3선 금지	•4년마다 선출 ('16 → 20년)	해당 無
	Senate	상원 의원 senator	100명	6년 연임 可	✓2년마다 50개 州 中 1/3씩 선출 ('16 → 18 → 20년)	35명 선출 35%
115대 美 의회 ('17~18년)			공 화 51 (51%) 민 주 47 (47%) 無소속 2 (02%) 空 席 –	– 州별 2인 x 50개 州 – 상원 의장은 부통령이 겸직 (現 공화당 Mr. Mike Pence)		공 화 53 (53%) 민 주 45 (45%) 無소속 2 (02%) 空 席 –
	House	하원 의원 representative	435명	2년 연임 可	✓2년마다 美 하원 전원 선출 ('16 → 18 → 20년)	435명 선출 100%
			공 화 241 (55%) 민 주 194 (45%) 無소속 – 空 席 –	– 인구 기준 50개 州에 배분 – 하원 의장은 투표로 선출 (現 공화당 Mr. Paul Ryan)		공 화 199 (46%) 민 주 235 (54%) 無소속 – 空 席 1 (00%)
	State	주지사 governor	50명	4년 연임 여부 州별 상이	✓4년마다 선출 ① 34개주: '14→16→18년 선출 ② 09개주: '12→16→20년 ③ 03개주: '11→15→19년 ④ 02개주: '13→17→21년 ⑤ 02개주: '14→16→18년 뉴햄프셔/ 버몬트 州는 2년마다 선출	36명 선출 72%
			공 화 33 (92%) 민 주 16 (4%) 無소속 1 (3%) 空 席 –			공 화 27 (54%) 민 주 23 (46%) 無소속 – 空 席 –

'임기 6년 & 100명 의석'의 '美 상원 의원senator'의 경우, 임기가 종료되는 6년 주기로 100명을 일괄 교체되는 것이 아니라, 2년 주기로 50개 주에서 1/3씩 선출되는 점이 특징적이다. 이에 반해, '임기 2년 & 435명 의석'의 '美 하원 의원house representative'에 있어서는, 임기가 종료되는 2년 주기로 일괄 선출된다는 점에 있어서 차이가 있다. '임기 4년 & 50명 정원'의 '美 주지사governor'는 그 연임 여부가 주州에 따라 다르고, 뉴햄프셔New Hampshire / 버몬트Vermont 주州의 경우에는 주지사 선출 주기가 2년인 점에 있어서 특징적이다.

이러한 중간 선거 제도 아래에서 치루어진 2018년 11월 6일의 美 중간 선거의 결과는, (1) 美 상원은 「공화당(53석, 53%) > 민주당(45석, 45%)」, (2) 美 하원은 「민주당(235석, 54%) > 공화당(199석, 46%)」, (3) 주지사는 「공화당(27명, 54%) > 민주당(23명, 46%)」이었다. 트럼프 대통령의 소속 정당인 공화당이 美 상원 및 주지사에서는 우위를 유지했으나, 美 하원에서는 민주당에게 다수당의 지위를 넘겨 주게 되었다. 결국 트럼프 대통령에게 있어서 2018년 11월 6일의 美 중간 선거는 절반의 성공이었던 것으로 평가할 수 있다

전통적으로 미국의 '공화당Republican'은 '자유 무역free trade'을, '민주당Democrat'은 '보호 무역protective trade'을 선호해 왔다. 그런데 공화당 출신인 트럼프 대통령에 의해 이러한 공식은 무너졌다. 공화당 출신인 트럼프 대통령이 추가 관세와 수입 규제의 선봉에 서 있는 까닭에서이다. 더군다나, 중국의 불공정 무역 관행unfair trade practice에 대한 규제에 있어서는 美 조야朝野를 막론하고 초당적인 지지를 받고 있다.

7장
유럽 통합의 꿈과
영국의 브렉시트

위기에서 빠져 나갈 길을 찾았다고 생각하는 순간 뭔가가 잘못된다. 당면한
문제에 대해 찾아낸 해결책은 또다른 더 큰 문제들을 낳는다.
- 제러미 리프킨의 〈엔트로피〉 中 -

　　위의 구절은 20세기 미국의 경제학자이자 사회학자인 제러미 리프킨Jeremy
Rifkin(1945~)이 과학의 만능을 경고하는 기술 과잉 시대의 묵시록으로 평가되는
<엔트로피Entropy(1980)>에서 언급한 그의 통찰이다. 본서 6장의 제목인 「美 트
럼프 행정부의 엔트로피 통상 정책」에서 미국의 현행 통상 정책을 '엔트로피
entropy'로 규정지은 바 있다. 널리 알려진 것과 같이, 엔트로피entropy는 무질서로
향해 가는 물리적 경향성을 의미한다.

　　열 역학의 제1법칙1st law of thermodynamics은 '에너지 보존energy conservation'
법칙이다. 이 세상에 존재하는 모든 물질, 에너지의 총량은 불변이고 단지 그 형태
에만 변화가 있다는 것이다. 이에 대해 열 역학의 제2법칙2nd law of thermodynamics
은 '엔트로피 증가increasing entropy' 법칙이다. 이 우주 안의 모든 물질, 에너지는
한쪽 방향으로만 흘러 가고 그 방향성은 '질서 → 무질서'라는 것이다.

　　엔트로피entropy는 질서 있는 상태에서 무질서한 상태로, 유용한 상태에서
무용한 상태로, 획득 가능한 상태에서 획득 불가능한 상태로 변화하는 비가역성
非可逆性이다. '일할 수 있는 동력이 손실'되는 것이다. 영국이 EU 탈퇴를 결정한
이후 전개된 일련의 과정들은 현실의 정치 경제·영역에서 열 역학의 '엔트로피
증가increasing entropy' 법칙이 어떻게 적용될 수 있는지를 상징하는 대표적인 사
례라고 할 수 있다.

영국의 브렉시트와 메이 총리의 눈물

2016년 6월에는 전 유럽, 더 나아가 전 세계를 떠들석하게 한 사건이 있었다. 6월 23일에 영국의 EU^{European Union, 유럽연합} 체류 여부를 묻는 국민 투표에서 영국의 EU 탈퇴가 가결된 것이다. '대영 제국^{Great Britain}'에 대한 자부심과 유럽 대륙으로부터의 '명예로운 고립^{glorious isolation}'의 전통적인 정서를 가져온 영국 국민들이 유럽 대륙과의 통합 대신에 결별을 선택한 것이다.

남북한의 핵 합작 프로젝트인 '무궁화꽃이 피었습니다'를 통해 핵 무장한 한국이 독도 영유권 문제로 첨예하게 대립하고 있던 일본을 핵 미사일로 공격한다는 내용을 담고 있는 1992년 김진명 씨의 소설 <무궁화꽃이 피었습니다>에서나 볼 수 있었던 국수주의적 민족주의로의 회귀가, 미국에는 트럼프 대통령, 피터 나바로 위원장이 있었다고 한다면, 유럽에서는 영국의 브렉시트가 있었다고 할 것이다.

널리 알려진 것과 같이, 브렉시트^{Brexit}는 '영국의 탈출'을 의미하는 'Britain Exit'를 축약한 합성어로, 2013년 데이비드 캐머론^{David Cameron(1966~)} 영국 전前 총리가 블룸버그 언론사 인터뷰에서 처음으로 사용한 것으로 알려져 있다. 영국 국민에게 브렉시트는 해질 날이 없는 19세기 대영 제국의 영광을 다시 가져다줄 또 하나의 '무궁화꽃이 피었습니다' 프로젝트로 인식된 것은 아니었나 싶다. 2016년 6월 영국의 EU 탈퇴 국민 투표 가결 이후 영국의 정치·경제는 '브렉시트'라는 핵폭탄급 소용돌이 속에서 수많은 토론과 논쟁 속에 놓여 있었다. 결국 '브렉시트'라는 험난한 장벽을 넘지 못한 채, 마거릿 대처^{Margaret Hilda Thatcher(1925~2013)}에 이어 영국의 두번째 여성 총리였던 테레사 메이^{Theresa Mary May(1956~)} 총리는 눈물을 흘리며 사퇴를 선언했다. 2019년 5월 24일의 일이었다.

그런데, 세계 언론 매체의 헤드라인을 장식했던 이 브렉시트가 유럽의 통상 정책 변화 및 수출 기업으로서의 민간 섹터에 갖는 실질적인 의미는 과연 어떤 것일까? 'EU'라는 초국가 기구로 현실화된 '유럽 통합의 꿈'에 관한 논의로부터 살펴 보기로 한다.

비펙시트, 유럽에서 미국 쇠고기 몰아내다?

우리 나라 산업부MOITE, ministry of trade, industry & energy에서 매월 발간하는 <통하는 세상 통상http://www.tongsangnews.kr/> 2019년 5월호에 서울대 국제 대학원 국제 통상 전략 센터의 박정준 선임 연구원이 기고한 <동식물 위생(SPS) 조치의 딜레마>라는 글 중에 '브렉시트Brexit'와 유사한 신조어인 '비펙시트Beef-exit'와 관련된 내용이 있어 소개한다.

아래의 발췌는 본서 5장 「GATT / WTO 원칙과 무역 규범 체계」의 [표 5.4]인 「GATT / WTO 무역 규범 체계」를 설명하면서 잠시 언급되었던 'WTO 위생 검역(sanitary & phytosanitary measures, SPS) 협정'의 대표적인 분쟁 사례인 'WTO 유럽 호르몬 분쟁 EC-Hormones, WTO 사건 번호 DS320 & 321(1996~98).'과 관련된 내용이다. 미국 / 캐나다가 성장 촉진 호르몬으로 사육한 쇠고기를 유럽에 수출하자 유럽에서는 발암 가능성 등 역내 보건상의 위험성을 이유로 수입 금지 조치를 내렸고, 이것이 WTO에서 국제 분쟁화된 사건이다. WTO 출범 이듬 해인 1996년에 WTO 분쟁 해결 절차로 쟁점화된 까닭에, WTO 분쟁 해결 절차의 실질적 효용성을 가늠하는 실험대가 된 사건들 중의 하나이다.

> "…1996년 성장 촉진 호르몬을 사용해 키운 소를 수출하던 미국과 그 수입을 엄격히 규제하던 유럽 간에 SPS 조치에 대한 문제로 크게 한판 붙은 것이 대표적이다. 적은 사료로 빠른 성장을 촉진하도록 호르몬을 사용한 육우 비율이 높던 미국은 유럽에서 해당 호르몬이 유아의 성적 발육 등에 대해 좋지 않은 영향을 미칠 수 있다며 미국산 쇠고기 수입에 제동을 가하자 WTO에 제소했다.
>
> 당시 주요 쟁점 중 하나는 호르몬에 대한 국제 기준의 유무와 유럽의 조치가 이에 기초했는지 여부였다. 당시 미국이 사용해 문제가 된 6개의 호르몬 중 5개 호르몬에 대해 코덱스CODEX, 국제 식품 규격 기준이 존재했는데, 유럽의 조치는 이보다 높은 조건을 요구해 제3조SPS 협정 3조, 위생 검역의 국제 기준(international standard) 위반 논란이 일었다. 다만, 상소 기구WTO Appellate Body(AB)는 유럽의 조치는 충분히 국제 기준을 기초로 했고 필요에 의해 상향 적용한 것일 뿐 위반은 아니라고 보았다. 다음 문제는 제5조SPS 협정 5조, 위생 검역의 위험 평가(risk assessment)와 관련한 유럽의 위험 평가였다. 패널WTO Panel과 상소 기구WTO Appellate Body(AB) 모두 유럽이 호르몬 쇠고기의 수입

금지를 위한 조치에서 위험 평가 관련 소명을 제대로 하지 못했으며 그 내용도 부재하거나 부실했다고 보았다. 또한 여러 종류의 호르몬을 각각 달리 취급한 것도 차별적 행위로 부각됐다. 수입 제한 조치의 부당성에 대한 증거를 철저히 제시한 미국에 비해, 반박 자료가 미흡했던 것도 유럽의 발목을 잡았다.

흥미로운 것은 판결 이후다. 유럽은 호르몬의 위해성에 대한 공포가 완전히 가시지 않았다며 판결을 불이행했고, 이에 미국 등 이해 당사국은 유럽에 대한 보복 조치를 시행했다. 자유 무역과 국민 안전 간 '같이의 가치' 찾기는 역시 쉬운 문제가 아닌 것이다…"

경제 통합 종착점으로서의 EU

EU의 통상 정책도 기본적으로는 미국의 그것과 대동소이한 골격을 갖추고 있다. 미국이나 EU나 모두 WTO라는 국제 무역 규범의 틀 안에서 자신들의 통상 정책을 운영하고 있기 때문이다. 다만, 미국의 경우에는 50개의 지방 정부, 다시 말해 50개의 주州 정부가 하나의 연방 국가로 통합되어 '국가 레벨national level'에서 통상 정책이 입안, 운영되고 있는 반면에, EU는 유럽 내의 독립적인 국가들을 그 구성원으로 해 28개 회원국들'19. 9월말 현재의 컨센서스를 담아낸 제도로서 '초국가 레벨supranational level'의 통상 정책이 시행되고 있다는 점에서 근본적으로 차이가 있다.

초국가 레벨의 EU 제도 및 정책에 대한 이해를 위해서는 유럽 통합의 역사 및 단계에 대한 이해가 선행되어야 한다. 20세기 헝가리 출신의 경제학자인 발라사Bella Balassa(1928~91)의 경제 통합 5단계론의 개념틀을 활용하여 살펴 보기로 하자. 발라사의 경제 통합 5단계론에 따르면, 경제 통합은 '1단계 자유 무역 지대free trade area, FTA → 2단계 관세 동맹customs union, CU → 3단계 공동 시장common market, CM → 4단계 경제 동맹economic union → 5단계 경제 통합economic integration'을 거쳐 완성된다.

　　다음의 [표 7.1]에 요약되어 있는 것과 같이, 1단계인 '자유 무역 지대free trade area, FTA'에서는 역내 관세가 철폐되고, 2단계인 '관세 동맹customs union, CU'에서는 역내 관세가 철폐될 뿐만 아니라 역외 공동 관세가 운영된다. 3단계인 '공동 시장common market, CM'에서는 역내 관세 철폐, 역외 공동 관세에 덧붙여서 역내에서의 노동·자본의 이동이 자유화된다. 4단계인 '경제 동맹economic union'의 경우에는 역내 관세 철폐, 역외 공동 관세, 역내 노동·자본 자유화뿐만 아니라 공동 경제 정책이 실현된다. 그리고 경제 통합의 마지막 5단계인 '경제 통합economic integration'에 이르게 되면, 역내 관세 철폐, 역외 공동 관세, 역내 노동·자본 자유화, 공동 경제 정책을 넘어서 초국가 기구가 설립, 운영된다. 각각에 대해 추가적인 논의를 진행해 보도록 하자.

표 7.1 경제 통합 종착점으로서의 EU

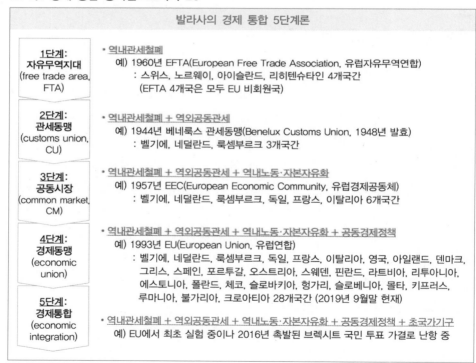

1단계: 자유 무역 지대free Trade area, FTA

첫째, 경제 통합의 1단계는 '자유 무역 지대free trade area, FTA'이다. 앞의 [표 7.1]에 제시된 것과 같이, 자유 무역 지대free trade area, FTA는 '역내 관세 철폐'를 그 특징으로 하고, 1960년에 설립된 'EFTAEuropean Free Trade Association, 유럽자유무역연합'가 대표적인 사례이다. 同 자유 무역 협정은 스위스, 노르웨이, 아이슬란드, 리히텐슈타인의 4개국을 그 회원국으로 하고 있고, 이들 4개 회원국은 모두 EUEuropean Union, 유럽연합 회원국이 아니라는 점에 유의가 필요하다.

우리는 일상 생활에서 자유 무역 지대와 관련된 기사들을 어렵지 않게 접하게 된다. "한국 최초의 FTA인 한－칠레 FTA'03년 서명 & '04년 발효가 출범하면서 한국이 세계 통상 무대에 데뷔했다", "미국의 트럼프 대통령은 2017년 6월 30일 열린 한－미 정상 회담에서 5년차를 맞고 있는 한－미 FTA'07년 서명 & '12년 발효의 재협상 착수를 공식화했다"는 등의 내용이 그것이다. 또한 FTA가 소규모 개방 경제로서의 한국의 최종 목적지인 것처럼 오도하는 기사들도 종종 발견하게 된다.

하지만, [표 7.1]에서 확인할 수 있는 것과 같이, FTA는 경제 통합 단계의 관점에서 볼 때 그 출발점인 1단계에 불과할 뿐이다. FTA는 기본적으로 체결국 상호 간의 역내 관세 철폐만을 그 본질로 하고 있는 낮은 수준의 경제 통합이기 때문이다. 자유 무역 지대free trade area로서의 FTA가 어떤 경우는 '자유 무역 협정free trade agreement, FTA'의 뜻으로, 다른 경우에는 '자유 무역 연합free trade association, FTA'의 약어로 혼용되기도 하지만, 기술적인 표현상에 차이가 있을 뿐 그 핵심이 역내 관세 철폐 내지는 무관세화에 있다는 점에서는 동일하다.

FTA의 대표로 손꼽히는 사례는 1992년 미국이 캐나다, 멕시코와 체결한 NAFTANorth American Free Trade Agreement, 북미자유무역협정(1992년 서명 & 1994년 발효)였으나, 미국 트럼프 대통령은 2016년 대통령 후보 출마 당시 NAFTA의 재협상을 대선 공약으로 내걸은 바 있다. 그의 약속은 구舊 NAFTA를 폐기, 대체하는 신新 NAFTA라고 할 수 있는 'USMCAUnited States–Mexico–Canada Agreement, 미국－멕시코－캐나다협정'의 서명'18. 11월으로 이행되었다. USMCA는 기존의 NAFTA 대비 대대적인 수정은 없었지만, 가장 특징적인 차이는 자동차 원산지 규정을 강화한 것이다. 즉 미국, 캐나다, 멕시코에서 양산된 북미산 부품이 75% 이상 사용된 자동차에 대해서만 USMCA 협정상의 역내산으로 인정해 관세를 부과하지 않겠다는 것이다. '관세율 제로'라는 북미 역내의 특혜 관세 혜택을 자동차 완성품이 적용받기 위해서는 그 자동차 부품을 북미에서 좀더 많이 조달하도록 주문한 것이다. 북미 지역 내 자동차 산업의 제조 기반을 보호하겠다는 정책 당국의 강력한 의지가 반영된 것으로서 기존 기준은 62.5%였다.

2단계: 관세 동맹customs union, CU

둘째, 경제 통합의 2단계인 '관세 동맹customs union, CU'이다. 앞의 [표 7.1]에서 확인할 수 있는 것과 같이, 관세 동맹customs union, CU은 '역내 관세 철폐 + 역외 공동 관세'를 특징으로 하고, 1944년에 설립된 '베네룩스 관세 동맹Benelux Customs Union, 1948년 발효'이 그 역사적인 사례이다. 同 관세 동맹은 벨기에, 네덜란드, 룩셈부르크의 3개국 사이에 체결되었다.

그런데, 관세 동맹customs union, CU이 자유 무역 지대free trade area, FTA에 있어서의 역내 관세 철폐뿐만 아니라 추가적으로 역외 공동 관세를 채택한다는 것은 역외 수출 기업에게 어떤 경제적 효용을 뜻하는 것일까? 관세 동맹customs union, CU이 갖는 역외 공동 관세의 경제적 효용은 '인접국들neighboring countries' 사이에 발생한다.

[표 7.1]에서 관세 동맹의 예시로 제시되었던 베네룩스 3국은 국경이 맞닿아 있는 '인접국들neighboring countries'이다. 이들 국가의 역외 관세가 제각각이라면, 베네룩스 권역에 수출하는 역외 수출 기업으로서는 베네룩스 3국 중 관세가 가장 낮은 국가에 소재하는 수입 업체에게만 제품을 제공하려고 할 것이다. 이른바 최저 관세국으로의 '무역 쏠림trade diversion' 현상이 발생하는 것이다. 또한 해당 수입 업체는 베네룩스 3국 사이의 제품 유통 과정에서 원산지 위조 등 범법 행위를 저지를 유인incentive도 갖게 된다. 이런 까닭에, 원산지 위조 등 범법 행위를 감시하기 위한 베네룩스 각국의 세관 감독 비용도 증가할 수밖에 없을 것이다. 더 나아가, 이들 3국간의 관세 재정 수입에 있어서도 불균형이 초래될 것이다.

1944년 2차 세계 대전1939~45의 소용돌이 속에서 영국에 망명 중이던 베네룩스 3국의 수반들이 역내 관세만 철폐되는 자유 무역 지대free trade area, FTA가 아니라 역외 공동 관세까지 적용하는 관세 동맹customs union, CU 형태의 경제 통합을 채택발효는 1948년한 이면에는, 이와 같은 '범법의 유인 체계incentive structure of crime'에 관한 종합적인 고려가 있었을 것이다. 베네룩스 관세 동맹은 이후의 유럽 통합의 꿈을 실현하기 위한 여정에 있어서도 그 시발이 되는 단초를 제공한다.

3단계: 공동 시장common market, CM

셋째, 경제 통합의 3단계는 '공동 시장common market, CM'이다. 앞의 [표 7.1]에 제시된 것과 같이, 공동 시장common market, CM은 '역내 관세 철폐 + 역외 공동 관세 + 역내 노동·자본 자유화'를 특징으로 하고, 1957년에 설립된 'EECEuropean Economic Community, 유럽경제공동체'가 그 대표적인 사례이다. 同 공동 시장은 벨기에, 네덜란드, 룩셈부르크, 독일, 프랑스, 이탈리아의 6개 국가들 사이에 체결되었다.

본서 1장 「통상 이슈와 공정, 인권, 환경」의 돋보기 보론인 「자유 무역의 기초, 아담 스미스로부터 폴 크루그먼까지」에서 1977년 노벨 경제학상을 수상한 헥셔－오린Heckscher-Ohlin 모형을 소개한 바 있다. 그 결론은 "노동이 풍부한 나라는 노동 집약적인 재화에 상대적인 우위가 있어 노동 집약적인 재화를 수출해 무역의 이익을 얻고, 자본이 풍부한 나라는 자본 집약적인 재화에 상대적인 우위가 있어 자본 집약적인 재화를 수출해 무역의 이익을 얻는다"는 것이었다.

경제학에서는 어떤 재화나 서비스를 제공하기 위한 원천으로서의 생산 요소를 노동labor, L과 자본capital, K으로 대별하고 있다. 그리고 노동 투입이 상대적으로 많은 산업은 노동 집약적 산업labor-intensive industry으로, 자본 투입이 상대적으로 많은 산업은 자본 집약적 산업capital-intensive industry으로 개념화하고 있다. '자유 무역 지대free trade area, FTA'나 '관세 동맹customs union, CU'이 이러한 생산 요소로서의 노동, 자본이 투여된 '완성체로서의 제품'에 대해 관세를 자유화하는 것에 초점이 있다면, '공동 시장common market, CM'은 거래되는 제품의 원천으로서의 '노동, 자본 자체'의 자유화에 중점을 두고 있다. 쉽게 말해, 물건을 만들기 위해 필요한 사람과 돈이 자유롭게 이동할 수 있게 하자는 것이다. 전후 유럽의 재건을 위해서는 사람과 돈의 자유로운 이동이 필요했다.

4~5단계: 경제 동맹 & 경제 통합economic union & economic integration

넷째, 경제 통합의 4, 5단계는 각각 '경제 동맹economic union'과 '경제 통합economic integration'이다. 앞의 [표 7.1]에서 확인할 수 있는 것과 같이, 경제 통합의 4단계인 경제 동맹economic union은 '역내 관세 철폐 + 역외 공동 관세 + 역내 노동·자본 자유화 + 공동 경제 정책'을 특징으로 하고, 1993년 네덜란드의 숨은 보석과도 같은 도시인 마스트리히트Maastricht에서 체결된 마스트리히트 조약Maastricht Treaty에 따라 설립된 'EUEuropean Union, 유럽연합'가 그 역사적인 사례이다. 同 경제 동맹은 벨기에, 네덜란드, 룩셈부르크, 독일, 프랑스, 이탈리아, 영국, 아일랜드, 덴마크, 그리스, 스페인, 포르투갈, 오스트리아, 스웨덴, 핀란드, 라트비아, 리투아니아, 에스토니아, 폴란드, 체코, 슬로바키아, 헝가리, 슬로베니아, 몰타, 키프러스, 루마니아, 불가리아, 크라아티아의 28개국을 회원국으로 하고 있다'19.9월말 현재.

한편, 경제 통합의 5단계인 경제 통합economic integration은 '역내 관세 철폐 + 역외 공동 관세 + 역내 노동·자본 자유화 + 공동 경제 정책 + 초국가 기구'를 특징으로 하고, 인류사 최초로 EU에서 실험을 진행 중에 있다. EU는 역내 공동 경제 정책 입안, 운영으로 특징지어지는 경제 통합의 4단계인 '경제 동맹economic union'을 거쳐 초국가 기구에 의한 완전한 단일 경제체 구성인 5단계의 '경제 통합economic integration'으로 이행되고 있다. EU의 경제 통합 실험이 5단계에서 성공적으로 완성된다면 EU 회원국들의 경제 주권은 EU라는 초국가 기구로 모두 이양될 것이다.

앞의 [표 7.1]에서 제시된 경제 통합의 사례별 설립 시기에서 볼 수 있는 것처럼, 유럽의 경제 통합 시도는 2차 세계 대전1939~45을 계기로 본격화되었다. 1939년 9월 독일 히틀러의 폴란드 침공으로 발발된 2차 세계 대전은 유럽 전역을 초토화시켰고 유럽 내 전승국이나 패전국 모두에게 유럽 경제의 재건을 하나의 지상 명령으로 요구하게 되었던 것이다. 결국 유럽 각국은 다양한 형태의 경제 통합 실험을 하게 되었고 수많은 시행 착오와 갈등의 제도화를 통해 'EU'라는 형태의 지역 공동체를 잉태하게 되었다. 지난 2012년도에 '사람'이 아닌 '지역 공동체'로서의 EU가 유럽의 평화, 안정에 기여한 공로로 노벨 평화상을 수상한 것 역시 이의 연장선상에 있다고 할 것이다.

경제 통합의 종착점으로서의 EU의 실험은 2012년 노벨 평화상 수상이 상징하는 것과 같이 지금까지는 성공적이었다. 그러나, 2016년 6월에 촉발된 영국의 브렉시트 국민 투표 가결은 유럽 경제 통합의 여정이 결코 쉽지만은 않음을 예시하는 상징적인 사건이라고 할 수 있다.

○ 유럽 경제 블록의 두 축, EU와 EFTA

유럽 지역 내의 지역 통상 협력 협력 또는 협정 regional trade agreement, RTA은 크게 두 개의 기둥으로 구성되어 있다. 그 첫째는 'EU European Union, 유럽연합'이고 그 둘째는 'EFTA European Free Trade Association, 유럽자유무역연합'이다.

앞선 논의에서 살펴 본 것과 같이, EFTA는 경제 통합의 1단계인 '자유 무역 지대 free trade area, FTA'이고, EU는 4, 5단계인 '경제 동맹 economic union', '경제 동맹 economic integration'에 걸쳐 있다. 그리고 경제 통합의 2단계로는 '베네룩스 관세 동맹 Benelux Customs Union'이, 경제 통합의 3단계로는 'EEC European Economic Community, 유럽경제공동체'가 예시로 제시되었다.

여기서 주목하게 되는 내용은, 첫째, 경제 통합의 4, 5단계로 제시된 EU의 소속 회원국 28개국이 경제 통합의 2, 3단계로 각각 예시된 베네룩스 관세 동맹 및 EEC의 회원국을 모두 포함하고 있다는 것이다. 둘째, EFTA의 회원국인 스위스, 노르웨이, 아이슬란드, 리히텐슈타인 4개국은 EU의 28개 회원국에 포함되어 있지 않다는 것이다.

이것이 의미하는 바는, 현존하는 유럽 지역 내의 지역 통상 협력 체계 regional trade agreement, RTA는 EU와 EFTA로 양분되고, 베네룩스 관세 동맹, EEC와 같은 경제 통합 모델은 EU라는 경제 공동체로 흡수, 통합되었다는 것이다.

이런 까닭에 우리 나라의 對 유럽 FTA도 EU, EFTA와 각각 체결되어 있다. 우리 나라는 단일 개별국이 아닌 지역 경제 공동체, 즉 지역 블록과의 최초의 FTA라고 할 수 있는 한-EFTA FTA '05.12월 서명 & '06. 9월 발효를 유럽 지역 4개국과 먼저 체결했고 단일 국가와의 FTA는 한-칠레 FTA가 최초, 이와는 별도로 한-EU FTA '09.10월 서명 & '11.7월 발효를 뒤이어 체결해 유럽 지역 내 우리 나라 FTA의 커버리지 coverage를 확대했다.

한-EU, 한-EFTA FTA를 포함해 WTO에 통보된 전 세계 FTA 현황은, WTO의 지역 협정 DB(http://rtais.wto.org /UI/PublicMaintainRTAHome.aspx)에서 참조 가능하다.

합의 없는 탈퇴와 EU 통상 정책

2016년 6월 23일 영국 내 국민 투표로 영국의 EU 탈퇴가 가결된 후, 영국과 EU 양측은 영국의 EU 탈퇴에 따른 유럽 내 경제 충격을 최소화하기 위해 협상을 진행하게 된다. 2년 5개월간의 양측 협상을 거쳐, 2018년 11월 25일에 영국의 메이Theresa Mary May(1956~) 총리는 다른 EU 27개국 정상들과 벨기에 브뤼셀에서 열린 유럽 정상 회의에서 영국의 EU 탈퇴('브렉시트')에 따른 유럽 경제 충격 최소화를 위한 이행 조건들에 대해 합의, 서명하기에 이른다.

당시의 양측 합의에 따르면, 영국은 2019년 3월 29일부터 EU를 탈퇴하며, 탈퇴 후 2020년말까지는 EU 제도에 대한 의결권은 없는 채로 EU 제도를 준수해야 한다. 또한 '이혼 합의금'으로 불리는 재정 기여금 390억 파운드약 57조원를 EU측에 납부해야 한다. 하지만 2018년 11월 당시 영국과 EU간의 브렉시트 조건에 대한 합의는 기본적으로 양측 의회의 비준을 전제로 한 것이었다. 브렉시트가 영국, EU 의회에서 모두 비준된다면, 영국은 수입 관세 체계 등 EU의 현행 제도를 유지해야 하고 이에 따라 유럽 내 경제 충격은 최소화될 것이다. 그러나, 영국, EU 중 어느 한쪽의 의회에서 그 비준이 무산된다면, EU에 대한 영국의 합의 없는 탈퇴, 이른바 '노딜 브렉시트No Deal Brexit'가 확정되고, 이에 따라 영국 정책 변경에 대한 예측 가능성이 확보되지 못한 채 시장 혼선은 불가피할 수밖에 없게 된다.

그렇다면 영국의 브렉시트 사례와 같이 기존의 EU 회원국이 EU로부터 탈퇴하는 경우 유럽 지역을 주요 수출 거점 중의 하나로 사업 중인 수출 기업으로서는 어떻게 정책 변화를 예상하고 사업 대응을 준비해야 하는 것일까?

수출 기업 입장에서의 최선의 시나리오는 EU 탈퇴국이 예측 가능한 방식으로 EU를 이탈하는 것이다. 기존 EU 제도의 틀은 유지하면서 이루어지는 EU와의 합의에 따른 탈퇴, 다시 말해 '연성 이탈soft exit'의 경우에는 수출 기업의 입장에서 볼 때 통제하기 어려운 사업상의 변화는 없을 것이다. EU 탈퇴국 당국에 의한 일부 정책상의 변경이 있더라도 이는 수출 기업이 감내할 수 있는 범위 내의 점진적인 '미세 조정fine-tuning'에 그칠 것이다. 결국, '연성 이탈soft exit'에 있어서는 수출 기업의 EU 탈퇴국 내에서의 사업은 기존과 동일하거나 유사하게 유지될 수 있는 것이다.

반면에, 수출 기업 입장에서 볼 때 최악의 시나리오는 EU 탈퇴국이 예측 불가능한 방식으로 EU를 이탈하는 것이다. 앞서 살펴 본 '노딜 브렉시트No Deal Brexit'의 상황에서와 같이, EU 탈퇴국이 기존의 EU 제도를 유지할 것인지 자체가 불확실한 '경성 이탈hard exit'의 상황이라면, 수출 기업의 관점에서는 통제 불가능한 사업상의 변화에 대한 사전 대비가 필요하게 된다. 이 때, 수출 기업의 사전 대비는, 첫째, EU 탈퇴국 사업에 대한 물동의 선행 관리, 둘째, EU 탈퇴국 사업에 대한 관세율 변경 대응이 될 것이다.

첫째, EU 탈퇴국 사업에 대한 물동의 선행 관리이다. '노딜 브렉시트No Deal Brexit'와 같이 EU 탈퇴국이 EU로부터 경성 이탈hard exit하는 경우, EU 탈퇴국의 세관 심사 폭증 및 지연으로 인해 수출 기업의 물동 운영에 차질이 발생할 수 있다. 단일 경제 권역으로서의 '국경 없는 EU'는 그 회원국 사이에 별도의 세관 심사 절차가 없다. 단지, EU 내에서 회원국 간에 운송을 완료 후 그 운송 증명서인 'CMRcarriage of merchandise by road'을 세무 당국에 제출하기만 하면 될 뿐이다. 하지만, EU 탈퇴국이 EU 회원국으로서의 지위를 잃게 되면 운송 통관 절차는 전적으로 달라지게 된다. EU산 제품이 EU 탈퇴국으로 운송될 때 그 거래는 더 이상 '국경의 안쪽'에 위치한 거래가 아니고 '국경을 통과'하는 거래가 되기 때문이다.

이 경우 EU 탈퇴국 안에서는 국경을 넘어 유입되는 EU산에 대한 세관 심사가 폭증할 수밖에 없고, 이 세관의 심사 폭증은 심사 지체 및 통관 지연으로 이어질 가능성이 많다. EU 탈퇴국 내에서 세관의 '심사 폭증 → 심사 지체 → 통관 지연'이 현실화된다면, 그 영향은 EU산 물동에만 그치지 않고 非EU산 물동에까지 이를 것이다. EU산에 대한 수입 통관이 지연될 경우, 그것은 한국, 중국 등 타국으로부터 적기에 수입 통관되어 오던 非EU산 제품으로까지 수입 통관의 병목 지연을 초래할 것이기 때문이다. 이런 까닭에 EU 탈퇴국으로 수출되는 물동에 대해서는 선행 재고를 운영하고 창고도 사전에 확보해 놓을 필요가 있다.

둘째, EU 탈퇴국 사업에 대한 관세율 변경 대응이다. EU 탈퇴국의 경성 이탈hard exit이 현실화되는 경우, 同 EU 탈퇴국은 EU산 및 EU가 FTA 협정국들에게 부여해 온 특혜 관세0%를 보류할 가능성이 있다. 관세율 변경은 수출 제품의 손익과 직결되는 사안이다. 해당 EU 탈퇴국으로의 지속적인 판매를 계획하는 수출 기업은, 수입 관세 변경에 따른 손익 분석 및 수출 가격 인상 등을 내부적으로 검토해야 한다. 동시에, EU의 기존 특혜 관세가 EU 탈퇴국에서도 유지될 수 있도록 소속 단체, 협회 채널을 통해 정부 당국에 일관되게 건의해야 할 것이다. 이와 관련 우리 정부는 '영국의 합의 없는 탈퇴(No Deal Brexit)' 발생 시의 한국, 영국 사이의 관세율 변경 등 양국 교역상의 혼선을 최소화하기 위해, 기존 한-EU FTA의 특혜 관세와 유사한 수준에서 한-영 FTA를 합의했다('19.8/22일 시행).

결론적으로 EU와의 합의가 수반된 '연성 이탈soft exit'의 경우에는 기업의 수출 대응은 예측 가능 수준에서 오차 범위를 크게 벗어나지 않을 것이다. 반면에, EU와의 합의가 이루어지지 못한 '경성 이탈hard exit', 즉 '합의 없는 탈퇴no deal exit'에 있어서는 통관 지연 및 관세 변경에 따른 사업 리스크를 우선적으로 고려해야 할 것이다. '합의 없는 탈퇴no deal exit'가 수출 기업으로서의 민간 부문에 끼치는 영향은 반덤핑, 상계 관세, 세이프가드 규제 등 무역 구제 영역이라기보다는 판매 실기, 손익 악화에 직결될 수 있는 물류, 통관 영역에 있다고 하겠다. 물론, EU로부터의 이탈 후 전개될 EU 탈퇴국의 무역 구제 정책상의 변화에 대해서는 지속적인 모니터링이 필요하다.

○ EU Regulation? EU 규범 체계 & 통상 법령

EU의 무역 구제trade remedy 법령은 (1) 반덤핑을 규율하는 'EU 규정 2016 / 1036EU Regulation 2016 / 1036', (2) 상계 관세를 관할하는 'EU 규정 2016 / 1037EU Regulation 2016 / 1037', (3) 세이프가드를 규정하는 'EU 규정 2015 / 478 EU Regulation 2015 / 478'로 3대별된다. 그런데 이 3대 법령의 제목에는 공통적으로 '규정regulation'이라는 단어가 포함되어 있다. 그렇다면 이 '규정regulation'이라는 것은 무엇이고, EU의 규범 체계 내에서 어떤 의미를 갖는 것일까?

EU 규범은 회원국 정부뿐만 아니라 회원국 내 개인들에게도 '직접 적용'되고, EU 회원국의 국내법에 대해 '우선 적용supremacy'되는 특징을 갖고 있다. 이 EU 규범은 (1) 규정regulation, (2) 지침directive, (3) 결정decision, (4) 권고recommendation, (5) 의견opinion의 다섯 가지로 유형화된다EU의 전신 중 하나인 EEC(European Economic Community) 조약 189조. 각각에 대해 살펴 보자.

1. 규정^{regulation}

EU '규정^{regulation}'은 'EU 전역'에 대해 '법적 구속력을 갖는' '법적 규율'로서, 회원국의 별도 입법 없이 '직접 적용'된다. 반덤핑, 상계 관세, 세이프가드 등 무역 구제 '법령'이 이에 해당한다.

2. 지침^{directive}

EU '지침^{directive}'은 'EU 전역'에 대해 '법적 구속력을 갖는' '법적 규율'로서, 회원국의 별도 입법을 통해 '간접 적용'된다.

3. 결정^{decision}

EU '결정^{decision}'은 '특정 사안'에 대해 '법적 구속력을 갖는' '법적 규율'로서, 회원국의 별도 입법 없이 '직접 적용'된다. 반덤핑, 상계 관세, 세이프가드 등 무역 구제 '조치'가 이에 해당한다.

4. 권고^{recommendation}

EU '권고^{recommendation}'는 'EU 전역 or 특정 사안'에 대해 '법적 구속력이 없는' '방향 제시'로서, 법적 구속력은 없지만 EU 사법 재판소^{European Court of Justice, ECJ}에서 법적 판단의 근거로 활용된다.

5. 의견^{opinion}

EU의 '의견^{opinion}'은 'EU 전역 or 특정 사안'에 대해 '법적 구속력이 없는' '입장 표명'으로서, 법적 구속력은 없지만 EU 사법 재판소^{European Court of Justice, ECJ}에서 법적 판단의 근거로 활용된다.

EU 전역에 직접 적용되는 가장 강력한 EU 규범은 '규정^{regulation}'이다. 반덤핑 'EU 규정 2016 / 1036^{EU Regulation 2016 / 1036}', 상계 관세 'EU 규정 2016 / 1037^{EU Regulation 2016 / 1037}', 세이프가드 'EU 규정 2015 / 478^{EU Regulation 2015 / 478}'은 모두 가장 강력한 EU 규범 영역에 위치하고 있는 것이다. 반덤핑, 상계 관세, 세이프가드 등 무역 구제에 관한 '법령'이 EU '규정^{regulation}'에 해당하는 반면에, 반덤핑, 상계 관세, 세이프가드 등 무역 구제에 대한 '조치'는 EU '결정^{decision}'에 해당한다는 점에 유의가 필요하다.

8장

중국의 시장 경제 지위와
통상 분쟁

方舟而濟於河	배로 강을 건널 때
有虛船來觸	빈 배가 떠내려와 자기 배에 부딪치면
雖有惼心之人不怒	속 좁은 사람이라도 화내지 않겠지만
有一人在其上	그 배에 사람이 타고 있다면
則呼張歙之	떨어지라고 소리친다
呼而不聞	한번 소리쳐서 말 듣지 않으면
再呼而不聞	두번 소리치고 그래도 말 듣지 않으면
於是三呼邪	세번 소리치며
則必以惡聲隨之	반드시 나쁜 소리가 뒤따르기 마련이다
向也不怒而今也怒	처음 화내지 않다가 지금 화내는 것은
向也虛而今也實	처음은 빈 배, 지금은 누군가 탔기 때문
人能虛己以遊世	사람들이 자기를 비우고 세상을 산다면
其孰能害之	그 누가 그를 해하겠는가

– 〈장자〉 외편 「산목」 中 –

노자老子, Lao Tzu(BC 571~471)와 더불어 중국 도가道家, Taoism 계열의 사상적 기초를 놓은 장자莊子, Chuang Tzu(BC 369~286)의 <장자莊子, Chuang Tzu>는 내편 內編 7편, 외편外編 15편, 잡편雜編 11편의 총 33편으로 구성된 3부작 저술이다. 그 외편外編 15편 가운데 하나인 「산목山木」편의 '빈 배虛舟, empty boat' 우화는 다양한 형태의 갈등적 상황에 직면해 있는 현대인들에게 많은 생각을 일깨워 준다. 자신이 타고 있는 배와 부딪힌 다른 사람의 배를 '빈 배虛舟, empty boat'처럼 생각하고 분노를 거두라는 그의 '내려 놓는 마음의 미학美學'은 이익 관계의 갈등 속에 고민하는 현대인이라면 한번쯤 곱씹어 볼 가치가 있는 가르침이라고 하겠다.

트럼프 대통령 취임 첫 해인 2017년에 美 통상법Trade Act of 1974 301조 조사'17.8월 개시 & '18.7월 규제를 도화선으로 극화極化되고 있는 美-中 통상 분쟁의 갈등을 지켜 보면서, 이 '빈 배虛舟, empty boat' 우화의 교훈이 다시금 떠오르는 것은 무슨 까닭에서일까? 자신이 타고 있는 배와 부딪힌 다른 사람의 배를 향해 소리치고 있는 사람이 미국의 트럼프 대통령이라면, 그 부딪힌 배에 타고 있는 다른 사람은 중국의 시진핑習近平, Xi Jinping(1953~) 주석이라고 할 수 있다. 미국의 시각에서 볼 때, 중국은 더 이상 '빈 배'가 아니고 시진핑 주석이 이끄는 '사람이 탄 배'인 것이다. 그렇다면, 어떤 까닭에서 중국은 더 이상 '빈 배'일 수 없는 것일까? 중국의 시장 경제 국가 지위와 관련된 내용으로부터 논의를 진행하도록 하자.

중국은 시장 경제 국가인가

2001년 12월 11일은 중국의 WTO 가입일이다. 2001년 12월 11일을 기점으로 'GATT / WTO'라는 다자 규범 체제 내로 중국이 편입된 것이다. 더군다나, 중국의 WTO 가입 의정서WTO protocol of accession에 따르면, 同 가입일로부터 15년이 경과되는 시점에, 다시 말해 2016년 12월 11일부터 중국은 '非시장 경제국NME, non-market economy → 시장 경제국ME, market economy'으로 전환된다중국의 WTO 가입 의정서 15조(d). 그런데, 중국이 '시장 경제국 지위MES, market economy status'를 인정받기 위해서는 중국이 '시장 경제국ME, market economy'인지에 대한 '입증proof'이 필요하게 된다. 중국 정부의 공식 입장은 중국이 WTO에 가입한 이후 15년이 경과하면 중국측의 별도 '입증proof' 없이도 '자동적'으로 '시장 경제국ME, market economy'으로 전환된다는 것이다. 이러한 중국 정부의 공식 입장에도 불구하고, 2001년 12월의 WTO 가입 이후 중국은 세계 각국 정부로부터 중국의 '시장 경제국 지위MES, market economy status'를 인정 받기 위한 외교 총력전을 전개하게 된다.

표 8.1 **對 중국 시장 경제 지위 인정국**

인정 시점	중국의 시장 경제 지위 인정 국가 [market economy status (MES)]	연도 합계	누적 합계
`04년	뉴질랜드, 네팔, 키르기즈스탄, 콩고, 베냉, 토고, 몰도바, 남아프리카 공화국, 지부티, 인도네시아, 말레이시아, 태국, 싱가포르, 브루나이, 필리핀, 베트남, 라오스, 캄보디아, 미얀마, 그루지야, 나이지리아, 러시아, 아르메니아, 바베이도스, 가이아나, 앤티가 바부다, 브라질, 아르헨티나, 칠레, 페루, 베네수엘라 등	36	36
`05년	한국, 호주, 이스라엘, 카자흐스탄, 우크라이나, 벨라루스, 아이슬란드, 앤티가 바부다, 도미니카연방, 수리남, 자메이카, 트리니다드 토바고 등	13	49
`06년	알제리, 수단, 중앙아프리카, 시에라리온, 이집트, 말리, 가봉 등	14	63
`07년	노르웨이, 스위스, 잠비아, 시리아, 카보베르데 등	12	75
`11년	기니 등	5	81
이후	`11년 이후 지위 인정국은 없는 것으로 파악	-	81

* 출처: KOTRA 뉴스(https://news.kotra.or.kr/)〉 뉴스〉 통상 · 규제〉 중국 베이징 무역관(등록일 '16.12/14일).

앞의 [표 8.1]은 중국이 WTO 가입 이후에 외교 총력전을 통해 중국의 '시장 경제국 지위MES, market economy status'를 인정받은 국가들의 목록이다. 코트라 KOTRA(Korea trade-investment promotion agency), 대한무역투자공사 베이징 무역관의 2016년 12월 조사 자료에 따르면, 중국의 시장 경제국 지위MES, market economy status를 인정한 국가들은 모두 81개국으로 알려져 있다. 우리 나라의 경우에는 2005년 노무현 행정부 당시에 중국의 '시장 경제국 지위MES, market economy status'를 인정한 바 있다. 그런데 [표 8.1]에서 중국을 시장 경제국ME, market economy으로 인정한 국가들의 목록을 유심히 들여다 보면, 세계 경제 통상의 주요 강국들의 이름이 보이지 않는 것을 간취할 수 있다. 다음의 [표 8.2]를 통해 좀더 직관적으로 이해해 보도록 하자.

표 8.2 對 중국 시장 경제 지위 인정 지형도

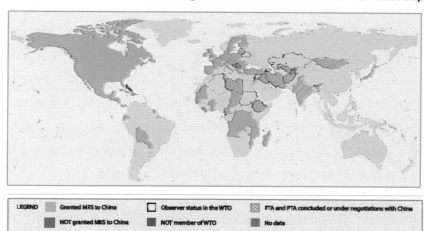

Figure 2: Map of WTO members that granted earlier MES status to China and membership[18]

LEGEND		
Granted MES to China	Observer status in the WTO	FTA and PTA concluded or under negotiations with China
NOT granted MES to China	NOT member of WTO	No data

Data source: the original data has been compiled by S. Kennedy and Zhao Shuang for their article "China's Frustrating Pursuit of Market Economy Status: Implications for China and the World", in S. Kennedy and S. Cheng, From Rule Takers to Rule Makers: The Growing Role of Chinese in Global Governance, Research Centre for Chinese Politics and Business and International Centre for Trade and Sustainable Development, 2012; The original data was modified by the author as explained above.

[18] We particularly thank Professor Scott Kennedy (Center for Strategic & International Studies, CSIS) for sharing this data with EPRS.

* 출처: Laura Puccio, Granting Market Economy Status to China.(2015) EPRS(European Parliamentary Research Service) 발행.

앞의 [표 8.2]는 중국의 '시장 경제국 지위MES, market economy status' 인정 여부에 관한 세계 지형도이다. 회색으로 표시된 영역은 중국을 시장 경제국ME, market economy으로 인정한 국가들을 뜻하고, 붉은색으로 표시된 영역은 중국을 시장 경제국ME, market economy으로 인정하지 않는 국가들을 의미한다. 앞서 2부 5장의 「GATT / WTO 원칙과 무역 규범 체계」를 논의하면서 살펴 본 것과 같이, 무역 정책 검토 제도trade policy review mechanism, TPRM의 검토 주기가 3년인 세계 교역 규모 1~4위의 국가들은 EU, 미국, 중국, 일본이다본서 5장 「GATT / WTO 원칙과 무역 규범 체계」의 [표 5.2]의 우측 하단 참조. 이 4대 경제 강국들 가운데 중국을 제외한 EU, 미국, 일본을 앞의 [표 8.2]에서 찾아 보자. 모두 붉게 물들어 있는 것을 확인할 수 있다. EU, 미국, 일본 모두 중국을 시장 경제국ME, market economy으로 인정하고 있지 않는 것이다. 그렇다면 중국을 '시장 경제국ME, market economy'으로 인정한다는 것은 어떤 실질적 함의를 갖는 것일까?

본서 2장의 「가치 평가로서의 덤핑 마진과 4대 제약 조건」에서 非시장 경제국NME, non-market economy의 '대체 가격SV, surrogate value'에 대해 논의했던 내용을 상기해 보자[표 2.18]. 非시장 경제국NME, non-market economy은 가격 형성에 정부의 통제가 개입될 개연성이 높고, 이런 까닭에 GATT는 非시장 경제국에 대한 반덤핑 기준 가격basis price으로서 대체적인 방법을 고안할 수 있음을 명문화했다GATT 6조 부속서 I.1.2. 이 때, 非시장 경제국에 있어서의 대체적인 기준 가격은 '대체 가격SV, surrogate value'으로 명명된다. 그리고 많은 非시장 경제국NME, non-market economy의 반덤핑 Case는 이 '대체 가격SV, surrogate value'의 사용으로 인해 100퍼센트가 넘는 고율의 덤핑 마진 판정이 있게 된다. 이것이 바로 중국 정부가 '시장 경제국 지위MES, market economy status'를 인정받기 위해 범정부 차원에서 총력 대응하는 까닭이고, EU, 미국, 일본은 이것에 대해 반대하고 있다.

2016년 EU와 미국은 모두 중국에 대해 '시장 경제국 지위MES, market economy status'를 부여할 의사가 없음을 공식적으로 선언했다EU는 '16.5월 & 미국은 '16.11월. 그리고 이에 맞서 중국 정부는 중국에 대한 미국 및 EU의 '시장 경제국 지위MES, market economy status' 인정 거부를 WTO에 제소했다'16.12월. 그러나, 중국이 소訴 제기한 이 WTO 쟁송의 법적 결론이 미국 및 EU의 승소로 예상되자, 중국 정부는 WTO에 同 쟁송의 중단을 요청했다'19.6월. 중국 정부는 중국이 '시장 경제국ME, market economy'이라는 법적 '입증proof'에 승산이 없다고 판단한 것이다. 그러나, 중국이 '시장 경제국ME, market economy'인가라는 질문을 둘러싼 통상 분쟁은 다른 색깔의 옷을 입고 재방문할 것이다. 향후 귀추가 주목된다.

非시장 경제국 vs. 시장 경제국 대우(MET / MOE / MOI)

주지하는 것과 같이, 非시장 경제국NME, non-market economy에 대한 반덤핑 Case는 실제로 발생한 원가 / 판관비 / 이윤이 부인되고 가상으로 고안된 '대체 가격SV, surrogate value'이 덤핑 마진 산정을 위한 기준 가격basis price으로 사용된다. 그런데 非시장 경제국NME, non-market economy 내에서 시장 경제 조건에 기초해 사업을 영위하고 있는 글로벌 기업에게도 무차별적으로 '대체 가격SV, surrogate value'을 적용하는 것이 합리적인 것일까? 글로벌 기업의 생산은 '시장 or 非시장' 경제국 여부를 놓고 영위되는 것이 아니라 가장 경쟁력 있는 경제 조건, 원가 환경을 찾아 수행되기 때문이다.

이런 까닭에, EU나 미국의 반덤핑 제도는 글로벌 기업들이 갖는 국제적인 생산 오퍼레이션의 특수성을 고려해 非시장 경제국NME, non-market economy에 소재한 업체임에도 불구하고, 시장 경제국ME, market economy Case의 가격 평가price valuation 방법으로 심사할 수 있는 길을 열어 놓았다. EU에서는 이를 '시장 경제 대우MET, market economy treatment'라고 일컫고, 미국에서는 이를 '시장 친화 기업 MOE, market-oriented enterprise' 혹은 '시장 친화 산업MOI, market-oriented industry'으로 명명하고 있다.

EU나 미국의 반덤핑 제도가 非시장 경제국NME, non-market economy에 대한 시장 경제국ME, market economy 대우를 허용하고 있는 것은 분명하다. 그럼에도 불구하고, 그 인정 사례 자체가 많지 않아 반덤핑 피소되는 글로벌 기업으로서는 그 실익이 사실상 없다. 특히 미국의 경우에는 '시장 친화 기업MOE, market-oriented enterprise' 내지 '시장 친화 산업MOI, market-oriented industry'으로 인정된 사례가 전무 全無한 것으로 알려져 있다.

중국 제조 2025와 미국의 봉쇄 정책

<장자莊子, Chuang Tzu >의 '빈 배虛舟, empty boat' 우화로 다시 돌아가 보자. 시진핑 주석이 이끄는 중국은 '빈 배虛舟, empty boat'가 아니다. 그리고 미국의 트럼프 대통령은 하나 가득 물건을 실은 중국이라는 '배'를 향해 소리치고 있다. 그렇다면 중국이라는 '배'에는 도대체 어떤 물건이 실려 있기에 미국의 트럼프 대통령이 그토록 소리치고 있는 것일까?

디지털, 스마트화로 기술 혁명이 고도화되어 감에 따라, 美－中 양국은 모두 국부의 새로운 원천으로 제조업 혁신 및 재산업화에 주목하고 있다. '4차 산업 혁명4th industrial revolution'의 시대가 도래한 것이다. 중국은 2045년까지 제조 부문 '글로벌 원 탑global one top'을 목표로 국가 정책을 체계화, 추진 중에 있고, '세계의 공장'이 된 중국으로 인해 제조업이 붕괴되고 있는 미국은 對 중국 봉쇄를 통한 제조 기반의 재건을 시도하고 있다.

다음의 [표 8.3]의 좌측에는 중국의 제조 강국 정책, 즉 '중국 제조 2025中國製造 2025, Made in China 2025'가 정리되어 있다. 2015년 5월 중국 국무원중앙 집행부의 수장인 리커창李克强, Li Keqiang(1955~) 총리가 발표한 同 정책은, 명실 상부한 '세계의 공장'10년부터 중국은 양산량 세계 1위임에도 불구하고 생산성 저하 및 핵심 기술력 부재에 봉착한 중국에 대한 생존 지침 혹은 경제 로드맵이라고 할 수 있다. 중국은 더 이상 '하청 국가'이기를 거부하고 '선도 국가'로 도약하기 위해 향후 30년간 3단계의 산업 고도화 계획을 수립, 추진 중에 있는 것이다.

표 8.3 **중국 제조 2025 vs. 對 중국 봉쇄 정책**

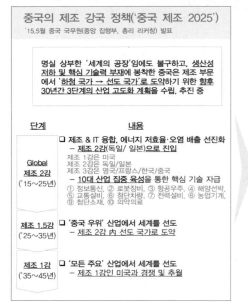

'중국 제조 2025中國製造 2025, Made in China 2025'에서 계획하고 있는 중국의 산업 고도화 전략은 '2015~25년 글로벌 제조 2강(1단계) → 2025~35년 글로벌 제조 1.5강(2단계) → 2035~45년 글로벌 제조 1강(3단계)'이다. 전체적으로 볼 때, 1단계는 '전략 산업 육성'을, 2단계는 육성된 전략 산업에 기초한 '중국 우위 산업 선도'를, 3단계는 중국 우위 산업에 기반한 '모든 주요 산업 선도'를 그 핵심으로 하고 있다.

첫째, 중국 산업 고도화 전략의 1단계인 '글로벌 제조 2강'이다. 중국은 2015~25년의 10년에 걸쳐 '제조 산업 vs. 정보 통신IT, information technology' 부문을 상호 융합하고 에너지 저효율, 오염 배출 산업을 선진화하는 것을 목표로 하고 있다. 이 기간 동안 독일, 일본과 동등한 수준의 글로벌 제조 2강으로 진입해, 현재의 '제조 1강 미국－제조 2강 독일/일본－제조 3강 영국/프랑스/한국/중국'의 구도에서 중국의 제조 역량을 한 단계 도약시켜 글로벌 시장에서 자리 매김하겠다는 것이다. 그런데, 이 글로벌 경제 도약을 위해서는 성장의 엔진이 될 수 있는 핵심 산업의 육성이 필요하다. 이런 까닭에, ① 정보 통신, ② 로봇 장비, ③ 항공 우주, ④ 해상 선박, ⑤ 교통 설비, ⑥ 첨단 차량, ⑦ 전력 설비, ⑧ 농업 기계, ⑨ 첨단 소재, ⑩ 의약 의료 산업을 10대 전략 산업으로 집중 육성하고 핵심 기술을 자급할 수 있는 기반을 구축하는 전략을 수립했다. 향후 글로벌 시장 경쟁의 핵심적인 먹거리가 될 4차 산업 혁명4th industrial revolution의 모든 영역들이 망라되어 있는 것이 특징적이다.

둘째, 중국 산업 고도화 전략의 2단계인 '글로벌 제조 1.5강'이다. 중국은 2025~35년의 10년에 걸쳐 앞선 1단계에서 확보된 글로벌 제조 2강의 역량을 바탕으로 '중국 우위' 산업에서 세계를 선도하는 시나리오를 전략화했다. 이 기간 동안 중국은 글로벌 제조 2강 내에서 선도 국가로 도약하게 된다.

셋째, 중국 산업 고도화 전략의 3단계인 '글로벌 제조 1강'이다. 중국은 2035~45년의 10년에 걸쳐 '모든 주요' 산업에서 세계를 선도하게 된다. 글로벌 제조 1강인 미국과 경쟁하면서 종국에는 미국을 추월하는 전략인 것이다. 美 트럼프 대통령이 중국의 10대 전략 산업을 직접 겨냥해 '美 통상법 301조'라는 '전가傳家, 집안에 내려오는의 보도寶刀, 보배로운 칼'를 꺼내 들며 중국이라는 '부딪힌 배'에 소리치고 있는 것도 이런 까닭에서이다.

'중국 제조 2025中國製造 2025, Made in China 2025'가 담고 있는 중국의 세계 제1의 패권국에 대한 야심은 미국의 對 중국 봉쇄 정책을 지속, 강화하는 결과를 낳고 있다. 앞의 [표 8.3]의 우측에 요약되어 있는 것과 같이, 2017년 1월에 출범한 트럼프 행정부의 경제 브레인인 피터 나바로 위원장은, 중국 정부의 불공정 보조금 등 불법적인 수출 지원이 중국의 對 미국 흑자의 핵심 원인이고 '美 제조업 붕괴 및 고용 강탈 → 중국 對 미국 흑자의 군사 자금화 → 중국 공산당 독재의 인권 탄압 정당화'라는 악순환의 고리가 가속화되고 있는 것에 주목하고 있다. 중국의 '중국 제조 2025'와 마찬가지로 미국의 對 중국 봉쇄 정책containment policy도 3단계로 구성되어 있다. '단기 통상 규제(1단계) → 중기 군사 억지(2단계) → 장기 인권 보호'가 바로 그것이다.

첫째, 미국 對 중국 봉쇄 정책의 1단계인 '단기 통상 규제'이다. 주지하는 것과 같이, 美 트럼프 행정부는 중국 정부 주도의 불공적 무역unfair trade에 대한 규제를 강화하고 있다. 2016년 11월 이후 일관되게 중국의 시장 경제 지위MES, market economy status를 거부하고 있는 것도 이의 연장선 위에 있다. 앞서 언급된 것과 같이, 미국이 중국의 시장 경제 지위MES, market economy status를 거부하게 되면 중국은 반덤핑 등 미국의 불공정 무역 조사에서 고율의 규제 관세가 불가피하게 된다. 뿐만 아니라, 미국은 중국에 의한 美 지적 재산권 침해에 관한 조사도 개시했다. 언론 매체를 통해 '美-中 통상 분쟁' 혹은 '美-中 디지털 경제 패권 경쟁'으로 알려진 同 조사美 통상법 301조(Trade Act of 1974) 조사는 2017년 8월 최초로 개시된 이래 2~4차로 추가 조사 및 규제로 가속화되면서 중국 정부의 목줄을 조이는 형국이 되고 말았다. 규제 대상은 2015년 5월 중국이 발표한 '중국 제조 2025中國製造 2025, Made in China 2025'의 10대 전략 산업 제품이다.

둘째, 미국 對 중국 봉쇄 정책의 2단계인 '중기 군사 억지'이다. 이 '중기 군사 억지'는 미국의 對 중국 무역 수지를 개선시킴으로써 중국의 對 미국 무역 흑자가 중국의 군사 자금으로 전환되는 악순환을 끊는 것이 그 골격이다. 미국은 중국의 시진핑 행정부가 추진 중인 경제 교역로 구상, 즉 '일대일로一帶 一路, one belt & one road'가 군사 전용화될 수 있음을 주목하면서, 이에 대응하는 '인도-태평양 전략India-Pacific Strategy, 美 항모 군단의 제해권 확보가 목적'을 지난 2017년 11월부터 추진 중에 있다.

셋째, 미국 對 중국 봉쇄 정책의 3단계인 '장기 인권 보호'이다. 미국이 주도적으로 중국 내 인권을 보호함으로써 현행 중국 공산당 독재 체제가 민주화될 수 있도록 유도한다는 것이다. 트럼프 행정부에서는 중국의 인권 보호를 중국식 중상주의mercantilism 타파의 기초로 인식하고 있다.

본서 6장의 「트럼프 4두 마차 체제와 피터 나바로 위원장」에서 피터 나바로의 對 중국 통상 전략인 <중국에 의한 종말Death by China(2011)>을 소개한 바 있다. 미국의 트럼프 행정부 및 피터 나바로 위원장의 관점에서 볼 때 미국이 '중국에 의한 종말Death by China'을 우려하고 있다면, 중국의 시진핑 행정부의 시각에서 볼 때 미국의 공세로 촉발된 '美-中 통상 분쟁'은 중국의 '미국에 의한 종말Death by America'을 뜻하는 것일 수 있다.

본 절의 논의에서 살펴본 것과 같이, 美－中 통상 분쟁의 중심에는 '중국 제조 2025中國製造 2025, Made in China 2025'가 놓여 있고, 이 중국 제조 2025中國製造 2025, Made in China 2025의 중심에는 다시 10대 전략 산업이 놓여 있다. 10대 전략 산업은 '4차 산업 혁명4th industrial revolution' 시대의 먹거리 산업이다. 그렇다면 4차 산업 혁명4th industrial revolution이란 과연 무엇일까? 20세기 독일의 경제학자 클라우스 슈밥Klaus Schwab(1938~)의 ＜4차 산업 혁명The Fourth Industrial Revolution(2016)＞을 살펴 보도록 하자.

약 1만년 전 수렵, 채집 생활을 하던 인류는 농업 혁명으로 일컬어지는 농경 생활로의 큰 변화를 맞이했고, 농업 혁명 이후 18세기 중반부터는 일련의 산업 혁명을 경험했다. 18세기 중반부터 19세기 중반에 걸쳐 발생한 1차 산업 혁명은 철도 건설과 증기 기관의 발명을 바탕으로 '기계에 의한 생산'을 이끌었고, 19세기 말에서 20세기 초까지 이어진 2차 산업 혁명은 전기와 생산 조립 라인을 바탕으로 '대량 생산 체제'의 출현을 가져 왔다. 20세기 중반에 시작되어 20세기 말까지 전개된 3차 산업 혁명은 반도체와 컴퓨팅, PC 및 인터넷이 발달을 주도하며, '컴퓨터 혹은 디지털' 혁명으로 명명되었다.

클라우스 슈밥에 따르면, 4차 산업 혁명4th industrial revolution은 디지털 혁명을 기반으로 21세기의 시작과 동시에 출현해 현재 진행 중에 있다. 저렴하면서 작고 강력해진 센서, 언제 어디서나 필요한 정보 접근이 가능한 유비쿼터스ubiquitous, 어디에나 있는 모바일, 인공 지능artificial intelligence, AI과 기계 학습machine learning이 4차 산업 혁명의 차별화된 개념이다. 컴퓨터와 네트워크가 핵심인 디지털 기술이 우리에게 새로운 개념은 아니지만, 3차 산업 혁명 이후 더욱 정교해지고 통합적으로 진화한 디지털 기술, 즉 4차 산업 혁명은 모든 면에서 강력한 영향력을 행사하며 역사적으로도 큰 의미를 지니게 될 것임을 저자는 주장한다.

그는 4차 산업 혁명이 전개되는 특징을 '속도', '범위와 깊이', '시스템 충격'이라는 세 가지 개념으로 설명하고 있다. 첫째, '속도velocity'이다. 기존의 1~3차 산업 혁명과는 달리, 4차 산업 혁명은 선형적인 속도가 아닌 기하급수적 속도로 진행 중에 있고, 둘째, '범위와 깊이breadth & depth'이다. 4차 산업 혁명은 디지털 혁명을 기반으로 다양한 과학 기술을 융합해 개인뿐 아니라 경제, 기업 및 사회에 선례를 찾을 수 없는 패러다임 전환을 유도하게 된다. 셋째, '시스템 충격system impact'이다. 4차 산업 혁명은 국가, 기업, 산업, 사회 전체의 시스템의 변화를 수반하게 된다.

클라우스 슈밥은 4차 산업 혁명을 이끄는 메가 트렌드로 '물리학', '디지털', '생물학'의 세 가지 기술에 주목한다. 첫째, '물리학physical' 기술이다. 인간과의 협업이 가능한 첨단 로봇 공학, 드론drone, UAV(unmanned aerial vehicle)과 같은 무인 운송 장치, 맞춤 생산을 가능케 하는 3D 프린팅, 강철보다 200배 이상 강하지만 두께는 머리카락의 100만분의 1 정도로 매우 얇은 그래핀graphene과 같은 최첨단 나노nano, 10억분의 1미터 신소재 등이 이에 해당한다. 둘째, '디지털digital' 기술이다. 상호 연계성과 다양한 플랫폼을 바탕으로 원격 모니터링으로까지 확장 가능한 사물 인터넷internet of things, IOTs, 네트워크상 참여자들의 공동 검증을 받는 보안 프로토콜로서 비트코인bitcoin으로 널리 알려진 블록 체인blockchain 시스템, 우버 서비스와 같은 플랫폼의 등장으로 가능해진 주문형 경제on-demand economy, 일명 '공유 경제'등이 이에 해당한다. 셋째는 '생물학biological' 기술이다. 인간 게놈 프로젝트human genome project와 같은 염기 서열 분석 비용의 감소, DNA 데이터 분석을 통한 유전자 편집 기술의 고도화 및 개인 맞춤형 헬스 케어 산업의 혁신이 이에 해당한다.

4차 산업 혁명은 인류가 지금까지 경험하지 못한 최상의 혜택을 제공할 여러 가능성을 품고 있지만, 지금까지 담론화되지 않은 새로운 형태의 정체성, 도덕, 윤리성을 하나의 지상 명령으로 요구하게 된다. 심화되는 불평등, 인간 노동의 대체 등이 그 구체적인 영역이다. 로봇과 알고리즘이 점차 인적 노동을 물적 자본으로 대체하고, 노동 시장은 보다 세분화된 전문 영역으로 더욱 편중될 것이며, 전 세계적으로 연결된 디지털 플랫폼은 소수의 스타들에게 보상을 독식시키는 불평등 구조를 양산하게 될 것이다. 저숙련 노동력이나 평범한 자본력을 가진 사람들이 아닌, 새로운 아이디어와 비즈니스 모델, 상품과 서비스를 제공하면서 4차 산업 혁명의 생태계에 완벽하게 적응할 수 있는 능력을 갖춘 사람들이 승자가 되는 것이다. 중산층에게 기회를 제한하는 이러한 승자 독식 체제는 민주주의에 대한 불만과 포기를 조장하는 사회 문제로 극단화될 수 있다.

아마존이나 넷플릭스는 소비자의 취향을 예측하는 알고리즘을 사용해 우리에게 책과 영화를 추천한다. 알고리즘의 제안을 받아 들여야 할 것인가, 아니면 가족과 친구, 동료의 조언을 받아 들여야 할 것인가? 만약 어떤 상황 속 우리의 행동이 예측 가능해진다면, 그 예측에서 벗어나기 위한 자유가 우리에게 얼마나 있는 것일까? 기계의 예측 능력으로 인해 인간이 로봇처럼 행동하게 되는 상황이 발생하지는 않을 것인가? 이러한 쟁점들은 인간의 다양성과 민주성의 근원인 개인의 특성을 디지털 시대에 어떻게 유지할 수 있는지에 대한 철학적 질문으로 이어지게 된다.

4차 산업 혁명은 파괴적 혁신을 이끌어 내겠지만, 그에 따라 발생되는 문제들에 대해 고민하고, 새로운 환경에 적응하기 위해 필요한 변화와 정책을 만들어 내는 일은 인류의 몫이다. 독일 시인 릴케^{Rainer Maria Rilke(1875~1926)}가 그의 시를 통해 말했듯이, "미래는 우리 안에서 변화하기 위해 훨씬 전부터 우리 내부에 들어와 있다". 모든 이해 당사자가 자신의 의견을 제시할 수 있는 지역적, 국가적, 초국가적 차원의 지속적인 협력과 대화가 가능해야만, 인류는 4차 산업 혁명의 최종 목적지에 도달할 수 있다.

中 일대일로 vs. 美 인도-태평양 전략

시진핑 행정부의 '중국 제조 2025^{中國製造 2025, Made in China 2025}'가 '중국 대륙에 걸쳐 있는' 경제 정책이라면 '일대일로^{一帶 一路, one belt & one road}'는 '중국 대륙을 넘어서는' 경제 정책이다. 앞 절에서 잠시 언급된 것과 같이, 중국의 '일대일로^{一帶 一路, one belt & one road}'는 시진핑 행정부의 경제 구역로 구상이다. 다음의 [표 8.4]의 우측 상단에서 확인할 수 있는 것과 같이, 일대일로^{一帶 一路, one belt & one road}의 '일대^{一帶, one belt}'는 중국의 육상 교역로를, '일로^{一路, one road}'는 중국의 해상 교역로를 각각 의미한다.

21세기 중국의 신^新 실크 로드^{silk road}이자 경제 벨트인 일대일로의 '일대^{一帶, one belt}'는 중국을 그 시작으로 해 카자흐스탄, 우즈베키스탄, 타지키스탄 등 CIS^{confederation of independent states, 독립국가연합} 지역을 거쳐 중동의 이란과 터키 및 러시아를 관통하면서 유럽의 독일, 네덜란드, 이탈리아를 아우르는 육상 교역로이다. 일대일로의 '일로^{一路, one road}'는 중국을 그 시작으로 해 베트남, 말레이시아, 인도네시아 등 동남아 국가들을 거쳐 인도, 스리랑카를 관통하면서 아프리카의 케냐와 유럽의 그리스, 이탈리아를 연결하는 해상 교역로이다.

표 8.4 **중국의 일대일로 vs. 미국의 인도-태평양 전략**

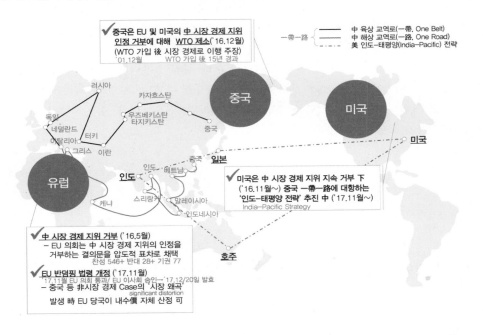

미국은 이 중국의 '일대일로一帶 一路, one belt & one road' 경제 벨트에 심각한 우려를 갖고 있다. 중국의 '일대일로一帶 一路, one belt & one road' 구상이 국제적인 경제 교역망 체계의 구축에 있음에도 불구하고, 그것이 언제든지 전시戰時 상황의 군수 물자 공급로로 전용될 수 있기 때문이다. 이런 까닭에 미국은 중국의 '일대일로一帶 一路, one belt & one road'에 대항하는 '인도-태평양 전략India-Pacific Strategy'을 지난 2017년 11월부터 추진 중에 있다. 同 전략은 미국, 일본, 인도, 호주의 4개국을 연결하는 공동 군사 전선으로서, 미국의 3대 전략 자산인 항모항공 모함 군단, 전진 기지, 인공 위성 가운데 하나인 美 항모 군단의 해상 통제력 확보를 그 목적으로 하고 있다. 그런데, [표 8.4]의 중앙부에서 확인할 수 있는 것과 같이, 우리 나라는 중국의 '일대일로一帶 一路, one belt & one road'나 미국의 '인도-태평양 전략India-Pacific Strategy'이나 그 어디에도 포함되어 있지 않다. 미국과 중국이라는 세계 정치 경제 질서의 2대 강국 사이에서 그 어느 쪽에도 온전히 속하지 못한 채 표류하고 있는 한국의 현실을 상징적으로 보여 준다고 할 수 있다.

이러한 미국, 중국 사이의 대립적인 군사 지형은, 경제 영역에서는 미국의 중국에 대한 '시장 경제국 지위MES, market economy status' 거부로 표면화되고 있다'16.11월~. EU에서도 중국에 대한 '시장 경제국 지위MES, market economy status' 거부를 지난 2016년 5월에 공식화했다. EU 의회Parliament는 중국을 시장 경제국ME, market economy으로 인정하지 않겠다는 결의문을 압도적인 표차로 채택했고찬성 546 + 반대 28 + 기권 77, 더 나아가, 2017년 11월에는 EU 반덤핑 법령을 개정하기에 이른다. 2017년 11월에 EU 의회Parliament를 통과하고 EU 이사회Council가 승인해 그 다음 달인 2017년 12월에 발효된 同 개정案EU Regulation 2017 / 2321('17.12 / 19일 관보 게재 후 '17.12 / 20일 발효). 同 개정 사항은 EU의 현행 반덤핑 법령인 'EU Regulation 2016 / 1036'으로 흡수 통합에 따르면, 중국 등 非시장 경제국NME, non-market economy에 대한 반덤핑 Case에서 '시장 왜곡significant distortion'이 있는 것으로 EU에서 판단하는 경우, EU 당국은 자체적으로 반덤핑 기준 가격basis price를 산정할 수 있다. 우리가 목도하고 있는 세계 경제 통상의 세계는 이와 같이 글로벌 정치와 경제의 복합체로서 작동하고 있다.

9장
한국 경제의 프로토타입, 일본과의 조우

사람의 일생은 무거운 짐을 지고 먼 길을 가는 것과 같다. 서두르지 마라. 불편함을 일상사로 생각하면 그리 부족한 게 없는 법이야. 마음에 욕망이 솟거든 곤궁했을 때를 생각하라.
- 야마오카 소하치의 〈도쿠가와 이에야스〉 中 -

앞서 5장의 「GATT / WTO 원칙과 무역 규범 체계」에서 살펴 본 것과 같이, 무역 정책 검토 제도^{trade policy review mechanism, TPRM}의 검토 주기가 3년인 세계 교역 규모 1~4위의 국가들은 EU, 미국, 중국, 일본이다^{본서 5장 「GATT / WTO 원칙과 무역 규범 체계」의 [표 5.2]의 우측 하단 참조}. 이 가운데 미국은 본서의 6장에서, EU는 7장에서, 중국은 8장에서 논의되었다. 이제 세계 교역 규모 1~4위의 마지막 국가인 일본에 대해 살펴 보기로 하자.

'기러기떼 모형^{flying geese paradigm, FGP}'이란 경제 분석의 틀이 있다. 20세기 일본의 경제학자인 카나메 아카마쓰^{Kaname Akamatsu}가 아시아의 경제 성장을 설명하기 위해 1930년대에 처음으로 주창해 발전된 이론이다. V형을 그리며 날고 있는 아시아 기러기떼의 정점에는 일본이 있고, 일본이라는 '대장 기러기^{lead goose}'의 인도를 받으며 한국, 싱가포르, 말레이시아, 인도네시아 등 신흥 공업국들이 경제적으로 성장할 수 있었다는 것이다. 카나메 아카마쓰의 시각을 빌리자면, 일본과 한국은 같은 기러기떼 가족인 동시에 한국 경제의 프로토타입^{prototype}은 일본이다. 그런데 이 기러기떼 가족 사이에 '후쿠시마^{福島, Fukushima} 원전 사고^{'11.3월}'를 둘러싼 통상 분쟁이 발생했다. 'WTO 한－일 수산물 분쟁

Korea – Import Bans, & Testing & Certification Requirements for Radionuclides, WTO 사건 번호 DS495(2015~19)'이 바로 그것이다.

"사람의 일생은 무거운 짐을 지고 먼 길을 가는 것과 같다". 보잘 것 없는 다이묘大名, Daimyo(지방 영주) 가문에 태어나 일본 센고쿠 시대戰國時代, Sengoku Period(15~16세기)의 난세를 평정하고 에도 시대江戶時代, Edo Period(1603~1868) 막부幕府, Bakufu(무사 정권)의 문을 연 쇼군將軍, Shogun 도쿠가와 이에야스德川家康, Tokuawa Ieyasu(1543~1616)의 영웅담을 담고 있는, 20세기 일본 시대 소설 작가 야마오카 소하치山岡莊八, Yamaoka Shohachi(1907~78)의 장편 대하 소설 <도쿠가와 이에야스德川家康,とくがわいえやす(1953)>에서 인용된 도쿠가와 이에야스의 유훈遺訓이다.

2011년 3월 일본에는 후쿠시마福島, Fukushima 원전 사고가 있었다. 1986년 舊 소비에트 연방의 우크라이나 체르노빌Chernobyl 원전 사고가 있은 지 25년만의 일이다. 일본은 후쿠시마 원전 사고로 '무거운 짐'을 지게 되었다. 후쿠시마 원전 사고는 체르노빌 원전 사고와 함께 국제 원자력 사고 등급INES, international nuclear event scale의 최고 수준인 7단계major accident를 기록했고 후쿠시마는 더 이상 사람이 살 수 없는 도시가 되어 버리고 말았다. 그런데 이 '무거운 짐'은 일본에만 국한된 것이 아니었다. 한국도 일본의 최인접국으로서 원전 사고에 따른 방사능 오염 물질의 유입을 차단해야 하는 '무거운 짐'을 지고 있었던 것이다.

WTO 한-일 수산물 분쟁과 첫 단추 끼우기

후쿠시마 원전 사고'11.3월 직후 우리 정부는 2011년 3월에 후쿠시마 인근 8개 현후쿠시마, 아오모리, 이바라키, 도치기, 미야기, 이와테, 군마, 지바에서 공급되는 '일부' 수산물에 대해 수입을 금지시켰다. 그리고 2년 뒤 후쿠시마 원전 오염수가 바다로 유출되는 사건'13.7~8월이 발생했다. 우리 정부는 2013년 9월에 후쿠시마 인근 8개현후쿠시마, 아오모리, 이바라키, 도치기, 미야기, 이와테, 군마, 지바에서 공급되는 '모든' 수산물에 대해 수입을 금지시키면서, 일본산 식품의 대표적 방사성 물질인 세슘cesium, 요오드iodine가 조금이라도 검출될 경우 스트론튬strontium 등 다른 방사성 물질에 대해서도 검사 증명서를 제출하도록 요구했다. 일본은 이러한 한국의 조치가 부당하다며 2015년 5월 WTO에 제소했다.

2018년 2월의 WTO 1심 패널panel 판정은 일본의 손을 들어 주었다. 한국은 패소했다. 그 핵심은 한국의 일본 수산물 금지 조치가 WTO 위생 검역 SPS(sanitary & phytosanitary measures) 협정이 금지하고 있는 '자의적 차별(협정 2.3조non-discrimination 위반)', '부당한 무역 제한(협정 5.6조appropriate protection 위반)'에 해당한다는 것이었다. 우리 정부는 1심 패널 판정 두 달 뒤인 2018년 4월에 WTO 상소 절차를 밟았고, 그 1년 뒤인 2019년 4월에 WTO 2심 상소 기구 appellate body, AB의 판정이 있었다. 그런데, 2심 상소 기구에서 1심 패널 판정의 결론은 뒤집혔다. 한국의 일본 수산물 금지 조치를 판단함에 있어서 방사능 오염 식품에 대한 소비자의 우려 등 심리적, 정성적 요인들이 종합적으로 고려되어야 한다는 것이 상소 기구의 주된 판단 사항이었다. 2015년 5월 일본의 WTO 제소 이후 약 4년이 경과된 시점이었다. 본 사건은 WTO 위생 검역SPS(sanitary & phytosanitary measures) 협정 관련 분쟁에서 1심 결과가 2심 판정에서 뒤집힌 첫번째 사례로 알려지고 있다.

2011년 3월 후쿠시마 원전 사고 이후 우리 나라를 포함, 전 세계 50개 이상의 국가에서 후쿠시마 및 인근 지역의 수산물 수입을 금지하고 있었다. 그런데 일본은 무슨 까닭에서 중국, 대만과 같은 다른 인접국들은 제외한 채 한국만을 상대로 WTO 제소를 진행한 것일까? 그 가장 큰 이유들 중의 하나는 우리 나라가 2013년 있었던 원전 오염수 유출 사건'13.7~8월 이후 일본 수산물에 대한 규제를 더욱 강화했기 때문이다.

"사람의 일생은 무거운 짐을 지고 먼 길을 가는 것과 같다". 도쿠가와 이에야스의 금언金言을 다시 한번 생각해 보자. 공신력을 갖는 정부의 정책은 주어진 사안에 대해 '무거운 짐'과 '먼 길'을 함께 고려해야 한다. '무거운 짐'에만 집중해 '먼 길'은 놓친 채 그때그때의 상황에 맞추어 2, 3차의 규제를 잇달아 쏟아 내면 그에 따른 갈등 내지 분쟁은 예정된 것이다. 언론 매체를 통해 'WTO 한-일 수산물 분쟁'의 결과를 접하면서 남는 하나의 아쉬움은 이런 까닭에서인 듯하다. 이런 맥락에서, 도쿠가와 이에야스의 유훈遺訓은 美 트럼프 행정부가 중국을 상대로 계속적으로 쏟아 내는 통상 규제들에 대해서도 많은 시사점을 제공한다고 할 수 있다. 첫 단추를 잘 끼우면 다툼 자체를 원천적으로 봉쇄할 수 있다.

아베 신조 행정부의 對 한국 수출 규제의 역설

2019년 7월 1일 일본의 아베 신조安倍晋三, Abe Shinzo(1954~) 행정부日 경제산업성(METI, Ministry of Economy, Trade & Industry)는, 군사 전용 가능한 전략 물자에 대해 한국 정부가 일본의 우방으로서 對 북한 제재 등에 있어서 적절한 통제력을 행사하고 있는 것인지 심각한 우려를 표명하면서 한-일 사이의 신뢰 관계가 근본적으로 훼손되었음을 선포했다. 그리고, 同 선포를 통해 일본 정부의 사전 허가 없이도 자율 수출이 허용되는 전략 물자 '백색 국가' 명단'white country' list, 전략 물자 수출 절차가 간소화되는 對 일본 안보 신뢰국 명단에서 한국을 제외할 것임을 공식화했다. 아울러, 同 선포에는 일본의 對 한국 첨단 수출 소재인 불화 수소(소위 '에칭 etching, 부식 기법 표면 가공 가스')hydrogen fluoride(HF), 반도체 고순도 세정제, 포토 레지스트photo resist(PR), 반도체 기판용 감광제, 플루오린 폴리이미드fluorinated polyimide(FPI), 디스플레이 강화 필름의 3개 품목에 대해 일본 정부가 對 한국 수출의 적정성을 수출 건별로 사전 심사individual export license할 것임이 포함되었다. 同 선포 3일 후인 7월 4일부터는 이 반도체, 디스플레이 소재 3개 품목에 대해 對 한국 수출 규제가 시행, 현실화되었다.

우리 정부는 이러한 일본의 對 한국 수출 규제가 WTO 규범 등 국제법을 명백히 위반한 것으로 규정했다. 한국 정부는 일본의 對 한국 수출 규제가 정상 철회될 수 있도록 일본을 상대로 WTO 제소로 응수할 뿐만 아니라 국제 여론 환기 등 전방위로 대응할 것임을 공식 발표했다.실제로 우리 정부는 일본 정부를 상대로, 본서 2부 5장 「WTO 분쟁 해결 절차, 어떻게 진행되나」의 [표 5.6]의 우측 최상단에서 WTO 분쟁 해결 절차(dispute settlement understanding, DSU)의 1라운드로 소개된 '양국 분쟁 협의(consultation)' 절차를, '19.9/11일에 정식 요청했다. 반도체, 디스플레이 소재 부품의 對 한국 수출 규제를 둘러싼 한-일 사이의 공방이 퇴로 없이 장기화될 수 있는 상황으로 치닫게 된 것이다.

일본의 반도체, 디스플레이 소재 부품에 대한 對 한국 수출 규제는 이례적인 사건이다. 그 규제 조치가 '수입 규제import restriction'가 아닌 '수출 통제export control'의 형태를 띠고 있기 때문이다. 주지하는 것과 같이, 통상 규제는 일반적으로 정부 당국에 의한 수입 규제import restriction가 전형적인 것이고, 그 규제 목적도 역내 산업, 현지 업체의 보호 내지는 구제에 있게 된다. 이에 반해, 일본의 반도체, 디스플레이 소재 부품에 대한 對 한국 수출 통제export control는 삼성 전자, LG 디스플레이 등 한국 기업을 주요 고객사로 사업을 영위하는 일본 내 반도체, 디스플레이 소재 부품 산업, 일본 현지의 對 한국 수출 업체들에게 타격을 수반하게 된다. 규제 조치의 칼날이 한국 산업, 기업들뿐만 아니라 일본 산업, 업체들에게도 겨누어지게 된다. '양날의 검double-edged sword'인 동시에 한국, 일본의 산업적 후생industrial welfare의 총합의 음수(-)가 되는 '네거티브 썸negative sum' 규제인 것이다.

　　더욱이, 일본의 반도체, 디스플레이 소재 부품에 대한 對 한국 수출 규제는 단순히 한-일 양국의 산업적 후생의 저하로만 국한되는 사안이 아니다. 전 세계 전자 산업 생태계 자체가 '글로벌 가치 사슬global value chain'의 관점에서 '상호 의존성interdependence'의 메커니즘으로 유기적으로 연계되어 있기 때문이다. 전 세계 반도체, 디스플레이 생태계에서 한국과 일본은 글로벌 가치 사슬의 전방에서 중추 신경계로 작동하고 있다. 이런 까닭에, 일본의 반도체, 디스플레이 소재 부품에 대한 對 한국 수출 규제는, '일본의 소재 부품 공급↓(1단계) → 한국의 반도체, 디스플레이 중간재 공급↓(2단계) → 미국 등 전자 제품 최종재 공급↓(3단계) → 미국 등 전자 제품 소비자 판가↑(4단계)'의 악순환을 잉태하면서, 전 지구적 차원의 사회적 후생 자체를 절대적인 규모에서 왜곡, 저하시킬 수 있다. 소재 부품 및 반도체, 디스플레이 중간재와 같은 전방 산업upstream industry에서의 공급 차질 및 비효율은 최종 소비자를 상대로 사업을 영위하는 후방 산업downstream industry에 있어서의 판매 실기 및 판가 상승을 결과한다.

　　일본의 국익을 극대화하려는 아베 신조 행정부의 對 한국 수출 규제가 내포하고 있는 이와 같은 역설逆說, paradox은 어떤 종착점으로 귀결될 것인가? 일본의 對 한국 수출 규제를 둘러싼 양국 사이의 갈등은 게임 이론game theory의 관점에서 볼 때 한-일 사이의 맞불tit-for-tat 전략으로 극화極化되고 있다. 이와 관련, 美 미시건 대학교의 정치학 교수이자 게임 이론의 실증적 권위자인 로버트 액설로드Robert Axelrod(1943~)는 그의 <협력의 진화The Evolution of Cooperation(1984)>에서 인간 사회의 갈등을 협력으로 진화시키는 실증적 처방을 제시하고 있다. 그는 이기적 유전자를 가진 개인들이 자신만의 이익을 추구함으로써 상호 협력에 실패하는 '죄수의 딜레마prisoner's dilemma, 공범 혐의자가 2명인 상황에서 '1명은 범행 자백 &

1명은 범행 부인'에 한해서만 범행 자백자에게 감형이 주어지는 경우에 공범 혐의자 2명이 모두 범행을 자백해 2명 모두 감형을 받지 못하는 상황'가 어떤 경우에 극복될 수 있는지를 실증적으로 모의 실험했다. 컴퓨터 경진 대회의 우승자는 놀랍게도 '맞불 전략tit-for-tat strategy'이었다. 1회성 게임에서는 상호 협력에 실패하는 죄수의 딜레마prisoner's dilemma가 발생하지만, 같은 게임이 반복될수록 외부 강제 없이도 자연적으로 상호 협력하게 된다는 것이다. 반복 게임repeated game이 협력으로의 진화evolution of cooperation의 원천이 되는 것이다.

1965년 6월 22일 체결된 한－일 기본 조약은 일본의 한국 점령기1910~45 이후 양국 사이의 관계를 정상화하는 초석이 되었다. 하지만, 同 조약은 2차 세계 대전1939~45과 한국 전쟁1950~53을 거치면서 미국, 舊 소련 간의 냉전Cold War 대응 전략의 일환으로 한－미－일 3국 동맹 체제의 구축이 필요했던 세계 제1의 패권국 미국의 주도가 없었다면 불가능한 것이었다. 다시 말해, 한－일 관계 정상화 및 양국 상호 협력의 기저에는 그 조정자로서 미국이 있어 왔던 것이다. 이런 맥락에서, 한－일 양국은 미국이라는 외부 조정자 없이도 자율적으로 상호 협력하기 위해 좀더 많은 반복 게임repeated game이 필요하다. 협력으로의 진화evolution of cooperation는 만인이 희망하는 결론이다.

에필로그

이 책은 '기서奇書'이다. 통상을 바라보는 분과分科 학문의 경계를 허물고 쓰여졌기 때문이다. 통상을 조망하는 시각에는 여러 학문적 울타리들이 있다. 정치학, 군사학, 경제학, 법학, 철학, 역사학 및 과학의 영역에서 바라 본 각각의 통상의 눈들이 존재한다. 그러나, 기업에서 맞닥뜨리는 실전 통상은 이 모든 개념적 렌즈들을 한 곳에 모아야만 비로소 그 온전한 모습을 복원할 수 있다. 통상은 살아 움직이는 하나의 유기체적 집단 지성collective intelligence과도 같은 생물이다. 이 책은 저자의 통상 10년사를 종합하는 결산서이다. 이 결산서가 그러한 복원 작업에 작은 부분이나마 기여를 했으면 하는 바람이다.

집단 지성으로서의 통상에 대한 온전한 복원은 통상의 미학美學이 어떤 것이고, 어떤 것이어야 하는지를 조망하는 하나의 좋은 출발점이 될 수 있다. 전문가 그룹에 속해 있는 적지 않은 통상인들이 자신들을 골방 속에 갇혀 있는 '덤퍼dumper'로 일컫곤 하는 것을 목도한다. 일은 고되지만 손에 쥘 수 있는 가치를 부여하기 힘들다는 뼈가 담긴 자조自嘲이다. 더군다나 최근에는 반덤핑 심사 기법의 복잡화로 통계에 대한 기본적인 이해 없이는 덤핑 마진이 산정되는 기본 메커니즘조차도 이해할 수 없게 되어 버렸다. 통상인과 통계인을 오가며 업무적인 혼선을 겪는 사례들도 종종 목격하게 된다. 그럼에도 불구하고, 통상인은 '덤퍼'도 '통계인'도 아니다. 이 책을 통해 통상이라는 '역동의 지적 수평선spiritual horizon'을 조금이나마 느낄 수 있다면 이 책은 그 소임을 다한 것이다.

이 책에는 통상 전문 서적의 말미에 단골 메뉴로 등장하곤 하는 반덤핑 종합 대책이 없다. 필자가 생각하는 반덤핑 사안에 대한 종국적인 솔루션solution은 '회사의 사업력'과 '제품의 혁신성'에 있기 때문이다. 미시적인 관점의 '덤핑 마진 사수'는 그 대응에 본질적인 한계가 있을 수밖에 없다. 혁신 제품innovative product을 통한 시장 선도는 그 영향이 사업 고유 영역에만 국한되는 것이 아니다. 도저히 따라올 수 없는 압도적인 제품의 혁신성을 담보할 수만 있다면, 글로벌 사업이라는 큰 그림 아래에서 경쟁사의 반덤핑 제소 자체가 무력화, 원천 봉쇄될 것이다. 반덤핑 제소의 전형적인 영역은 역내외 경쟁사가 엎치락 뒤치락하며 이전 투구하는 볼륨 존volume zone 구간이기 때문이다.

근자의 4차 산업 혁명에 대한 집중적인 관심과 트렌드를 반영한 듯, 최근 '디지털 통상digital trade'에 대한 담론들이 태동, 활성화되고 있다. 그러나 그 개념 및 논의는 '전자 상거래electronic commerce'와 '국경간 데이터 이동cross-border data flow'을 중심으로 전개되고 있다. '전자 상거래'나 '국경간 데이터 이동'은 글로벌 기업의 분업화된 조직 역학의 관점에서 볼 때 통상의 본원적 영역이라기보다는 전산 인프라, 개인 정보 보호, 데이터 통합 관리 등 ITinformation technology, 보안security, 빅 데이터big data라는 또다른 차원의 기능 영역이다. '디지털 통상'의 담론 자체가 글로벌 기업 통상 대응의 코어core를 빗겨 가고 있는 것이다.

기업 통상의 미래는 어떻게 될 것인가? 답하기 어려운 질문이다. 그러나 한 가지 분명한 것은, 이익 관계가 중층적인 복합 사안일수록 핵심을 놓지 않는 가장 단순, 간명한 접근이 얽힌 실타래를 풀어 내는 가장 좋은 토대라는 것이다. 기본으로 돌아갈 필요가 있다back to basics. 글로벌 기업의 사업 오퍼레이션operation은 빛의 속도로 변화, 진화해 간다. 반면에, 반덤핑, 상계 관세, 세이프가드 등 통상의 제도적 규율 체계는 빛의 속도로 진화해 가는 글로벌 기업의 사업 오퍼레이션을 쫓아 오지 못하고 있다. 특히나 중국 등 非시장 경제국NME, non-market economy에 대한 무역 구제trade remedy 심사 기법은 경쟁의 원천을 찾아 새롭게 둥지를 튼 글로벌 기업에게 가혹한 형벌이 되고 있다.

기업 통상의 지속적인 체계화, 지능화, 고도화를 위해서는 국가 중심의 기존의 낡은 무역 구제 패러다임paradigm에 대규모의 수술이 필요할 수 있다. 시장 경쟁의 중심에 서 있는 기업 관점에 서서 무역 구제 패러다임을 합리적으로 재구축하지 않는다면, 피소 기업의 경쟁 상황과 규제 당국의 심사 결과 사이에 존재하는 '비합리성'의 엇박자가 앞으로도 계속될 것이기 때문이다. 이 책을 읽는 모든 독자분들의 건승을 기원한다.

색인

이치영

1974년 서울에서 태어나 자랐다. 서울대 경제학부를 졸업하고 산업은행을 거쳐 LG 전자에서 금융, 세무, 기획 등 관리 업무 전반을 경험했다. 통상 업무 10년을 거치면서 수행한 주요 Case로는, EU향 한국산 냉장고 반덤핑 Case, 미국향 한국산 세탁기 반덤핑 연례 재심 및 종료 재심 Case, 호주향 한국산 냉장고 반덤핑 Case, 호주향 한국산 세탁기 반덤핑 관세 환급 Case, 우크라이나향 중국산 냉장고 반덤핑 Case, 미국향 중국산 세탁기 반덤핑 Case, 모로코향 중국/태국/터키산 냉장고 반덤핑 Case, 터키향 휴대폰 세이프가드 Case, 베트남향 세탁기 강판 세이프가드 Case, WTO 한－미 세탁기 분쟁 Case 등이 있다.

통상의 정석–글로벌 기업의 경제 통상과 규제 대응

초판발행	2020년 1월 2일
지은이	이치영
펴낸이	안종만·안상준
편 집	배근하
기획/마케팅	이영조
표지디자인	조아라
제 작	우인도·고철민
펴낸곳	(주) **박영사**
	서울특별시 종로구 새문안로3길 36, 1601
	등록 1959. 3. 11. 제300-1959-1호(倫)
전 화	02)733-6771
f a x	02)736-4818
e-mail	pys@pybook.co.kr
homepage	www.pybook.co.kr
ISBN	979-11-303-0848-7 93320

copyright©이치영, 2020, Printed in Korea

＊ 잘못된 책은 바꿔드립니다. 본서의 무단복제행위를 금합니다.
＊ 저자와 협의하여 인지첩부를 생략합니다.

정 가   18,000원